# #MENSAJES DE DIOS

## SABIDURÍA BÍBLICA
### EN 140 CARACTERES

## @ARTURO IVÁN ROJAS

# ¡RECIBA SU DESCARGA DIGITAL GRATUITA!

Apreciad@ lector@:

¡Gracias por adquirir la obra de Don Arturo I. Rojas *Mensajes de Dios. Sabiduría Bíblica en 140 caracteres!*

**Como muestra de gratitud a su compra, le obsequiamos con la versión en digital del libro.**

Para conseguirla solo debe escribir a nuestro email de contacto *ventas@clie.es* y le indicaremos los pasos a seguir para la descarga.

Esperamos y deseamos que este libro sea de bendición para usted.

¡Elévese con esta selección de trinos diarios!

Equipo editorial, CLIE.

**EDITORIAL CLIE**
Ferrocarril, 8
08232 VILADECAVALLS
(Barcelona) ESPAÑA
E-mail: clie@clie.es
**www.clie.es**

**MENSAJES DE DIOS. Sabiduría bíblica en 140 caracteres**
IBSN:978-84-945500-9-6
Depósito Legal: B 14656-2017
Vida Cristiana
Devocionales
Referencias: 224987

*"Junto a ellos habitan las aves de los cielos,
elevan sus trinos entre las ramas"*
(Salmo 104:11 NBLH).

# Prólogo

Hay un proverbio chino que siempre uso en mis charlas al liderazgo para referirme a la profundidad de una persona. Según este proverbio básicamente hay cuatro clases de individuos: el que sabe y no sabe que sabe; el que no sabe y no sabe que no sabe; el que no sabe y sabe que no sabe, y el que sabe y sabe que sabe.

Hablando de Arturo, el hombre sabe. Y de acuerdo al proverbio chino, también sabe que sabe. El pastor Arturo Rojas tiene la virtud de quien comunica de acuerdo al nivel de la audiencia que tiene por delante. No se despoja de su conocimiento ni intelecto, pero aborda el diálogo de una manera adecuada para el auditorio. Así lo he comprobado al escuchar algunas ponencias suyas en diferentes ámbitos, desde la cátedra, hasta el altar en la solemnidad de la despedida de un ser querido, o desde una mesa de reunión formal, hasta una mesa de amigos.

Es evidente que el lenguaje puede afectar el mensaje y la pertinencia de un determinado lenguaje para un determinado público facilita la transmisión, comprensión y asimilación del mismo. En la época de Twitter y para los usuarios de esta red social, cualquier cosa de más de 140 caracteres es descalificada. Un mensaje en Twitter tiene que llegar completo y en menos de 140 caracteres. Y esto requiere una virtud: sencillez. Eso que muchos descalifican porque piensan que lo sencillo atenta contra el intelecto, sin saber que la habilidad de comunicar de manera sencilla y breve requiere un entendimiento, comprensión y habilidad de parte de quien está comunicándose mucho mayor quizás a la que se necesita para comunicar la misma idea sin límites de extensión. Si no me cree, haga la prueba de escribir una idea completa en menos de 140 caracteres.

Aprendí del Dr. Jessie Miranda, con quien me tocó compartir en una cumbre latinoamericana de educadores de las Asambleas de Dios en Santo Domingo, una frase que aplica bien aquí y que muchos predicadores deberían escribir en un trozo de papel pegado en el espejo de su baño: "Un mensaje puede ser Divino, sin ser eterno".

Este libro que tiene en sus manos, lo va a inspirar, a motivar, a hacer reflexionar, a reconsiderar, a transformar, y todo en frases cortas escritas con profundidad y con menos de 140 caracteres. Porque muchos de quienes pasan gran parte de su tiempo navegando en las redes en búsqueda de algo de valor no logran encontrarlo expresado en lenguaje sencillo y de forma breve. Recuerdo al respecto el título de la ponencia de otro buen amigo "Se me ha perdido Jesús, ¿Lo encontraré en las redes?". Porque hay gente –y si, algunos hermanos en la fe también–, que pasan más tiempo en las redes que en la Palabra de Dios.

¡Aquí llegué al punto! Este libro, es Todo Palabra y Todo Corazón. Palabra de Dios y Corazón de un pastor, mi amigo Arturo Rojas. Querido lector, te recomiendo unos cuantos trinos diarios. No te vas a arrepentir. Ah… y si puedes enviarlo a todos tus amigos, estarás bendiciendo a otros diariamente.

Pastor Esteban Fernández
Presidente Latinoamérica, Bíblica

# PREFACIO

En este libro confluyen inclinaciones y circunstancias diversas. En primer lugar, mi interés pastoral que me ha impedido introducirme más a fondo en la academia, consciente como soy de que al hacerlo se pierde contacto y cercanía con el creyente al ceder a las tentaciones del erudito, entre las que se encuentran el envanecimiento que el conocimiento propicia y el peligro de terminar apacentándose entre especialistas.

En segundo lugar debo mencionar la fascinación que desde siempre me ha generado la literatura aforística que resume en frases breves, ingeniosas, sugerentes y de fácil recordación enseñanzas profundas y de gran contenido. El periodista Daniel Samper Pizano publicó una antología con los aforismos de tres insignes pensadores latinoamericanos en un libro que tituló: *Un dinosaurio en un dedal,* aforística definición de un aforismo. Porque eso es, en efecto, un aforismo: algo tan grande como un dinosaurio empaquetado en algo tan pequeño como un dedal. Y todos los entusiastas de los aforismos reconocemos unánimes el arduo trabajo que requiere su elaboración.

Personalmente yo he sido un cazador de los aforismos de otros, como salta a la vista en mis dos libros devocionales *Creer y pensar* y *Creer y comprender,* en los que, después del párrafo o la aforística frase de apertura y su correspondiente comentario de mi parte en la reflexión del día, me quedaba el sinsabor de notar que no todos los lectores la seguían hasta el final como era mi intención, ni verificaban, sobre todo, los profusos pasajes bíblicos que citaba para sustentarla.

Consciente, por tanto, de la brevedad y síntesis requerida por el hombre posmoderno, saturado de información de todo tipo con sólo presionar un ícono en la pantalla táctil de su teléfono inteligente y sin estar necesariamente de acuerdo con este estado de cosas, opté sin embargo por ir más allá de ser un cazador de aforismos ajenos para intentar cazar algunos propios.

En este propósito aproveché el auge de las redes sociales −Twitter en particular− y me di a la tarea de elaborar y publicar durante cerca de 3 años un trino diario en el que intenté condensar de una manera sugestiva una enseñanza bíblica en una frase de 140 caracteres o menos, que es el máximo permitido por esta red social, indicando al final el pasaje bíblico en el que me apoyaba para desarrollar la idea contenida en el trino en cuestión.

Pues bien, éste es el resultado final de esa labor, con la esperanza de que de este modo nadie tenga excusa, ni por falta de tiempo ni por carencia de facilidades, para dejar de leer las porciones selectas de la Biblia aludidas en los trinos correspondientes. Es mi esperanza que a pesar del poco tiempo requerido en su lectura, el trino y el pasaje bíblico correspondiente deje al lector pensando en el asunto durante más tiempo en el día de modo que pueda, tal vez, escuchar la voz de Dios hablándole al corazón en el proceso.

Todos los libros de la Biblia están aquí representados, pero los del Nuevo Testamento salen notoriamente favorecidos en la mayor proporción de citas que he hecho de ellos, situación inadvertida que refleja la mayor preponderancia que para un cristiano tiene el Nuevo Testamento por encima del Antiguo con todo y la mucha mayor extensión que éste tiene al compararlo con aquel. Confío en que, con este formato, quienes aún no se han acercado a una lectura reflexiva de la Biblia se sientan estimulados a hacerlo. Dejo en manos del lector el cumplimiento de este desafío.

# #GÉNESIS

1.  Entre más estudia la ciencia el universo y la naturaleza, más tiene que aceptar que la ciencia termina donde comienza la Biblia.

    *"Dios, en el principio, creó los cielos y la tierra"* (Génesis 1:1)

2.  La vida es algo tan poco común en el universo que su existencia en la Tierra en formas tan variadas tiene que ser un milagro.

    *"Y dijo Dios: «¡Que rebosen de seres vivientes las aguas, y que vuelen las aves sobre la tierra a lo largo del firmamento!» Y creó Dios los grandes animales marinos, y todos los seres vivientes que se mueven y pululan en las aguas y todas las aves, según su especie. Y Dios consideró que esto era bueno, y los bendijo con estas palabras: «Sean fructíferos y multiplíquense; llenen las aguas de los mares. ¡Que las aves se multipliquen sobre la tierra!» Y vino la noche, y llegó la mañana: ése fue el quinto día. Y dijo Dios: «¡Que produzca la tierra seres vivientes: animales domésticos, animales salvajes, y reptiles, según su especie!» Y sucedió así. Dios hizo los animales domésticos, los animales salvajes, y todos los reptiles, según su especie. Y Dios consideró que esto era bueno"* (Génesis 1:20-25)

3.  El único fundamento de la dignidad humana es la gloria divina. Si negamos a Dios su gloria negamos también la dignidad humana.

4.  El tamaño no importa, pues en el cosmos somos menos que una brizna, pero briznas que llevan la impronta del Creador del cosmos.

    *"y dijo: «Hagamos al ser humano a nuestra imagen y semejanza…"* (Génesis 1:26)

5.  Si damos la moneda al césar porque lleva su imagen, debemos darnos a Dios por completo, pues llevamos su imagen.

> *"Y Dios creó al ser humano a su imagen; lo creó a imagen de Dios. Hombre y mujer los creó... Muéstrenme la moneda para el impuesto. Y se la enseñaron. –¿De quién son esta imagen y esta inscripción? –les preguntó. –Del césar – respondieron. –Entonces denle al césar lo que es del césar y a Dios lo que es de Dios"* (Génesis 1:27; Mateo 22:19-21)

6.  Ejercer dominio, más que una necesidad del género humano, es una obligación de cuyo cumplimiento tendremos que dar cuenta.

> *"y los bendijo con estas palabras: «Sean fructíferos y multiplíquense; llenen la tierra y sométanla; dominen a los peces del mar y a las aves del cielo, y a todos los reptiles que se arrastran por el suelo.»"* (Génesis 1:28)

7.  Al afirmar que las fuerzas que rigen el universo están fina y exquisitamente ajustadas entre sí la ciencia le da la razón a la Biblia.

8.  La buena creación de Dios no se transforma en mala automáticamente por el simple hecho de que algunos la adoren equivocadamente.

> *"Dios miró todo lo que había hecho, y consideró que era muy bueno..."* (Génesis 1:31)

9.  No hay razón necesaria para el mal en el mundo, pero creemos que hay razones suficientes para que Dios permita su existencia.

> *"Dios el señor hizo que creciera toda clase de árboles hermosos, los cuales daban frutos buenos y apetecibles. En medio del jardín hizo crecer el árbol de la vida y también el árbol del conocimiento del bien y del mal"* (Génesis 2:9)

10. La cultura no es más que obedecer la orden de cultivar y cuidar lo que Dios nos da y hacerlo para Su gloria y no para la nuestra.

> *"Dios el Señor tomó al hombre y lo puso en el jardín del Edén para que lo cultivara y lo cuidara"* (Génesis 2:15)

11. Desde el comienzo la paga del pecado es muerte. Por eso debemos agradecer no ser ejecutados por Dios cada día en el acto mismo.

> *"pero del árbol del conocimiento del bien y del mal no deberás comer. El día que de él comas, ciertamente morirás.»"* (Génesis 2:17)

12. Tal vez sea cierto que es mejor solo que mal acompañado, pero también es cierto que siempre es mejor acompañado que solo.

> *"Luego Dios el Señor dijo: «No es bueno que el hombre esté solo. Voy a hacerle una ayuda adecuada.»"* (Génesis 2:18)

13. Hay que llamar a las cosas por su nombre, pues los nombres son tan importantes como los seres mismos que llevan estos nombres.

> *"Entonces Dios el Señor formó de la tierra toda ave del cielo y todo animal del campo, y se los llevó al hombre para ver qué nombre les pondría. El hombre les puso nombre a todos los seres vivos, y con ese nombre se les conoce"* (Génesis 2:19)

14. Dios delegó en el hombre dar nombre a los seres vivos para que descubriéramos el "diseño inteligente" que hay en todos ellos.

> *"Así el hombre fue poniéndoles nombre a todos los animales domésticos, a todas las aves del cielo y a todos los animales del campo..."* (Génesis 2:20)

15. Únicamente quienes son semejantes pero distintos al tiempo pueden unirse libre y conscientemente para llegar a ser uno sólo.

> *"Por eso el hombre deja a su padre y a su madre, y se une a su mujer, y los dos se funden en un solo ser"* (Génesis 2:24)

16. Al desobedecer el hombre obtuvo conciencia directa del bien y el mal, pero al costo de cometer e introducir el mal en el mundo.

> *"Dios sabe muy bien que, cuando coman de ese árbol, se les abrirán los ojos y llegarán a ser como Dios, conocedores del bien y del mal. La mujer vio que el fruto del árbol era bueno para comer, y que tenía buen aspecto y era deseable para*

*adquirir sabiduría, así que tomó de su fruto y comió. Luego*
*le dio a su esposo, y también él comió"* (Génesis 3:5-6)

17. El conocimiento que se alcanza por experiencia no compensa la inocencia perdida, que es el costo que se paga por adquirirlo así.

*"En ese momento se les abrieron los ojos, y tomaron*
*conciencia de su desnudez. Por eso, para cubrirse*
*entretejieron hojas de higuera"* (Génesis 3:7)

18. Desde Adán buscamos a los culpables más allá de nosotros mismos, optando mirar por la ventana antes que vernos en el espejo.

*"Él respondió: –La mujer que me diste por compañera me*
*dio de ese fruto, y yo lo comí. Entonces Dios el Señor le*
*preguntó a la mujer: –¿Qué es lo que has hecho? –La serpiente*
*me engañó, y comí –contestó ella"* (Génesis 3:12-13)

19. La misericordia de Dios es tanta que aun en medio de la justa sentencia por el pecado introduce una segura nota de esperanza.

*"Pondré enemistad entre tú y la mujer, y entre tu*
*simiente y la de ella; su simiente te aplastará la cabeza,*
*pero tú le morderás el talón.»"* (Génesis 3:15)

20. Al final todo se reduce a cubrirnos con pobres e inútiles hojas de higuera o hacerlo con la eficaz ropa de piel que Dios da.

*"Dios el Señor hizo ropa de pieles para el hombre*
*y su mujer, y los vistió"* (Génesis. 3:21)

21. En vista de nuestra actual calidad de vida, impedir su prolongación en el tiempo fue un acto de misericordia y no de juicio.

*"Y dijo: «El ser humano ha llegado a ser como uno de nosotros,*
*pues tiene conocimiento del bien y del mal. No vaya a ser que*
*extienda su mano y también tome del fruto del árbol de la*
*vida, y lo coma y viva para siempre.» Entonces Dios el Señor*
*expulsó al ser humano del jardín del Edén, para que trabajara*

*la tierra de la cual había sido hecho. Luego de expulsarlo,*
*puso al oriente del jardín del Edén a los querubines, y una*
*espada ardiente que se movía por todos lados, para custodiar*
*el camino que lleva al árbol de la vida"* (Génesis 3:22-24)

22. La Caída no anuló nuestra facultad para elegir, incluso por encima de nuestras preferencias, lo que sabemos bien que es correcto.

> *"Si hicieras lo bueno, podrías andar con la frente en alto. Pero si haces lo malo, el pecado te acecha, como una fiera lista para atraparte. No obstante, tú puedes dominarlo.»"* (Génesis 4:7)

23. A partir de la Caída el corazón humano se corrompe y se torna predecible, pues lo que domina en él son las malas inclinaciones.

> *"Cuando el Señor percibió el grato aroma, se dijo a sí mismo: «Aunque las intenciones del ser humano son perversas desde su juventud, nunca más volveré a maldecir la tierra por culpa suya. Tampoco volveré a destruir a todos los seres vivientes, como acabo de hacerlo"* (Génesis 8:21)

24. La vida tiene estaciones que, si se asumen como es debido, pueden hacer que aun el invierno llegue a ser una bendición de Dios.

> *"»Mientras la tierra exista, habrá siembra y cosecha, frío y calor, verano e invierno, y días y noches.»"* (Génesis 8:22)

25. Al igual que Babel, toda construcción motivada por el orgullo quedará inconclusa o se vendrá al piso antes de lo que pensamos.

26. La primera consecuencia de rebelarnos contra Dios es la confusión que no nos permite ya ver ni comprender nada con claridad.

> *"Luego dijeron: «Construyamos una ciudad con una torre que llegue hasta el cielo. De ese modo nos haremos famosos y evitaremos ser dispersados por toda la tierra.» Pero el Señor bajó para observar la ciudad y la torre que los hombres estaban construyendo, y se dijo: «Todos forman un solo pueblo y hablan un solo idioma; esto es sólo el comienzo de sus obras, y todo lo que se propongan lo podrán lograr. Será mejor que bajemos a confundir su idioma, para que*

*ya no se entiendan entre ellos mismos.» De esta manera*
*el Señor los dispersó desde allí por toda la tierra, y por lo*
*tanto dejaron de construir la ciudad"* (Génesis 11:4-8)

27. Tal vez seamos pocos, pero en las manos de Dios y rendidos por completo a Él podemos llegar a ser más que suficientes.

*"Quizá haya cincuenta justos en la ciudad. ¿Exterminarás a todos,*
*y no perdonarás a ese lugar por amor a los cincuenta justos que*
*allí hay? ¡Lejos de ti el hacer tal cosa! ¿Matar al justo junto con*
*el malvado, y que ambos sean tratados de la misma manera?*
*¡Jamás hagas tal cosa! Tú, que eres el Juez de toda la tierra, ¿no*
*harás justicia? El Señor le respondió: –Si encuentro cincuenta*
*justos en Sodoma, por ellos perdonaré a toda la ciudad. Abraham*
*le dijo: –Reconozco que he sido muy atrevido al dirigirme a mi*
*Señor, yo, que apenas soy polvo y ceniza. Pero tal vez falten*
*cinco justos para completar los cincuenta. ¿Destruirás a toda la*
*ciudad si faltan esos cinco? –Si encuentro cuarenta y cinco justos*
*no la destruiré –contestó el Señor. Pero Abraham insistió: –Tal*
*vez se encuentren sólo cuarenta. –Por esos cuarenta justos, no*
*destruiré la ciudad –respondió el Señor. Abraham volvió a insistir:*
*–No se enoje mi Señor, pero permítame seguir hablando. Tal vez*
*se encuentren sólo treinta. –No lo haré si encuentro allí a esos*
*treinta –contestó el Señor. Abraham siguió insistiendo: –Sé que*
*he sido muy atrevido en hablarle así a mi Señor, pero tal vez se*
*encuentren sólo veinte. –Por esos veinte no la destruiré. Abraham*
*volvió a decir: –No se enoje mi Señor, pero permítame hablar una*
*vez más. Tal vez se encuentren sólo diez... –Aun por esos diez no la*
*destruiré –respondió el Señor por última vez"* (Génesis 18:24-32)

28. Cada generación debe responder a Dios de manera personal, pero la primera generación de creyentes otorga ventaja a la siguiente.

*"Esa noche se le apareció el Señor, y le dijo: «Yo soy*
*el Dios de tu padre Abraham. No temas, que yo estoy*
*contigo. Por amor a mi siervo Abraham, te bendeciré y*
*multiplicaré tu descendencia.»"* (Génesis 26:24)

29. Puesto que lo que Dios determina siempre se cumple, es preferible que se cumpla gracias a nosotros y no a pesar de nosotros.

**#MENSAJES** DE DIOS

*"Pero ahora, por favor no se aflijan más ni se reprochen el haberme vendido, pues en realidad fue Dios quien me mandó delante de ustedes para salvar vidas. Desde hace dos años la región está sufriendo de hambre, y todavía faltan cinco años más en que no habrá siembras ni cosechas. Por eso Dios me envió delante de ustedes: para salvarles la vida de manera extraordinaria y de ese modo asegurarles descendencia sobre la tierra. Fue Dios quien me envió aquí, y no ustedes. Él me ha puesto como asesor del faraón y administrador de su casa, y como gobernador de todo Egipto"* (Génesis 45:5-8)

30. Aunque Dios utilice el mal para sus buenos propósitos, somos culpables. La soberanía de Dios no anula nuestra responsabilidad.

*"Es verdad que ustedes pensaron hacerme mal, pero Dios transformó ese mal en bien para lograr lo que hoy estamos viendo: salvar la vida de mucha gente"* (Génesis 50:20)

# #ÉXODO

31. El fin no justifica los medios, pues la justicia es un fin que por simple definición no admite medios impunemente injustos.

> *"Un día, cuando ya Moisés era mayor de edad, fue a ver a sus hermanos de sangre y pudo observar sus penurias. De pronto, vio que un egipcio golpeaba a uno de sus hermanos, es decir, a un hebreo. Miró entonces a uno y otro lado y, al no ver a nadie, mató al egipcio y lo escondió en la arena"* (Éxodo 2:11-12)

32. No necesitamos imágenes para representar a Dios pues Él se revela a través de su propio e inefable nombre personal: Yo soy.

33. El pronombre posesivo "mío" es ofensivo cuando está al servicio exclusivo de nuestro "yo" individual y no al del gran "Yo soy".

> *"Pero Moisés insistió: –Supongamos que me presento ante los israelitas y les digo: 'El Dios de sus antepasados me ha enviado a ustedes.' ¿Qué les respondo si me preguntan: ¿Y cómo se llama?' –Yo soy el que soy –respondió Dios a Moisés–. Y esto es lo que tienes que decirles a los israelitas: 'Yo soy me ha enviado a ustedes.'"* (Éxodo 3:13-14)

34. Se dice que mientras hay vida hay esperanza, pero algunos pueden llegar a endurecerse tanto en vida que ya no tienen esperanza.

> *"A pesar de esto, y tal como lo había advertido el Señor, el faraón endureció su corazón y no les hizo caso"* (Éxodo 7:13)

35. Hay simpatizantes del evangelio a quienes esto los traiciona, pues no les alcanza para llegar a ser verdaderos creyentes.

> *"Los israelitas partieron de Ramsés, en dirección a Sucot. Sin contar a las mujeres y a los niños, eran unos seiscientos mil hombres de a pie. Con ellos salió también gente de toda laya, y grandes manadas de ganado, tanto de ovejas como de vacas"* (Éxodo 12:37-38)

36. Los desiertos de la vida nos enseñan a vencer la incertidumbre diaria mediante la confianza diaria en Dios y en Su provisión.

> *"Entonces Moisés les dijo: –Nadie debe guardar nada para el día siguiente. Hubo algunos que no le hicieron caso a Moisés y guardaron algo para el día siguiente, pero lo guardado se llenó de gusanos y comenzó a apestar. Entonces Moisés se enojó contra ellos. Todas las mañanas cada uno recogía la cantidad que necesitaba, porque se derretía en cuanto calentaba el sol"* (Éxodo 16:19-21)

37. El amor de Dios por su pueblo elegido no se queda en intenciones o palabras, sino que se traduce en hechos concretos a su favor.

> *"Allí Moisés le contó a su suegro todo lo que el Señor les había hecho al faraón y a los egipcios en favor de Israel, todas las dificultades con que se habían encontrado en el camino, y cómo el Señor los había salvado"* (Éxodo 18:8)

38. Debemos delegar en otros parte de nuestra autoridad y funciones, pero no sin verificar antes en quienes estamos delegándolas.

> *"Al día siguiente, Moisés ocupó su lugar como juez del pueblo, y los israelitas estuvieron de pie ante Moisés desde la mañana hasta la noche. Cuando su suegro vio cómo procedía Moisés con el pueblo, le dijo: –¡Pero qué es lo que haces con esta gente! ¿Cómo es que sólo tú te sientas, mientras todo este pueblo se queda de pie ante ti desde la mañana hasta la noche? –Es que el pueblo viene a verme para consultar a Dios. –le contestó Moisés–. Cuando tienen algún problema, me lo traen a mí para que yo dicte sentencia entre las dos partes. Además, les doy a conocer las leyes y las enseñanzas de Dios. –No está bien lo que*

*estás haciendo –le respondió su suegro–, pues te cansas tú y se cansa la gente que te acompaña. La tarea es demasiado pesada para ti; no la puedes desempeñar tú solo. Oye bien el consejo que voy a darte, y que Dios te ayude. Tú debes representar al pueblo ante Dios y presentarle los problemas que ellos tienen. A ellos los debes instruir en las leyes y en las enseñanzas de Dios, y darles a conocer la conducta que deben llevar y las obligaciones que deben cumplir. Elige tú mismo entre el pueblo hombres capaces y temerosos de Dios, que amen la verdad y aborrezcan las ganancias mal habidas, y desígnalos jefes de mil, de cien, de cincuenta y de diez personas. Serán ellos los que funjan como jueces de tiempo completo, atendiendo los casos sencillos, y los casos difíciles te los traerán a ti. Eso te aligerará la carga, porque te ayudarán a llevarla."* (Éxodo 18:13-22)

39.  Hay quienes no creen en Dios como reacción hacia la iglesia que no predica al Dios verdadero sino a un ídolo que se le asemeje.

40.  Los hijos no tienen que cargar con la culpa del pecado de sus padres, pero tristemente sí deben vivir con sus consecuencias.

41.  Debemos cultivar la obediencia, la fe y el temor de Dios no solo para nuestro bien sino para el de nuestras futuras generaciones.

*"«Yo soy el Señor tu Dios. Yo te saqué de Egipto, del país donde eras esclavo. »No tengas otros dioses además de mí. »No te hagas ningún ídolo, ni nada que guarde semejanza con lo que hay arriba en el cielo, ni con lo que hay abajo en la tierra, ni con lo que hay en las aguas debajo de la tierra. No te inclines delante de ellos ni los adores. Yo, el Señor tu Dios, soy un Dios celoso. Cuando los padres son malvados y me odian, yo castigo a sus hijos hasta la tercera y cuarta generación. Por el contrario, cuando me aman y cumplen mis mandamientos, les muestro mi amor por mil generaciones"* (Éxodo 20:2-6)

42.  Los redimidos somos como los esclavos que, una vez liberados, elegían permanecer como esclavos de quien los había liberado.

*"»Éstas son las leyes que tú les expondrás: »Si alguien compra un esclavo hebreo, éste le servirá durante seis años, pero en el séptimo año recobrará su libertad sin pagar nada a cambio. »Si el esclavo llega soltero, soltero se irá. »Si llega casado, su*

*esposa se irá con él. »Si el amo le da mujer al esclavo, como ella*
*es propiedad del amo, serán también del amo los hijos o hijas*
*que el esclavo tenga con ella. Así que el esclavo se irá solo. »Si el*
*esclavo llega a declarar: 'Yo no quiero recobrar mi libertad, pues*
*les tengo cariño a mi amo, a mi mujer y a mis hijos', el amo lo*
*hará comparecer ante los jueces, luego lo llevará a una puerta, o*
*al marco de una puerta, y allí le horadará la oreja con un punzón.*
*Así el esclavo se quedará de por vida con su amo"* (Éxodo. 21:1-6)

43. La ropa no sólo cubre nuestra siempre vergonzosa desnudez protegiéndonos del frío, sino que también nos otorga honra y dignidad.

> *"Hazle a tu hermano Aarón vestiduras sagradas que*
> *le confieran honra y dignidad"* (Éxodo 28:2)

44. Lo máximo que los ateos logran al negar a Dios es sustituirlo por un usurpador procedente de alguna realidad de este mundo.

> *"Al ver los israelitas que Moisés tardaba en bajar del monte,*
> *fueron a reunirse con Aarón y le dijeron: –Tienes que hacernos*
> *dioses que marchen al frente de nosotros, porque a ese*
> *Moisés que nos sacó de Egipto, ¡no sabemos qué pudo haberle*
> *pasado! Aarón les respondió: –Quítenles a sus mujeres los*
> *aretes de oro, y también a sus hijos e hijas, y tráiganmelos.*
> *Todos los israelitas se quitaron los aretes de oro que llevaban*
> *puestos, y se los llevaron a Aarón, quien los recibió y los*
> *fundió; luego cinceló el oro fundido e hizo un ídolo en forma*
> *de becerro. Entonces exclamó el pueblo: «Israel, ¡aquí*
> *tienes a tu dios que te sacó de Egipto!»"* (Éxodo 32:1-4)

45. La presencia de Dios puede hacer un cielo del infierno, mientras que su ausencia puede transformar el cielo en un infierno.

> *"–O vas con todos nosotros –replicó Moisés–, o mejor*
> *no nos hagas salir de aquí"* (Éxodo 33:15)

46. La misericordia es un acto soberano de Dios por el cual Él elige a unos sobre otros sin que nadie pueda señalarlo de injusto.

*"Y el Señor le respondió: –Voy a darte pruebas de mi bondad, y te daré a conocer mi nombre. Y verás que tengo clemencia de quien quiero tenerla, y soy compasivo con quien quiero serlo"* (Éxodo 33:19)

47. Ver a Dios es un anhelo legítimo que, por lo pronto y bajo nuestras actuales condiciones, es mejor que no logremos alcanzar.

*"Pero debo aclararte que no podrás ver mi rostro, porque nadie puede verme y seguir con vida"* (Éxodo 33:20)

48. Orar regularmente en la mañana es también una forma de traer a Dios nuestras mejores primicias y no nuestros mermados restos.

*"»Lleva tus mejores primicias a la casa del Señor tu Dios..."* (Éxodo 34:26)

# #Levítico

49. La comercialización de la fe y la falsificación de lo espiritual van juntas y eliminan la distinción entre lo santo y lo profano.

> *"para que puedan distinguir entre lo santo y lo profano, y entre lo puro y lo impuro"* (Levítico 10:10)

50. Debemos evitar juzgar a los demás, pero cuando no tengamos opción debemos hacerlo con justicia e imparcialidad, como Dios manda.

> *"»No perviertas la justicia, ni te muestres parcial en favor del pobre o del rico, sino juzga a todos con justicia"* (Levítico 19:15)

51. La venganza es un círculo vicioso que nunca se detiene sino que crece como bola de nieve sin lograr nunca establecer justicia.

> *"»No seas vengativo con tu prójimo, ni le guardes rencor. Ama a tu prójimo como a ti mismo. Yo soy el Señor"* (Levítico 19:18)

52. Si las blasfemias se castigaran hoy como deberían serlo, la población mundial podría quedar reducida a su mínima expresión.

> *"Entre los israelitas vivía un hombre, hijo de madre israelita y de padre egipcio. Y sucedió que un día este hombre y un israelita iniciaron un pleito en el campamento. Pero el hijo de la mujer israelita, al lanzar una maldición, pronunció el nombre del Señor; así que se lo llevaron a Moisés. (El nombre de su madre era Selomit hija de Dibrí, de la tribu de Dan.) Y lo pusieron bajo arresto hasta que el Señor les dijera qué hacer*

con él. Entonces el Señor le dijo a Moisés: «Saca al blasfemo fuera del campamento. Quienes lo hayan oído impondrán las manos sobre su cabeza, y toda la asamblea lo apedreará. Diles a los israelitas: 'Todo el que blasfeme contra su Dios sufrirá las consecuencias de su pecado.' Además, todo el que pronuncie el nombre del Señor al maldecir a su prójimo será condenado a muerte. Toda la asamblea lo apedreará. Sea extranjero o nativo, si pronuncia el nombre del Señor al maldecir a su prójimo, será condenado a muerte" (Levítico 24:10-16)

# #NÚMEROS

53. La fe en Dios implica confianza. Pero no sólo la que el creyente coloca en Dios, sino también la que Dios coloca en el creyente.

> *"Pero esto no ocurre así con mi siervo Moisés, porque en toda mi casa él es mi hombre de confianza"* (Números 12:7)

54. Una adecuada percepción de Dios nos libra de sufrir el engañoso "complejo de langosta" cuando encaramos grandes dificultades.

> *"Al cabo de cuarenta días los doce hombres regresaron de explorar aquella tierra. Volvieron a Cades, en el desierto de Parán, que era donde estaban Moisés, Aarón y toda la comunidad israelita, y les presentaron a todos ellos un informe, y les mostraron los frutos de esa tierra. Éste fue el informe: –Fuimos al país al que nos enviaste, ¡y por cierto que allí abundan la leche y la miel! Aquí pueden ver sus frutos. Pero el pueblo que allí habita es poderoso, y sus ciudades son enormes y están fortificadas. Hasta vimos anaquitas allí. Los amalecitas habitan el Néguev; los hititas, jebuseos y amorreos viven en la montaña, y los cananeos ocupan la zona costera y la ribera del río Jordán. Caleb hizo callar al pueblo ante Moisés, y dijo: –Subamos a conquistar esa tierra. Estoy seguro de que podremos hacerlo. Pero los que habían ido con él respondieron: –No podremos combatir contra esa gente. ¡Son más fuertes que nosotros! Y comenzaron a esparcir entre los israelitas falsos rumores acerca de la tierra que habían explorado. Decían: –La tierra que hemos explorado se traga a sus habitantes, y los hombres que allí vimos son enormes. ¡Hasta vimos anaquitas! Comparados con ellos, parecíamos langostas, y así nos veían ellos a nosotros"* (Números 13:25-33)

55. Debemos orar y actuar para que la incredulidad de nuestros padres no les impida acompañarnos con fe hacia la tierra prometida.

> *"que aunque vieron mi gloria y las maravillas que hice en Egipto y en el desierto, ninguno de los que me desobedecieron y me pusieron a prueba repetidas veces verá jamás la tierra que, bajo juramento, prometí dar a sus padres. ¡Ninguno de los que me despreciaron la verá jamás! En cambio, a mi siervo Caleb, que ha mostrado una actitud diferente y me ha sido fiel, le daré posesión de la tierra que exploró, y su descendencia la heredará. Pero regresen mañana al desierto por la ruta del Mar Rojo, puesto que los amalecitas y los cananeos viven en el valle. El Señor les dijo a Moisés y a Aarón: –¿Hasta cuándo ha de murmurar contra mí esta perversa comunidad? Ya he escuchado cómo se quejan contra mí los israelitas. Así que diles de parte mía: 'Juro por mí mismo, que haré que se les cumplan sus deseos. Los cadáveres de todos ustedes quedarán tirados en este desierto. Ninguno de los censados mayores de veinte años, que murmuraron contra mí, tomará posesión de la tierra que les prometí. Sólo entrarán en ella Caleb hijo de Jefone y Josué hijo de Nun. También entrarán en la tierra los niños que ustedes dijeron que serían botín de guerra. Y serán ellos los que gocen de la tierra que ustedes rechazaron. Pero los cadáveres de todos ustedes quedarán tirados en este desierto"* (Números 14:22-32)

56. Si nos viéramos confrontados con la muerte cada día, aprenderíamos a agradecer aquellas cosas de las que a diario nos quejamos.

> *"y comenzaron a hablar contra Dios y contra Moisés: –¿Para qué nos trajeron ustedes de Egipto a morir en este desierto? ¡Aquí no hay pan ni agua! ¡Ya estamos hartos de esta pésima comida!"* (Números 21:5)

57. Si hemos podido hallar a Cristo no es porque lo estuviéramos buscando, sino porque Él nos salió al paso y no pudimos evadirlo.

58. A veces las bestias entienden mejor que los seres humanos y los seres humanos terminan siendo más bestias que las bestias.

> *"Balán se levantó por la mañana, ensilló su burra, y partió con los gobernantes de Moab. Mientras iba con ellos, la ira de Dios se encendió y en el camino el ángel del Señor se hizo presente,*

*dispuesto a no dejarlo pasar. Balán iba montado en su burra, y sus dos criados lo acompañaban. Cuando la burra vio al ángel del Señor en medio del camino, con la espada desenvainada, se apartó del camino para meterse en el campo. Pero Balán la golpeó para hacerla volver al camino. El ángel del Señor se detuvo en un sendero estrecho que estaba entre dos viñas, con cercos de piedra en ambos lados. Cuando la burra vio al ángel del Señor, se arrimó contra la pared, con lo que lastimó el pie de Balán. Entonces Balán volvió a pegarle. El ángel del Señor se les adelantó y se detuvo en un lugar más estrecho, donde ya no había hacia dónde volverse. Cuando la burra vio al ángel del Señor, se echó al suelo con Balán encima. Entonces se encendió la ira de Balán y golpeó a la burra con un palo. Pero el Señor hizo hablar a la burra, y ella le dijo a Balán: –¿Se puede saber qué te he hecho, para que me hayas pegado tres veces? Balán le respondió: –¡Te has venido burlando de mí! Si hubiera tenido una espada en la mano, te habría matado de inmediato. La burra le contestó a Balán: –¿Acaso no soy la burra sobre la que siempre has montado, hasta el día de hoy? ¿Alguna vez te hice algo así? –No –respondió Balán. El Señor abrió los ojos de Balán, y éste pudo ver al ángel del Señor en el camino y empuñando la espada. Balán se inclinó entonces y se postró rostro en tierra. El ángel del Señor le preguntó: –¿Por qué golpeaste tres veces a tu burra? ¿No te das cuenta de que vengo dispuesto a no dejarte pasar porque he visto que tus caminos son malos? Cuando la burra me vio, se apartó de mí tres veces. De no haber sido por ella, tú estarías ya muerto y ella seguiría con vida"* (Números 22:21-33)

59.  Las promesas de Dios son absolutamente seguras. Y si no se cumplen es debido a que no eran de Dios o a que las malinterpretamos.

60.  Dios cumple al triple, pues el Padre promete, Cristo confirma y el Espíritu Santo garantiza sus promesas.

> *"Dios no es un simple mortal para mentir y cambiar de parecer. ¿Acaso no cumple lo que promete ni lleva a cabo lo que dice?... Les digo que Cristo se hizo servidor de los judíos para demostrar la fidelidad de Dios, a fin de confirmar las promesas hechas a los patriarcas... nos selló como propiedad suya y puso su Espíritu en nuestro corazón, como garantía de sus promesas"* (Números 23:19; Romanos 15:8; 2 Corintios 1:22)

61. Dios determinó que Su pueblo cruzara por el desierto, pero el tiempo de permanencia en él fue entera responsabilidad del pueblo.

> *"El Señor se encendió en ira contra Israel, y los hizo vagar por el desierto cuarenta años, hasta que murió toda la generación que había pecado"* (Números 32:13)

# #Deuteronomio

62. Dios no es sólo el Ser más grande que puede concebirse sino el Ser que concibe las cosas más grandes que puedan ser concebidas.

> *"Tú, Señor y Dios, has comenzado a mostrarle a tu siervo tu grandeza y tu poder; pues ¿qué dios hay en el cielo o en la tierra capaz de hacer las obras y los prodigios que tú realizas?"* (Deuteronomio 3:24)

63. Una leve desviación del camino que no notamos ni corregimos pronto, puede llevarnos con el tiempo muy lejos de la senda original.

> *"»Tengan, pues, cuidado de hacer lo que el Señor su Dios les ha mandado; no se desvíen ni a la derecha ni a la izquierda"* (Deuteronomio 5:32)

64. No se sabe qué es peor: que se prohíba la oración pública o que se permita a todos por igual, pues Cristo es el único digno de ella.

65. Aunque el pluralismo del mundo nos tilde de arrogantes e intolerantes debemos seguir sosteniendo el carácter único de nuestro Dios.

> *"»Escucha, Israel: El Señor nuestro Dios es el único Señor"* (Deuteronomio 6:4)

66. El amor al cónyuge, a los hijos y a la patria debe estar subordinado al amor a Dios y a nuestra lealtad final y absoluta a Él.

67. La mejor ventaja estratégica que podemos otorgar a nuestros hijos en la carrera de relevos de la vida es nuestra fe en Dios.

> *"Ama al Señor tu Dios con todo tu corazón y con toda tu alma y con todas tus fuerzas. Grábate en el corazón estas palabras que hoy te mando. Incúlcaselas continuamente a tus hijos. Háblales de ellas cuando estés en tu casa y cuando vayas por el camino, cuando te acuestes y cuando te levantes"* (Deuteronomio 6:5-7)

68. La Biblia es pragmática ya que los resultados de obedecer lo que ella dice podemos comprobarlos en nuestra propia vida.

> *"Haz lo que es recto y bueno a los ojos del Señor, para que te vaya bien y tomes posesión de la buena tierra que el Señor les juró a tus antepasados"* (Deuteronomio 6:18)

69. En nombre de la convivencia pacífica no podemos evitar las batallas que, en conciencia, hay que pelear, por duras que puedan ser.

> *"»El Señor tu Dios te hará entrar en la tierra que vas a poseer, y expulsará de tu presencia a siete naciones más grandes y fuertes que tú, que son los hititas, los gergeseos, los amorreos, los cananeos, los ferezeos, los heveos y los jebuseos. Cuando el Señor tu Dios te las haya entregado y tú las hayas derrotado, deberás destruirlas por completo. No harás ningún pacto con ellas, ni les tendrás compasión. Tampoco te unirás en matrimonio con ninguna de esas naciones; no darás tus hijas a sus hijos ni tomarás sus hijas para tus hijos, porque ellas los apartarán del Señor y los harán servir a otros dioses. Entonces la ira del Señor se encenderá contra ti y te destruirá de inmediato. »Esto es lo que harás con esas naciones: Destruirás sus altares, romperás sus piedras sagradas, derribarás sus imágenes de la diosa Aserá y les prenderás fuego a sus ídolos"* (Deuteronomio 7:1-5)

70. Dios nos elige y aparta porque quiere mostrar su poder convirtiendo gente insignificante en ejemplos que sean dignos de imitar.

> *"Porque para el Señor tu Dios tú eres un pueblo santo; él te eligió para que fueras su posesión exclusiva entre todos los pueblos de la tierra. »El Señor se encariñó contigo y te eligió, aunque no eras el pueblo más numeroso sino el más*

*insignificante de todos. Lo hizo porque te ama y quería cumplir*
*su juramento a tus antepasados; por eso te rescató del*
*poder del faraón, el rey de Egipto, y te sacó de la esclavitud*
*con gran despliegue de fuerza"* (Deuteronomio 7:6-8)

71. La prosperidad puede ser fatal pues da pie a la ilusión de que no tenemos necesidades, con el consiguiente deterioro de la fe.

*"»Cuando hayas comido y estés satisfecho, alabarás*
*al Señor tu Dios por la tierra buena que te habrá dado.*
*Pero ten cuidado de no olvidar al Señor tu Dios. No dejes*
*de cumplir sus mandamientos, normas y preceptos*
*que yo te mando hoy"* (Deuteronomio 8:10-11)

72. El orgullo, la memoria frágil y la ingratitud son los que terminan muchas veces convirtiendo nuestras bendiciones en maldiciones.

*"no te vuelvas orgulloso ni olvides al Señor tu Dios,*
*quien te sacó de Egipto, la tierra donde viviste*
*como esclavo"* (Deuteronomio 8:14)

73. Nuestras bendiciones se vuelven maldiciones tan pronto olvidamos a Dios a favor de los ídolos que acechan para sustituirlo.

74. Hay quienes despotrican de la religión pero en su lugar levantan nuevos altares para adorar la moralidad, la ciencia o la cultura.

*"Recuerda al Señor tu Dios, porque es él quien te da el poder*
*para producir esa riqueza; así ha confirmado hoy el pacto*
*que bajo juramento hizo con tus antepasados. »Si llegas a*
*olvidar al Señor tu Dios, y sigues a otros dioses para adorarlos*
*e inclinarte ante ellos, testifico hoy en contra tuya que*
*ciertamente serás destruido"* (Deuteronomio 8:18-19)

75. Dios usualmente interviene en su creación, no desde afuera de manera intempestiva, sino desde adentro de manera oportuna y eficaz.

*"entonces él enviará la lluvia oportuna sobre su tierra,*
*en otoño y en primavera, para que obtengan el trigo,*
*el vino y el aceite"* (Deuteronomio 11:14)

76. La repetición no es mala si se hace de forma consciente y reflexiva de modo que a fuerza de repetirlo terminemos creyéndolo.

> *"Grábense estas palabras en el corazón y en la mente; átenlas en sus manos como un signo, y llévenlas en su frente como una marca. Enséñenselas a sus hijos y repítanselas cuando estén en su casa y cuando anden por el camino, cuando se acuesten y cuando se levanten"* (Deuteronomio 11:18-19)

77. Ciertamente somos libres para elegir, pero al final nuestras opciones terminan siempre, de un modo u otro, reducidas a dos.

> *"»Hoy les doy a elegir entre la bendición y la maldición: bendición, si obedecen los mandamientos que yo, el Señor su Dios, hoy les mando obedecer; maldición, si desobedecen los mandamientos del Señor su Dios y se apartan del camino que hoy les mando seguir, y se van tras dioses extraños que jamás han conocido"* (Deuteronomio 11:26-28)

78. El pragmatismo no es el criterio final para juzgar la verdad pues Dios nos advierte que no siempre lo que funciona es correcto.

79. Si a la naturaleza no se la vence sino obedeciéndola, pues con más razón para salir triunfantes ante Dios hay que rendirse a Él.

> *»Cuando en medio de ti aparezca algún profeta o visionario, y anuncie algún prodigio o señal milagrosa, si esa señal o prodigio se cumple y él te dice: "Vayamos a rendir culto a otros dioses", dioses que no has conocido, no prestes atención a las palabras de ese profeta o visionario. El Señor tu Dios te estará probando para saber si lo amas con todo el corazón y con toda el alma. Solamente al Señor tu Dios debes seguir y rendir culto. Cumple sus mandamientos y obedécelo; sírvele y permanece fiel a él* (Deuteronomio 13:1-4)

80. El amor de Dios protege pero no encubre mientras que el amor humano, presumiendo hacer lo mismo, con frecuencia hace lo contrario

> *"no te dejes engañar ni le hagas caso. Tampoco le tengas lástima. No te compadezcas de él ni lo encubras"* (Deuteronomio 13:8)

81. Si bien la pobreza es un flagelo social, la iglesia debe verlo como una permanente oportunidad para practicar la generosidad.

*"Gente pobre en esta tierra, siempre la habrá; por eso te ordeno que seas generoso con tus hermanos hebreos y con los pobres y necesitados de tu tierra"* (Deuteronomio 15:11)

82. En la Biblia la razón para prohibir el ocultismo y la magia no es que no funcionen, sino que funcionan siempre en contra nuestra.

*"»Las naciones cuyo territorio vas a poseer consultan a hechiceros y adivinos, pero a ti el Señor tu Dios no te ha permitido hacer nada de eso"* (Deuteronomio 18:14)

83. La sociedad moderna ha trivializado de manera culpable faltas que revisten tal gravedad que en justicia merecerían la muerte.

*"»Si un hombre tiene un hijo obstinado y rebelde, que no escucha a su padre ni a su madre, ni los obedece cuando lo disciplinan, su padre y su madre lo llevarán a la puerta de la ciudad y lo presentarán ante los ancianos. Y dirán los padres a los ancianos: "Este hijo nuestro es obstinado y rebelde, libertino y borracho. No nos obedece." Entonces todos los hombres de la ciudad lo apedrearán hasta matarlo. Así extirparás el mal que haya en medio de ti. Y todos en Israel lo sabrán, y tendrán temor"* (Deuteronomio 21:18-21)

84. Dios nunca abandonó a su pueblo. Fue su pueblo el que lo abandonó a Él, sólo para caer bajo el yugo destructor de sus enemigos.

*"»El Señor enviará contra ti maldición, confusión y fracaso en toda la obra de tus manos, hasta que en un abrir y cerrar de ojos quedes arruinado y exterminado por tu mala conducta y por haberme abandonado"* (Deuteronomio 28:20)

85. Debemos aceptar que existe una ignorancia inevitable en el contexto de la fe que sólo podemos superar con la confianza en Dios.

*"»Lo secreto le pertenece al Señor nuestro Dios, pero lo revelado nos pertenece a nosotros y a nuestros*

*hijos para siempre, para que obedezcamos todas las*
*palabras de esta ley"* (Deuteronomio 29:29)

86. Sólo nuestra capacidad de elegir explica que en las mismas condiciones dos personas tengan rumbos tan diferentes en la vida.

> *"»Hoy pongo al cielo y a la tierra por testigos contra ti, de que te he dado a elegir entre la vida y la muerte, entre la bendición y la maldición. Elige, pues, la vida, para que vivan tú y tus descendientes. Ama al Señor tu Dios, obedécelo y sé fiel a él, porque de él depende tu vida, y por él vivirás mucho tiempo en el territorio que juró dar a tus antepasados Abraham, Isaac y Jacob.»"* (Deuteronomio 30:19-20)

87. La iglesia es un gigante que no percibe su potencial, no gracias a la superioridad numérica, sino a la presencia de Dios con ella.

88. Dios concede su gracia de tal modo aún en medio de la adversidad que ni siquiera la adversidad es una desgracia para el creyente.

> *"Sean fuertes y valientes. No teman ni se asusten ante esas naciones, pues el Señor su Dios siempre los acompañará; nunca los dejará ni los abandonará.»"* (Deuteronomio 31:6)

89. Dios no nos abandona en medio de la adversidad, sino que la adversidad nos sobreviene porque nosotros lo abandonamos a Él.

> *"»Jesurún engordó y pateó; se hartó de comida, y se puso corpulento y rollizo. Abandonó al Dios que le dio vida y rechazó a la Roca, su Salvador... ¡Desertaste de la Roca que te engendró! ¡Olvidaste al Dios que te dio vida!"* (Deuteronomio 32:15, 18)

# #Josué

90. Obedecer a Dios es algo que requiere valor y firmeza, pero que premia con el éxito al obediente en donde quiera que se encuentre.

> *"Sólo te pido que tengas mucho valor y firmeza para obedecer toda la ley que mi siervo Moisés te mandó. No te apartes de ella para nada; sólo así tendrás éxito dondequiera que vayas"* (Josué 1:7)

91. Meditar no consiste en dejar la mente en blanco, sino en repetir y reflexionar en algo tan a fondo que se refleje en nuestros actos.

> *"Recita siempre el libro de la ley y medita en él de día y de noche; cumple con cuidado todo lo que en él está escrito. Así prosperarás y tendrás éxito"* (Josué 1:8)

92. El verdadero secreto del éxito consiste en asegurarnos en que dondequiera que vayamos Dios esté más que dispuesto a acompañarnos.

> *" Ya te lo he ordenado: ¡Sé fuerte y valiente! ¡No tengas miedo ni te desanimes! Porque el Señor tu Dios te acompañará dondequiera que vayas.»"* (Josué 1:9)

93. Posponer indefinidamente las decisiones que debemos tomar es ya de por sí una decisión que acarrea consecuencias en nuestra vida.

> *"Así que Josué los desafió: «¿Hasta cuándo van a esperar para tomar posesión del territorio que les otorgó el Señor, Dios de sus antepasados?"* (Josué 18:3)

94. El idealista es ingenuo mientras que el materialista es cínico. El cristiano, en cambio, es alguien con confianza en la realidad.

> *"»Por mi parte, yo estoy a punto de ir por el camino que todo mortal transita. Ustedes bien saben que ninguna de las buenas promesas del Señor su Dios ha dejado de cumplirse al pie de la letra. Todas se han hecho realidad, pues él no ha faltado a ninguna de ellas"* (Josué 23:14)

95. Nuestros problemas comenzaron con una mala decisión de Adán y Eva, pero su solución comienza con una buena decisión nuestra.

96. Dios es quien nos elige, pero nosotros debemos reelegirlo a Él cada día con resolución y compromiso, agradecidos de su elección.

97. Quienes un día eligieron a Dios por la fe, deben reelegirlo a diario por encima de los candidatos de Satanás, el mundo y la carne.

> *"»Por lo tanto, ahora ustedes entréguense al Señor y sírvanle fielmente. Deshágase de los dioses que sus antepasados adoraron al otro lado del río Éufrates y en Egipto, y sirvan sólo al Señor. Pero si a ustedes les parece mal servir al Señor, elijan ustedes mismos a quiénes van a servir: a los dioses que sirvieron sus antepasados al otro lado del río Éufrates, o a los dioses de los amorreos, en cuya tierra ustedes ahora habitan. Por mi parte, mi familia y yo serviremos al Señor"* (Josué 24:14-15)

# #JUECES

98. La fe no es algo que se herede de los padres, sino algo que se debe experimentar de forma personal por cada nueva generación.

*"El pueblo sirvió al Señor mientras vivieron Josué y los ancianos que le sobrevivieron, los cuales habían visto todas las grandes obras que el Señor había hecho por Israel. Josué hijo de Nun, siervo del Señor, murió a la edad de ciento diez años, y lo sepultaron en Timnat Jeres, tierra de su heredad, en la región montañosa de Efraín, al norte del monte de Gaas. También murió toda aquella generación, y surgió otra que no conocía al Señor ni sabía lo que él había hecho por Israel. Esos israelitas hicieron lo que ofende al Señor y adoraron a los ídolos de Baal. Abandonaron al Señor, Dios de sus padres, que los había sacado de Egipto, y siguieron a otros dioses –dioses de los pueblos que los rodeaban–, y los adoraron, provocando así la ira del Señor. Abandonaron al Señor, y adoraron a Baal y a las imágenes de Astarté"* (Jueces 2:7-13)

99. La conversión muere con la primera generación si no da lugar a una educación cristiana que pueda heredarse a la nueva generación.

*"También murió toda aquella generación, y surgió otra que no conocía al Señor ni sabía lo que él había hecho por Israel"* (Jueces 2:10)

100. Cristo ya venció pero nosotros debemos pelear la batalla de la fe, no para ganar, sino para adiestrarnos y valorar más su victoria.

*"Las siguientes naciones son las que el Señor dejó a salvo para poner a prueba a todos los israelitas que no habían participado en*

*ninguna de las guerras de Canaán. Lo hizo solamente para que los descendientes de los israelitas, que no habían tenido experiencia en el campo de batalla, aprendieran a combatir"* (Jueces 3:1-2)

101. La fuerza del creyente no reside en lo físico, sino en su consagración a Dios y el consecuente respeto de sus compromisos con Él.

> *"al fin se lo dijo todo. «Nunca ha pasado navaja sobre mi cabeza –le explicó–, porque soy nazareo, consagrado a Dios desde antes de nacer. Si se me afeitara la cabeza, perdería mi fuerza, y llegaría a ser tan débil como cualquier otro hombre.»"* (Jueces 16:17)

102. Hacer lo que a cada cual nos parece mejor es el camino más seguro para llegar a un estado de anarquía al que no deseábamos ir.

> *"En aquella época no había rey en Israel; cada uno hacía lo que le parecía mejor"* (Jueces 17:6)

103. La seguridad, la tranquilidad y la prosperidad que se obtienen al margen de Dios son muy inciertas y desaparecen con facilidad.

> *"Los cinco hombres se fueron y llegaron a Lais, donde vieron que la gente vivía segura, tranquila y confiada, tal como vivían los sidonios. Gozaban de prosperidad y no les faltaba nada. Además, vivían lejos de los sidonios y no se relacionaban con nadie más"* (Jueces 18:7)

# #Rut

104. La animosidad que surge entre suegras y nueras cede del todo si ambas ponen su fe en el Dios único y son ambas parte de su pueblo.

> *"Pero Rut respondió: –¡No insistas en que te abandone o en que me separe de ti! »Porque iré adonde tú vayas, y viviré donde tú vivas. Tu pueblo será mi pueblo, y tu Dios será mi Dios"* (Rut 1:16)

105. Si no estamos dispuestos a asumir nuestros deberes, lo más honesto es que dejemos de reclamar los derechos asociados a aquellos.

> *"Pero Booz le aclaró: –El día que adquieras el terreno de Noemí, adquieres también a Rut la moabita, viuda del difunto, a fin de conservar su nombre junto con su heredad. – Entonces no puedo redimirlo –respondió el pariente redentor–, porque podría perjudicar mi propia herencia. Redímelo tú; te cedo mi derecho. Yo no puedo ejercerlo"* (Rut 4:5-6)

# #1 SAMUEL

106. No corregir con firmeza a los hijos puede llegar a ser el más doloroso pecado de omisión que echa a perder a toda una familia.

> *"Ya le dije que por la maldad de sus hijos he condenado a su familia para siempre; él sabía que estaban blasfemando contra Dios y, sin embargo, no los refrenó. Por lo tanto, hago este juramento en contra de su familia: ¡Ningún sacrificio ni ofrenda podrá expiar jamás el pecado de la familia de Elí!"* (1 Samuel 3:13-14)

107. Dios no se deja manipular con prácticas supersticiosas para favorecer a su pueblo cuando éste marcha por fuera de su voluntad.

> *"Cuando el ejército regresó al campamento, los ancianos de Israel dijeron: «¿Por qué nos ha derrotado hoy el Señor por medio de los filisteos? Traigamos el arca del pacto del Señor, que está en Siló, para que nos acompañe y nos salve del poder de nuestros enemigos.» Así que enviaron un destacamento a Siló para sacar de allá el arca del pacto del Señor Todopoderoso, que reina entre los querubines. Los dos hijos de Elí, Ofni y Finés, estaban a cargo del arca del pacto de Dios. Cuando ésta llegó al campamento, los israelitas empezaron a gritar de tal manera que la tierra temblaba. Los filisteos oyeron el griterío y preguntaron: «¿A qué viene tanto alboroto en el campamento hebreo?» Y al oír que el arca del Señor había llegado al campamento, los filisteos se acobardaron y dijeron: «Dios ha entrado en el campamento. ¡Ay de nosotros, que nunca nos ha pasado algo así! ¡Ay de nosotros! ¿Quién nos va a librar de las manos de dioses tan poderosos,*

*que en el desierto hirieron a los egipcios con toda clase de plagas? ¡Ánimo, filisteos! Si no quieren llegar a ser esclavos de los hebreos, tal como ellos lo han sido de nosotros, ¡ármense de valor y luchen como hombres!» Entonces los filisteos se lanzaron al ataque y derrotaron a los israelitas, los cuales huyeron en desbandada. La matanza fue terrible, pues de los israelitas cayeron treinta mil soldados de infantería"* (1 Samuel 4:3-10)

108. Dios autoriza lo que no nos conviene para que al cabo le creamos al llegar a la misma conclusión por dura experiencia propia.

*"El pueblo, sin embargo, no le hizo caso a Samuel, sino que protestó: –¡De ninguna manera! Queremos un rey que nos gobierne. Así seremos como las otras naciones, con un rey que nos gobierne y que marche al frente de nosotros cuando vayamos a la guerra. Después de oír lo que el pueblo quería, Samuel se lo comunicó al Señor. –Hazles caso –respondió el Señor –; dales un rey. Entonces Samuel les dijo a los israelitas: –¡Regresen a sus pueblos!"* (1 Samuel 8:19-22)

109. Racionalizar y torcer el mandato de Dios para acomodarlo a nuestra situación puede ser la peor decisión que al final tomemos.

*"Pero Samuel le reclamó: –¿Qué has hecho? Y Saúl le respondió: –Pues como vi que la gente se desbandaba, que tú no llegabas en el plazo indicado, y que los filisteos se habían juntado en Micmás, pensé: 'Los filisteos ya están por atacarme en Guilgal, y ni siquiera he implorado la ayuda del Señor.' Por eso me atreví a ofrecer el holocausto. –¡Eres un necio! –le replicó Samuel–. No has cumplido el mandato que te dio el Señor tu Dios. El Señor habría establecido tu reino sobre Israel para siempre, pero ahora te digo que tu reino no permanecerá. El Señor ya está buscando un hombre más de su agrado, pues tú no has cumplido su mandato"* (1 Samuel 13:11-14)

110. Dios no está sometido a la estadística. Es por eso que los números o las cantidades no son la medida del éxito de una iglesia.

*"Así que Jonatán le dijo a su escudero: –Vamos a cruzar hacia la guarnición de esos paganos. Espero que*

*el Señor nos ayude, pues para él no es difícil salvarnos,*
*ya sea con muchos o con pocos" (1 Samuel 14:6)*

111. Obedecer a medias a Dios con pretextos fríamente premeditados es peor que desobedecerlo del todo sin excusas ni atenuantes.

> *"Cuando Samuel llegó, Saúl le dijo: –¡Que el Señor te bendiga! He cumplido las instrucciones del Señor. –Y entonces, ¿qué significan esos balidos de oveja que me parece oír? –le reclamó Samuel–. ¿Y cómo es que oigo mugidos de vaca? –Son las que nuestras tropas trajeron del país de Amalec –respondió Saúl–. Dejaron con vida a las mejores ovejas y vacas para ofrecerlas al Señor tu Dios, pero todo lo demás lo destruimos" (1 Samuel 15:13-15)*

112. La desobediencia es desobediencia al margen de la mayor o menor gravedad que revista y de nuestros intentos por justificarla.

> *"–¡Yo sí he obedecido al Señor! –insistió Saúl–. He cumplido la misión que él me encomendó. Traje prisionero a Agag, rey de Amalec, pero destruí a los amalecitas. Y del botín, los soldados tomaron ovejas y vacas con el propósito de ofrecerlas en Guilgal al Señor tu Dios. Samuel respondió: «¿Qué le agrada más al Señor: que se le ofrezcan holocaustos y sacrificios, o que se obedezca lo que él dice? El obedecer vale más que el sacrificio, y el prestar atención, más que la grasa de carneros. La rebeldía es tan grave como la adivinación, y la arrogancia, como el pecado de la idolatría. Y como tú has rechazado la palabra del Señor, él te ha rechazado como rey.»" (1 Samuel 15:20-23)*

113. El prejuicio anula la historia de las personas y nos impide verlas como tales para valorarlas en todo su verdadero potencial.

114. A Dios no lo impresionan las apariencias ni elige por convencionalismos sociales, escogiendo así al que menos nos esperábamos.

> *"Cuando llegaron, Samuel se fijó en Eliab y pensó: «Sin duda que éste es el ungido del Señor.» Pero el Señor le dijo a Samuel: –No te dejes impresionar por su apariencia ni por su estatura, pues yo lo he rechazado. La gente se fija en las apariencias, pero yo me fijo en el corazón. Entonces Isaí llamó a Abinadab para presentárselo a Samuel, pero Samuel dijo: –A éste no*

*lo ha escogido el Señor. Luego le presentó a Sama, y Samuel repitió: –Tampoco a éste lo ha escogido. Isaí le presentó a siete de sus hijos, pero Samuel le dijo: –El Señor no ha escogido a ninguno de ellos. ¿Son éstos todos tus hijos? –Queda el más pequeño –respondió Isaí–, pero está cuidando el rebaño. –Manda a buscarlo –insistió Samuel–, que no podemos continuar hasta que él llegue. Isaí mandó a buscarlo, y se lo trajeron. Era buen mozo, trigueño y de buena presencia. El Señor le dijo a Samuel: –Éste es; levántate y úngelo"* (1 Samuel 16:6-12)

**115.** Si tenemos el gran privilegio de ser escogidos por Dios para defender su honor podemos enfrentar con ventaja al mundo entero.

*"David le contestó: –Tú vienes contra mí con espada, lanza y jabalina, pero yo vengo a ti en el nombre del Señor Todopoderoso, el Dios de los ejércitos de Israel, a los que has desafiado. Hoy mismo el Señor te entregará en mis manos; y yo te mataré y te cortaré la cabeza. Hoy mismo echaré los cadáveres del ejército filisteo a las aves del cielo y a las fieras del campo, y todo el mundo sabrá que hay un Dios en Israel. Todos los que están aquí reconocerán que el Señor salva sin necesidad de espada ni de lanza. La batalla es del Señor, y él los entregará a ustedes en nuestras manos"* (1 Samuel 17:45-47)

**116.** La corrosiva envidia se presenta cuando comenzamos a evaluar nuestros propios logros con la medida de los logros de los otros.

*"Ahora bien, cuando el ejército regresó, después de haber matado David al filisteo, de todos los pueblos de Israel salían mujeres a recibir al rey Saúl. Al son de liras y panderetas, cantaban y bailaban, y exclamaban con gran regocijo: «Saúl destruyó a un ejército, ¡pero David aniquiló a diez!» Disgustado por lo que decían, Saúl se enfureció y protestó: «A David le dan crédito por diez ejércitos, pero a mí por uno solo. ¡Lo único que falta es que le den el reino!» Y a partir de esa ocasión, Saúl empezó a mirar a David con recelo"* (1 Samuel 18:6-9)

**117.** Conciliar con nuestro rival siempre que se pueda tal vez nos depare la grata sorpresa de acabar haciendo causa común con él.

*"David le dijo entonces a Abigaíl: –¡Bendito sea el Señor, Dios de Israel, que te ha enviado hoy a mi encuentro! ¡Y bendita seas tú por tu buen juicio, pues me has impedido derramar sangre y vengarme con mis propias manos! El Señor, Dios de Israel, me ha impedido hacerte mal; pero te digo que si no te hubieras dado prisa en venir a mi encuentro, para mañana no le habría quedado vivo a Nabal ni uno solo de sus hombres. ¡Tan cierto como que el Señor vive! Dicho esto, David aceptó lo que ella le había traído. –Vuelve tranquila a tu casa –añadió–. Como puedes ver, te he hecho caso: te concedo lo que me has pedido. Cuando Abigaíl llegó a la casa, Nabal estaba dando un regio banquete. Se encontraba alegre y muy borracho, así que ella no le dijo nada hasta el día siguiente. Por la mañana, cuando a Nabal ya se le había pasado la borrachera, su esposa le contó lo sucedido. Al oírlo, Nabal sufrió un ataque al corazón y quedó paralizado. Unos diez días después, el Señor hirió a Nabal, y así murió. Cuando David se enteró de que Nabal había muerto, exclamó: «¡Bendito sea el Señor, que me ha hecho justicia por la afrenta que recibí de Nabal! El Señor libró a este siervo suyo de hacer mal, pero hizo recaer sobre Nabal su propia maldad.» Entonces David envió un mensaje a Abigaíl, proponiéndole matrimonio. Cuando los criados llegaron a Carmel, hablaron con Abigaíl y le dijeron: –David nos ha enviado para pedirle a usted que se case con él. Ella se inclinó, y postrándose rostro en tierra dijo: –Soy la sierva de David, y estoy para servirle. Incluso estoy dispuesta a lavarles los pies a sus criados. Sin perder tiempo, Abigaíl se dispuso a partir. Se montó en un asno y, acompañada de cinco criadas, se fue con los mensajeros de David. Después se casó con él"* (1 Samuel 25:32-42)

118. Cuando Dios no responde debemos evaluarnos para hallar la razón de ello, en vez de forzar su respuesta por vías no autorizadas.

*"Pero cuando vio Saúl al ejército filisteo, le entró tal miedo que se descorazonó por completo. Por eso consultó al Señor, pero él no le respondió ni en sueños, ni por el urim ni por los profetas. Por eso Saúl les ordenó a sus oficiales: –Búsquenme a una adivina, para que yo vaya a consultarla. –Pues hay una en Endor –le respondieron"* (1 Samuel 28:5-7)

# #2 Samuel

119. Afirmar que David y Jonatán eran amantes demuestra que quienes suscriben este infundio no saben lo que es la verdadera amistad.

> *"¡Cuánto sufro por ti, Jonatán, pues te quería como a un hermano! Más preciosa fue para mí tu amistad que el amor de las mujeres"* (2 Samuel 1:26)

120. Aquello de lo que nos jactamos con soberbia triunfalista puede llegar a ser poco después una causa de vergüenza en la derrota.

> *"El rey y sus soldados marcharon sobre Jerusalén para atacar a los jebuseos, que vivían allí. Los jebuseos, pensando que David no podría entrar en la ciudad, le dijeron a David: «Aquí no entrarás; para ponerte en retirada, nos bastan los ciegos y los cojos.» Pero David logró capturar la fortaleza de Sión, que ahora se llama la Ciudad de David. Aquel día David dijo: «Todo el que vaya a matar a los jebuseos, que suba por el acueducto, para alcanzar a los cojos y a los ciegos. ¡Los aborrezco!» De ahí viene el dicho: «Los ciegos y los cojos no entrarán en el palacio.»"* (2 Samuel 5:6-8)

121. Hay cristianos que sufren el "síndrome de Mical" y dejan que el espíritu del mundo sofoque en ellos la alegría del Espíritu.

> *"En cuanto le contaron al rey David que por causa del arca el Señor había bendecido a la familia de Obed Edom y toda su hacienda, David fue a la casa de Obed Edom y, en medio de gran algarabía, trasladó el arca de Dios a la Ciudad de David. Apenas habían avanzado seis pasos los que llevaban el arca cuando*

David sacrificó un toro y un ternero engordado. Vestido tan sólo con un efod de lino, se puso a bailar ante el Señor con gran entusiasmo. Así que entre vítores y al son de cuernos de carnero, David y todo el pueblo de Israel llevaban el arca del Señor. Sucedió que, al entrar el arca del Señor a la Ciudad de David, Mical hija de Saúl se asomó a la ventana; y cuando vio que el rey David estaba saltando y bailando delante del Señor, sintió por él un profundo desprecio. El arca del Señor fue llevada a la tienda de campaña que David le había preparado. La instalaron en su sitio, y David ofreció holocaustos y sacrificios de comunión en presencia del Señor. Después de ofrecer los holocaustos y los sacrificios de comunión, David bendijo al pueblo en el nombre del Señor Todopoderoso, y a cada uno de los israelitas que estaban allí congregados, que eran toda una multitud de hombres y mujeres, les repartió pan, una torta de dátiles y una torta de uvas pasas. Después de eso, todos regresaron a sus casas. Cuando David volvió para bendecir a su familia, Mical, la hija de Saúl, le salió al encuentro y le reprochó: –¡Qué distinguido se ha visto hoy el rey de Israel, desnudándose como un cualquiera en presencia de las esclavas de sus oficiales! David le respondió: –Lo hice en presencia del Señor, quien en vez de escoger a tu padre o a cualquier otro de su familia, me escogió a mí y me hizo gobernante de Israel, que es el pueblo del Señor. De modo que seguiré bailando en presencia del Señor, y me rebajaré más todavía, hasta humillarme completamente. Sin embargo, esas mismas esclavas de quienes hablas me rendirán honores. Y Mical hija de Saúl murió sin haber tenido hijos" (2 Samuel 6:12-23)

122. Intentar encubrir un pecado con otro nos arroja en la degradante espiral del que trata de saciar su sed tomando agua de mar.

"por lo que David mandó que averiguaran quién era, y le informaron: «Se trata de Betsabé, que es hija de Elián y esposa de Urías el hitita.» Entonces David ordenó que la llevaran a su presencia, y cuando Betsabé llegó, él se acostó con ella. Después de eso, ella volvió a su casa. Hacía poco que Betsabé se había purificado de su menstruación, así que quedó embarazada y se lo hizo saber a David. Entonces David le envió este mensaje a Joab: «Mándame aquí a Urías el hitita.» Y Joab así lo hizo. Cuando Urías llegó, David le preguntó cómo estaban Joab y los *soldados, y cómo iba la campaña. Luego le dijo: «Vete a tu casa y acuéstate con tu mujer.» Tan pronto como salió del palacio, Urías recibió un regalo de parte del rey, pero en vez de irse a su propia casa, se acostó a la entrada del palacio, donde dormía la guardia real. David se enteró de que Urías no había ido a su casa, así que le preguntó: –Has hecho un viaje largo; ¿por qué no fuiste a tu casa? –En este momento –respondió Urías–, tanto el arca como los hombres de Israel y de Judá se guarecen en simples enramadas, y mi señor Joab y sus oficiales acampan al aire libre, ¿y yo voy a entrar en mi casa para darme un banquete y acostarme con mi esposa? ¡Tan cierto como que Su Majestad vive, que yo no puedo hacer tal cosa! –Bueno, entonces quédate hoy aquí, y mañana te enviaré de regreso –replicó David. Urías se quedó ese día en Jerusalén. Pero al día siguiente David lo invitó a un banquete y logró emborracharlo. A pesar de eso, Urías no fue a su casa sino que volvió a pasar la noche donde dormía la guardia real. A la mañana siguiente, David le escribió una carta a Joab, y se la envió por medio de Urías. La carta decía: «Pongan a Urías al frente de la batalla, donde la lucha sea más dura. Luego déjenlo solo, para que lo hieran y lo maten.»" (2 Samuel 11:3-15)*

123. La Biblia es tan objetiva y veraz que señala sin sesgos ni atenuantes el pecado de los mejores y más grandes hombres de Dios.

*"Entonces Natán le dijo a David: –¡Tú eres ese hombre! Así dice el Señor, Dios de Israel: 'Yo te ungí como rey sobre Israel, y te libré del poder de Saúl. Te di el palacio de tu amo, y puse sus mujeres en tus brazos. También te permití gobernar a Israel y a Judá. Y por si esto hubiera sido poco, te habría dado mucho más. ¿Por qué, entonces, despreciaste la palabra del Señor haciendo lo que me desagrada? ¡Asesinaste a Urías el hitita para apoderarte de su esposa! ¡Lo mataste con la espada de los amonitas! Por eso la espada jamás se apartará de tu familia, pues me despreciaste al tomar la esposa de Urías el hitita para hacerla tu mujer."* (2 Samuel 12:7-10)

124. Perdonar a alguien manifestando reservas y prevenciones al hacerlo puede ser más perjudicial que no perdonarlo de ningún modo.

*"Entonces el rey llamó a Joab y le dijo: –Estoy de acuerdo. Anda, haz que regrese el joven Absalón. Postrándose rostro*

*en tierra, Joab le hizo una reverencia al rey y le dio las gracias, añadiendo: –Hoy sé que cuento con el favor de mi señor y rey, pues usted ha accedido a mi petición. Dicho esto, Joab emprendió la marcha a Guesur, y regresó a Jerusalén con Absalón. Pero el rey dio esta orden: «Que se retire a su casa, y que nunca me visite.» Por tanto, Absalón tuvo que irse a su casa sin presentarse ante el rey... Absalón vivió en Jerusalén durante dos años sin presentarse ante el rey. Un día, le pidió a Joab que fuera a ver al rey, pero Joab no quiso ir. Se lo volvió a pedir, pero Joab se negó a hacerlo. Así que Absalón dio esta orden a sus criados: «Miren, Joab ha sembrado cebada en el campo que tiene junto al mío. ¡Vayan y préndanle fuego!» Los criados fueron e incendiaron el campo de Joab. Entonces éste fue en seguida a casa de Absalón y le reclamó: –¿Por qué tus criados le han prendido fuego a mi campo? Y Absalón le respondió: –Te pedí que fueras a ver al rey y le preguntaras para qué he vuelto de Guesur. ¡Más me habría valido quedarme allá! Voy a presentarme ante el rey, y si soy culpable de algo, ¡que me mate!"* (2 Samuel 14:21-32)

125. Los rebeldes intrigan señalando fallas en los gobernantes legítimos que ellos no logran ni están dispuestos luego a resolver.

*"Pasado algún tiempo, Absalón consiguió carros de combate, algunos caballos y una escolta de cincuenta soldados. Se levantaba temprano y se ponía a la vera del camino, junto a la entrada de la ciudad. Cuando pasaba alguien que iba a ver al rey para que le resolviera un pleito, Absalón lo llamaba y le preguntaba de qué pueblo venía. Aquél le decía de qué tribu israelita era, y Absalón le aseguraba: «Tu demanda es muy justa, pero no habrá quien te escuche de parte del rey.» En seguida añadía: «¡Ojalá me pusieran por juez en el país! Todo el que tuviera un pleito o una demanda vendría a mí, y yo le haría justicia.» Además de esto, si alguien se le acercaba para inclinarse ante él, Absalón le tendía los brazos, lo abrazaba y lo saludaba con un beso. Esto hacía Absalón con todos los israelitas que iban a ver al rey para que les resolviera algún asunto, y así fue ganándose el cariño del pueblo. Al cabo de cuatro años, Absalón le dijo al rey: –Permítame Su Majestad ir a Hebrón, a cumplir un voto que le hice al Señor. Cuando vivía en Guesur de Aram, hice este voto: 'Si el Señor me concede volver a Jerusalén, le ofreceré un sacrificio.' –Vete tranquilo –respondió*

#MENSAJES DE DIOS

*el rey. Absalón emprendió la marcha a Hebrón, pero al mismo tiempo envió mensajeros por todas las tribus de Israel con este mensaje: «Tan pronto como oigan el toque de trompeta, exclamen: '¡Absalón reina en Hebrón!' »"* (2 Samuel 15:1-10)

# #1 Reyes

126. La teología sistemática es útil pero no puede pretender contener a Dios dentro de un sistema de pensamiento acabado y cerrado.

> "»Pero ¿será posible, Dios mío, que tú habites en la tierra? Si los cielos, por altos que sean, no pueden contenerte, ¡mucho menos este templo que he construido!" (1 Reyes 8:27)

127. Hay que pedir consejo, pero hay que saber a quién, pues si es para equivocarnos, eso ya lo sabemos bien por nosotros mismos.

> "Roboán fue a Siquén porque todos los israelitas se habían reunido allí para proclamarlo rey. De esto se enteró Jeroboán hijo de Nabat, quien al huir del rey Salomón se había establecido en Egipto y aún vivía allí. Cuando lo mandaron a buscar, él y toda la asamblea de Israel fueron a ver a Roboán y le dijeron: –Su padre nos impuso un yugo pesado. Alívienos usted ahora el duro trabajo y el pesado yugo que él nos echó encima; así serviremos a Su Majestad. –Váyanse por ahora –respondió Roboán–, pero vuelvan a verme dentro de tres días... Al tercer día, en la fecha que el rey Roboán había indicado, Jeroboán regresó con todo el pueblo para presentarse ante él. Pero el rey les respondió con brusquedad: rechazó el consejo que le habían dado los ancianos, y siguió más bien el de los jóvenes. Les dijo: «Si mi padre les impuso un yugo pesado, ¡yo les aumentaré la carga! Si él los castigaba a ustedes con una vara, ¡yo lo haré con un látigo!» De modo que el rey no le hizo caso al pueblo. Las cosas tomaron este rumbo por voluntad del Señor, para que se cumpliera lo que ya él le había dicho a Jeroboán hijo de Nabat por medio de Ahías el silonita. Cuando se dieron cuenta de que el rey no iba a

*hacerles caso, todos los israelitas exclamaron a una: «¡Pueblo de Israel, todos a sus casas! ¡Y tú, David, ocúpate de los tuyos! ¿Qué parte tenemos con David? ¿Qué herencia tenemos con el hijo de Isaí?» Así que se fueron, cada uno a su casa"* (1 Reyes 12:1-16)

128. La disyuntiva humana no es adorar o no hacerlo, sino a quién o qué vamos a adorar. No podemos sustraernos a este impulso vital.

> *"Elías se presentó ante el pueblo y dijo: –¿Hasta cuándo van a seguir indecisos? Si el Dios verdadero es el Señor, deben seguirlo; pero si es Baal, síganlo a él. El pueblo no dijo una sola palabra"* (1 Reyes 18:21)

129. El ser humano sin Dios termina expuesto a la vergüenza y el escarnio vendido como esclavo al pecado en sus múltiples formas.

> *"Acab le respondió a Elías: –¡Mi enemigo! ¿Así que me has encontrado? –Sí –contestó Elías–, te he encontrado porque te has vendido para hacer lo que ofende al Señor"* (1 Reyes 21:20)

130. El ejemplo es tan importante en la vida humana que usualmente a quienes nos rodean lo que hacemos no les deja oír lo que decimos.

> *"Pero hizo lo que ofende al Señor, porque anduvo en los caminos de su padre y de su madre, y en los caminos de Jeroboán hijo de Nabat, que hizo que Israel pecara"* (1 Reyes 22:52)

# #2 Reyes

131. Hay iglesias en que el sermón no es más que un espectáculo en abierta competencia con la industria del espectáculo en el mundo.

> *"Así que Naamán, con sus caballos y sus carros, fue a la casa de Eliseo y se detuvo ante la puerta. Entonces Eliseo envió un mensajero a que le dijera: «Ve y zambúllete siete veces en el río Jordán; así tu piel sanará, y quedarás limpio.» Naamán se enfureció y se fue, quejándose: «¡Yo creí que el profeta saldría a recibirme personalmente para invocar el nombre del Señor su Dios, y que con un movimiento de la mano me sanaría de la lepra! ¿Acaso los ríos de Damasco, el Abaná y el Farfar, no son mejores que toda el agua de Israel? ¿Acaso no podría zambullirme en ellos y quedar limpio?» Furioso, dio media vuelta y se marchó. Entonces sus criados se le acercaron para aconsejarle: «Señor, si el profeta le hubiera mandado hacer algo complicado, ¿usted no le habría hecho caso? ¡Con más razón si lo único que le dice a usted es que se zambulla, y así quedará limpio!»"* (2 Reyes 5:9-13)

132. Es muy diferente guardar silencio por prudencia que hacerlo por comodidad o cobardía y el cristiano debe tenerlo siempre presente.

> *"Entonces se dijeron unos a otros: –Esto no está bien. Hoy es un día de buenas noticias, y no las estamos dando a conocer. Si esperamos hasta que amanezca, resultaremos culpables. Vayamos ahora mismo al palacio, y demos aviso"* (2 Reyes 7:9)

133. La cercanía de la muerte ayuda a poner las prioridades en orden y a distinguir con nitidez lo trivial de lo en verdad importante.

*"Por aquellos días Ezequías se enfermó gravemente y estuvo a punto de morir. El profeta Isaías hijo de Amoz fue a verlo y le dijo: «Así dice el Señor: 'Pon tu casa en orden, porque vas a morir; no te recuperarás.'»"* (2 Reyes 20:1)

# #1 Crónicas

134. Para hacer lo justo no basta estar bien motivado y tener la mejor intención, hay que hacer también las cosas como Dios manda.

> *"La primera vez ustedes no la transportaron, ni nosotros consultamos al Señor nuestro Dios, como está establecido; por eso él se enfureció contra nosotros.»"* (1 Crónicas 15:13)

135. Para quien conoce y trata con Dios a diario adorarlo no es un deber sino una reacción espontánea, natural, gozosa y liberadora.

> *"tributen al Señor la gloria que corresponde a su nombre; preséntense ante él con ofrendas, adoren al Señor en su hermoso santuario"* (1 Crónicas 16:29)

# #2 CRÓNICAS

136. En realidad ninguna creación humana es del todo original, pues de un modo u otro es solo una copia del diseño divino original.

> *"Los supervisores de la restauración trabajaron diligentemente hasta terminar la obra. Repararon el templo de Dios y lo dejaron en buen estado y conforme al diseño original"* (2 Crónicas 24:13)

137. Hay dos formas de ser conmovidos: que nos muevan el piso o que nos toquen el corazón. Y la última no es posible sin la primera.

> *"Como te has conmovido y humillado ante mí al escuchar lo que he anunciado contra este lugar y sus habitantes, y te has rasgado las vestiduras y has llorado en mi presencia, yo te he escuchado. Yo, el Señor, lo afirmo"* (2 Crónicas 34:27)

# #ESDRAS

138. Hay que leer la Biblia con una honesta actitud crítica, pues Dios nos invita a estudiarla con constancia más que a reverenciarla.

> *"Esdras se había dedicado por completo a estudiar la ley del Señor, a ponerla en práctica y a enseñar sus preceptos y normas a los israelitas"* (Esdras 7:10)

# #NEHEMÍAS

139. El cristiano debe ser un buen patriota pero no un nacionalista, pues el nacionalismo es hacer de nuestra patria un ídolo.

*"Éstas son las palabras de Nehemías hijo de Jacalías: En el mes de quisleu del año veinte, estando yo en la ciudadela de Susa, llegó Jananí, uno de mis hermanos, junto con algunos hombres de Judá. Entonces les pregunté por el resto de los judíos que se habían librado del destierro, y por Jerusalén. Ellos me respondieron: «Los que se libraron del destierro y se quedaron en la provincia están enfrentando una gran calamidad y humillación. La muralla de Jerusalén sigue derribada, con sus puertas consumidas por el fuego.» Al escuchar esto, me senté a llorar; hice duelo por algunos días, ayuné y oré al Dios del cielo... y le respondí: –¡Que viva Su Majestad para siempre! ¿Cómo no he de estar triste, si la ciudad donde están los sepulcros de mis padres se halla en ruinas, con sus puertas consumidas por el fuego? –¿Qué quieres que haga? –replicó el rey. Encomendándome al Dios del cielo, le respondí: –Si a Su Majestad le parece bien, y si este siervo suyo es digno de su favor, le ruego que me envíe a Judá para reedificar la ciudad donde están los sepulcros de mis padres"* (Nehemías 1:1-4; 2:3-5)

140. Hay que procurar siempre terminar bien lo que hemos empezado, pero hay que mantener a la par el mismo entusiasmo de los comienzos.

*"Continuamos con la reconstrucción y levantamos la muralla hasta media altura, pues el pueblo trabajó con entusiasmo"* (Nehemías 4:6)

141. De nada sirve reflexionar de forma responsable y concienzuda si, a renglón seguido, no actuamos también de una manera consecuente.

*"Y después de reflexionar, reprendí a los nobles y gobernantes: –¡Es inconcebible que sus propios hermanos les exijan el pago de intereses! Convoqué además una gran asamblea contra ellos"* (Nehemías 5:7)

142. Los mandamientos de Dios buscan protegernos de las consecuencias de satisfacer nuestras necesidades por caminos equivocados.

*"Les advertiste que volvieran a tu ley, pero ellos actuaron con soberbia y no obedecieron tus mandamientos. Pecaron contra tus normas, que dan vida a quien las obedece. En su rebeldía, te rechazaron; fueron tercos y no quisieron escuchar"* (Nehemías 9:29)

# #JOB

143. No siempre nuestras dificultades son el resultado directo de la acción de Dios ni tampoco una expresión de su buena voluntad.

> *"Dicho esto, Satanás se retiró de la presencia del Señor para afligir a Job con dolorosas llagas desde la planta del pie hasta la coronilla. Y Job, sentado en medio de las cenizas, tomó un pedazo de teja para rascarse constantemente. Su esposa le reprochó: –¿Todavía mantienes firme tu integridad? ¡Maldice a Dios y muérete! Job le respondió: –Mujer, hablas como una necia. Si de Dios sabemos recibir lo bueno, ¿no sabremos también recibir lo malo? A pesar de todo esto, Job no pecó ni de palabra"* (Job 2:7-10)

144. Dios tolera los reclamos de sus hijos que sufren y no lo ofenden los desatinos que pronuncian como desahogo sin creerlos realmente.

145. En vista de su estado terminal y su deseo de morir a Job hoy le hubieran aplicado la eutanasia, privándonos así de su libro.

> *"Después de esto, Job rompió el silencio para maldecir el día en que había nacido. Dijo así: «Que perezca el día en que fui concebido y la noche en que se anunció: '¡Ha nacido un niño!' Que ese día se vuelva oscuridad; que Dios en lo alto no lo tome en cuenta; que no brille en él ninguna luz. Que las tinieblas y las más pesadas sombras vuelvan a reclamarlo; Que una nube lo cubra con su sombra; que la oscuridad domine su esplendor. Que densas tinieblas caigan sobre esa noche; que no sea contada entre los días del año, ni registrada en ninguno de los meses. Que permanezca estéril esa noche; que no haya en ella gritos*

*de alegría. Que maldigan ese día los que profieren maldiciones, los expertos en provocar a Leviatán. Que se oscurezcan sus estrellas matutinas; que en vano esperen la luz del día, y que no vean los primeros rayos de la aurora. Pues no cerró el vientre de mi madre ni evitó que mis ojos vieran tanta miseria. »¿Por qué no perecí al momento de nacer? ¿Por qué no morí cuando salí del vientre? ¿Por qué hubo rodillas que me recibieran, y pechos que me amamantaran? Ahora estaría yo descansando en paz; estaría durmiendo tranquilo entre reyes y consejeros de este mundo, que se construyeron monumentos hoy en ruinas; entre gobernantes que poseyeron mucho oro y que llenaron de plata sus mansiones. ¿Por qué no me enterraron como a un abortivo, como a esos niños que jamás vieron la luz? ¡Allí cesa el afán de los malvados! ¡Allí descansan las víctimas de la opresión! También los cautivos disfrutan del reposo, pues ya no escuchan los gritos del capataz. Allí el pequeño se codea con el grande, y el esclavo se libera de su amo. »¿Por qué permite Dios que los sufridos vean la luz? ¿Por qué se les da vida a los amargados? Anhelan éstos una muerte que no llega, aunque la buscan más que a tesoro escondido; ¡se llenarían de gran regocijo, se alegrarían si llegaran al sepulcro! ¿Por qué arrincona Dios al hombre que desconoce su destino? Antes que el pan, me llegan los suspiros; mis gemidos se derraman como el agua. Lo que más temía, me sobrevino; lo que más me asustaba, me sucedió. No encuentro paz ni sosiego; no hallo reposo, sino sólo agitación.»"* (Job 3:1-26)

146. Antes de hablar es necesario escuchar. Y a veces ni siquiera hay que hablar, sino tan sólo escuchar con compasión.

*"Las palabras justas no ofenden, ¡pero los argumentos de ustedes no prueban nada! ¿Me van a juzgar por mis palabras, sin ver que provienen de un desesperado? ¡Ustedes echarían suertes hasta por un huérfano, y venderían a su amigo por cualquier cosa!... A esto, Job contestó: «Cosas como éstas he escuchado muchas; ¡valiente consuelo el de todos ustedes! ¿No habrá fin a sus peroratas? ¿Qué tanto les irrita que siguen respondiendo? ¡También yo podría hablar del mismo modo si estuvieran ustedes en mi lugar! ¡También yo pronunciaría bellos discursos en su contra, meneando con sarcasmo la cabeza! ¡Les infundiría nuevos bríos con la boca; les daría consuelo con los labios! »Si hablo, mi dolor no disminuye; si me callo, tampoco se me calma"* (Job 6:25-27; 16:1-6)

147. Dios no acomoda sus justas normas a nuestros deseos y la única forma de triunfar cuando discutimos con Él es rindiéndonos a Él.

*"«Aunque sé muy bien que esto es cierto, ¿cómo puede un mortal justificarse ante Dios? Si uno quisiera disputar con él, de mil cosas no podría responderle una sola. Profunda es su sabiduría, vasto su poder. ¿Quién puede desafiarlo y salir bien librado?"* (Job 9:2-4)

148. Justicia es darle a cada uno lo que merece. Misericordia es no castigar a alguien como se merece. Por eso, nunca pidas a Dios justicia.

*"Aunque sea yo inocente, no puedo defenderme; de mi juez sólo puedo pedir misericordia"* (Job 9:15)

149. Cuando las sombras amenacen nuestra vida no olvidemos que las mismas sombras indican que más allá brilla la luz que las disipa.

*"Es como las flores, que brotan y se marchitan; es como efímera sombra que se esfuma"* (Job 14:2)

150. Dios nos invita a ensanchar de su mano nuestro horizonte, pero advirtiéndonos que existen fronteras que no podremos traspasar.

*"Los días del hombre ya están determinados; tú has decretado los meses de su vida; le has puesto límites que no puede rebasar"* (Job 14:5)

151. La devoción sólo es constructiva cuando procede de una fe en Dios auténtica y firme. De otro modo termina menospreciando a Dios.

*"Tú, en cambio, restas valor al temor a Dios y tomas a la ligera la devoción que él merece"* (Job 15:4)

152. Resistir a Dios lo único que logra es un puño levantado al cielo en desesperado gesto de fingida e infructuosa valentía.

*"El impío se ve atormentado toda su vida, el desalmado tiene sus años contados... y todo por levantar el puño contra Dios y atreverse a desafiar al Todopoderoso"* (Job 15:20, 25)

153. La incondicionalidad de nuestra fe se basa no en los beneficios temporales que Dios nos concede, sino en la eternidad misma.

> *"Yo sé que mi redentor vive, y que al final triunfará sobre la muerte. Y cuando mi piel haya sido destruida, todavía veré a Dios con mis propios ojos. Yo mismo espero verlo; espero ser yo quien lo vea, y no otro. ¡Este anhelo me consume las entrañas!"* (Job 19:25-27)

154. Dios lamenta que aun contando con la revelación eterna, los cristianos no logremos entender los asuntos temporales de este mundo.

> *"»Si los tiempos no se esconden delTodopoderoso, ¿por qué no los perciben quienes dicen conocerlo?"* (Job 24:1)

155. Los ateos declarados son, no obstante, más honrados y sinceros que todos los que, sin negar a Dios, viven como si Él no existiera.

> *"Mis palabras salen de un corazón honrado; mis labios dan su opinión sincera"* (Job 33:3)

156. Darle la razón a nuestro oponente cuando la tiene es un acto de humildad que facilita la comunicación y el entendimiento con él.

> *"Si tienes algo que decir, respóndeme; habla, que quisiera darte la razón"* (Job 33:32)

157. Dios es omnisciente y omnipresente y no podemos eludirlo, sino decidir si lo será para nuestro perjuicio o nuestro beneficio.

> *"»Los ojos de Dios ven los caminos del hombre; él vigila cada uno de sus pasos"* (Job 34:21)

158. La ignorancia es más censurable cuando se hace alarde de ella, pero se sobrelleva con dignidad si se mantiene la boca cerrada.

> *"pero tú, Job, abres la boca y dices tonterías; hablas mucho y no sabes lo que dices.»"* (Job 35:16)

159. Dios está siempre al alcance de los humildes que quieren depender de Él, pero no de los orgullosos que quieren competir con Él.

> *"El Todopoderoso no está a nuestro alcance; excelso es su poder. Grandes son su justicia y rectitud; ¡a nadie oprime!"* (Job 37:23)

160. Nuestras preguntas surgen de lo urgente, las de Dios de lo importante. Por eso Sus preguntas responden y corrigen las nuestras.

> *"El Señor le respondió a Job desde la tempestad. Le dijo: «¿Quién es éste, que oscurece mi consejo con palabras carentes de sentido? Prepárate a hacerme frente; yo te cuestionaré, y tú me responderás"* (Job 38:1-3)

161. Cualquier reclamo del hombre contra Dios es absolutamente improcedente y atrevido pues Dios no le debe nada a nadie.

> *"¿Y quién tiene alguna cuenta que cobrarme? ¡Mío es todo cuanto hay bajo los cielos!... «¿Quién le ha dado primero a Dios, para que luego Dios le pague?»"* (Job 41:11; Romanos 11:35)

162. Cuando Dios pregunta nuestras preguntas se vuelven irrelevantes pues contar con su atención personal es todo lo que necesitamos.

> *"'¿Quién es éste –has preguntado–, que sin conocimiento oscurece mi consejo?' Reconozco que he hablado de cosas que no alcanzo a comprender, de cosas demasiado maravillosas que me son desconocidas"* (Job 42:3)

163. No se puede ser cristiano "de oídas". Se requiere un encuentro personal con Cristo que nos permita verlo con los ojos de la fe.

> *"De oídas había oído hablar de ti, pero ahora te veo con mis propios ojos"* (Job 42:5)

# #Salmos

164. La mejor manera de garantizar la verdadera prosperidad en nuestra vida es estar plantado a la orilla del río del Espíritu de Dios.

> *"Es como el árbol plantado a la orilla de un río que, cuando llega su tiempo, da fruto y sus hojas jamás se marchitan. ¡Todo cuanto hace prospera!"* (Salmo 1:3)

165. Las grandes conspiraciones de los oscuros círculos de poder de este mundo no son al final más que un buen chiste para Dios.

> *"¿Por qué se sublevan las naciones, y en vano conspiran los pueblos? Los reyes de la tierra se rebelan; los gobernantes se confabulan contra él y contra su ungido. Y dicen: «¡Hagamos pedazos sus cadenas! ¡Librémonos de su yugo!» El rey de los cielos se ríe; el Señor se burla de ellos"* (Salmo 2:1-4)

166. Dios reprende a los creyentes mal preparados en el gobierno que, seducidos por la política, sucumben a su ética maquiavélica.

> *"Ustedes, los reyes, sean prudentes; déjense enseñar, gobernantes de la tierra. Sirvan al Señor con temor; con temblor ríndanle alabanza"* (Salmo 2:10-11)

167. Únicamente el temor de Dios nos libra de los demás temores serviles y compulsivos del mundo que nos pueden hacer perder el sueño.

> *"Yo me acuesto, me duermo y vuelvo a despertar, porque el Señor me sostiene"* (Salmo 3:5)

168. Generalmente cuando le preguntamos a Dios ¿hasta cuándo? Él nos devuelve la pregunta hasta que la respondamos como corresponde.

*"Y ustedes, señores, ¿hasta cuándo cambiarán mi gloria en vergüenza? ¿Hasta cuándo amarán ídolos vanos e irán en pos de lo ilusorio?"* (Salmo 4:2)

169. Enojarse sin pecar sólo es posible cuando nuestra postura también pueda defenderse con argumentos, sin tener que montar en cólera.

*"Si se enojan, no pequen; en la quietud del descanso nocturno examínense el corazón"* (Salmo 4:4)

170. Cuando ores hazlo con la intensidad y entrega del que piensa que tal vez sea la última oportunidad que tenga en vida para hacerlo.

*"En la muerte nadie te recuerda; en el sepulcro, ¿quién te alabará?"* (Salmo 6:5)

171. La ciencia demostró que no estamos en el centro físico del cosmos, pero parece que si lo estamos en el centro de su significado.

*"Cuando contemplo tus cielos, obra de tus dedos, la luna y las estrellas que allí fijaste, me pregunto: «¿Qué es el hombre, para que en él pienses? ¿Qué es el ser humano, para que lo tomes en cuenta?» Pues lo hiciste poco menos que un dios, y lo coronaste de gloria y de honra: lo entronizaste sobre la obra de tus manos, todo lo sometiste a su dominio; todas las ovejas, todos los bueyes, todos los animales del campo, las aves del cielo, los peces del mar, y todo lo que surca los senderos del mar. Oh Señor, soberano nuestro, ¡qué imponente es tu nombre en toda la tierra!"* (Salmo 8:3-9)

172. Hay quienes afirman que no estamos solos en el universo pero niegan la presencia de Dios en él para así no rendir cuenta a nadie.

*"El malvado levanta insolente la nariz, y no da lugar a Dios en sus pensamientos"* (Salmo 10:4)

173. Lo que aún sostiene a la decadente civilización occidental son, a su pesar, los fundamentos éticos que se hallan en la Biblia.

*"Cuando los fundamentos son destruidos,
¿qué le queda al justo?"* (Salmo 11:3)

174. El ateísmo implica negar y suprimir creencias innatas que son parte de la universal condición humana y como tal es una necedad.

> *"Dice el necio en su corazón: «No hay Dios.» Están corrompidos, sus obras son detestables; ¡no hay uno solo que haga lo bueno!"* (Salmo 14:1)

175. Ser intachable es seguir honrando el bien y la verdad aunque al hacerlo uno mismo quede inculpado y expuesto como transgresor.

> *"Sólo el de conducta intachable, que practica la justicia y de corazón dice la verdad... que desprecia al que Dios reprueba, pero honra al que teme al Señor; que cumple lo prometido aunque salga perjudicado"* (Salmo 15:2, 4)

176. La suerte no es un asunto de azar sino el designio de un Dios bueno y misericordioso que siempre quiere lo mejor para los suyos.

> *"Tú, Señor, eres mi porción y mi copa; eres tú quien ha afirmado mi suerte"* (Salmo 16:5)

177. No es el dinero, las comodidades o los placeres fugaces los que brindan alegría y dicha, sino la presencia de Dios con nosotros.

> *"Me has dado a conocer la senda de la vida; me llenarás de alegría en tu presencia, y de dicha eterna a tu derecha"* (Salmo 16:11)

178. Para el cristiano esta vida es sólo un abrebocas de la vida verdadera. Para el incrédulo, la única vida a la que puede aspirar.

> *"¡Con tu mano, Señor, sálvame de estos mortales que no tienen más herencia que esta vida! Con tus tesoros les has llenado el vientre, sus hijos han tenido abundancia, y hasta ha sobrado para sus descendientes"* (Salmo 17:14)

179. No creemos en Dios porque las pruebas nos obliguen a hacerlo, sino porque las evidencias hacen de la fe una decisión razonable.

*"Los cielos cuentan la gloria de Dios, el firmamento proclama la obra de sus manos. Un día comparte al otro la noticia, una noche a la otra se lo hace saber. Sin palabras, sin lenguaje, sin una voz perceptible, por toda la tierra resuena su eco, ¡sus palabras llegan hasta los confines del mundo! Dios ha plantado en los cielos un pabellón para el sol"* (Salmo 19:1-4)

180. Aunque no todos los errores son pecados muchos de quienes dicen "cometí un error" están tratando de bajarle el tono a su pecado.

*"¿Quién está consciente de sus propios errores? ¡Perdóname aquellos de los que no estoy consciente!"* (Salmo 19:12)

181. Negar la culpa es suprimir el síntoma sin sanar la enfermedad del pecado y negarlos ambos es diferir y acrecentar el problema.

*"Libra, además, a tu siervo de pecar a sabiendas; no permitas que tales pecados me dominen. Así estaré libre de culpa y de multiplicar mis pecados"* (Salmo 19:13)

182. Los defensores del aborto pierden todo argumento para oponerse a la eutanasia de los ancianos y aun al asesinato de los niños.

*"Fui puesto a tu cuidado desde antes de nacer; desde el vientre de mi madre mi Dios eres tú"* (Salmo 22:10)

183. Toda promesa divina anuncia una bendición, pero exige una condición que debemos cumplir primero para alcanzar la bendición.

*"Tú inspiras mi alabanza en la gran asamblea; ante los que te temen cumpliré mis promesas"* (Salmo 22:25)

184. Cuando Dios toca a nuestra puerta lo ofendemos más abriéndolas a medias que no abriéndolas de par en par como Él lo merece.

*"Eleven, puertas, sus dinteles; levántense, puertas antiguas, que va a entrar el Rey de la gloria. ¿Quién es este Rey de la gloria? El Señor, el fuerte y valiente, el Señor, el valiente guerrero. Eleven, puertas, sus dinteles; levántense, puertas antiguas, que*

*va a entrar el Rey de la gloria. ¿Quién es este Rey de la gloria? Es*
*el Señor Todopoderoso; ¡él es el Rey de la gloria!* (Salmo 24:7-10)

185. Si el rey David clamó a Dios alegando su intachable condición personal, es claro que ésta no significa carencia total de pecado.

> *"Hazme justicia Señor, pues he llevado una vida intachable;*
> *¡en el Señor confío sin titubear!"* (Salmo 26:1)

186. Entre más familiar, cercano e íntimo sea nuestro trato con Jesucristo más reconoceremos que Él es el glorioso Señor del universo.

> *"Tributen al Señor la gloria que merece su nombre; póstrense*
> *ante el Señor en su santuario majestuoso"* (Salmo 29:2)

187. Quienes presumen con altivez de no ser conmovidos se verán confundidos entonces cuando Dios les quite el apoyo en que confían.

> *"Cuando me sentí seguro, exclamé: «Jamás seré*
> *conmovido.» Tú, Señor, en tu buena voluntad, me*
> *afirmaste en elevado baluarte; pero escondiste tu*
> *rostro, y yo quedé confundido"* (Salmo 30:6-7)

188. La confesión y arrepentimiento sinceros nunca se presentan solos, sino que vienen acompañados por el anhelado perdón divino.

> *"Pero te confesé mi pecado, y no te oculté mi maldad.*
> *Me dije: «Voy a confesar mis transgresiones al Señor», y*
> *tú perdonaste mi maldad y mi pecado"* (Salmo 32:5)

189. La toma de decisiones correctas pasa siempre por muchas instancias, pero la primera debe ser la oración en todos los casos.

> *"Por eso los fieles te invocan en momentos de angustia;*
> *caudalosas aguas podrán desbordarse, pero a ellos no los*
> *alcanzarán. Tú eres mi refugio; tú me protegerás del peligro*
> *y me rodearás con cánticos de liberación. El Señor dice:*
> *«Yo te instruiré, yo te mostraré el camino que debes seguir;*
> *yo te daré consejos y velaré por ti"* (Salmo 32:6-8)

190. Si hemos de ser bestias, es preferible ser dócil burro de carga al que Cristo pueda conducir que caballo desbocado y sin control.

> "No seas como el mulo o el caballo, que no tienen discernimiento, y cuyo brío hay que domar con brida y freno, para acercarlos a ti.»" (Salmo 32:9)

191. El talento del músico lo lleva a la adoración de su ego, mientras que el talento del cristiano lo lleva a la adoración de Dios.

> "Cántenle una canción nueva; toquen con destreza, y den voces de alegría" (Salmo 33:3)

192. El motivo para permanecer con Dios no es sólo satisfacer nuestra necesidad sino experimentar un creciente deleite al hacerlo.

> "Se sacian de la abundancia de tu casa; les das a beber de tu río de deleites. Porque en ti está la fuente de la vida, y en tu luz podemos ver la luz" (Salmo 36:8-9)

193. Sólo nuestra confianza en Dios nos permite superar los desengaños que nos causan las demás personas en quienes hemos confiado.

194. El que Cristo eventualmente lo haga no significa que Él haya venido a cumplir nuestros deseos sino a llenar nuestras necesidades.

> "Confía en el Señor y haz el bien; establécete en la tierra y manténte fiel. Deléitate en el Señor, y él te concederá los deseos de tu corazón. Encomienda al Señor tu camino; confía en él, y él actuará. Hará que tu justicia resplandezca como el alba; tu justa causa, como el sol de mediodía" (Salmo 37:3-6)

195. En la óptica de Dios nuestros fracasos no tienen por qué ser tales ya que Él puede transformarlos en los ensayos del éxito.

> "El Señor afirma los pasos del hombre cuando le agrada su modo de vivir; podrá tropezar, pero no caerá, porque el Señor lo sostiene de la mano" (Salmo 37:23-24)

196. En el evangelio se nos exhorta a apuntar al cielo con la promesa de que, al hacerlo así, obtendremos la tierra como añadidura.

*"Los justos heredarán la tierra, y por siempre*
*vivirán en ella"* (Salmo 37:29)

197. Cuando tocamos fondo Dios es el único que se inclina hasta allí para darnos la mano y sacarnos del lodo en que nos hallamos.

> *"Puse en el Señor toda mi esperanza; él se inclinó hacia*
> *mí y escuchó mi clamor. Me sacó de la fosa de la muerte,*
> *del lodo y del pantano; puso mis pies sobre una roca,*
> *y me plantó en terreno firme"* (Salmo 40:1-2)

198. Quien vive en la verdad cuenta siempre con el testimonio, guía y protección de la Verdad en persona a su favor.

> *"No me niegues, Señor, tu misericordia; que siempre me*
> *protejan tu amor y tu verdad... Envía tu luz y tu verdad;*
> *que ellas me guíen a tu monte santo, que me lleven al*
> *lugar donde tú habitas... En cuanto a Demetrio, todos dan*
> *buen testimonio de él, incluso la verdad misma. También*
> *nosotros lo recomendamos, y bien sabes que nuestro*
> *testimonio es verdadero"* (Salmo 40:11; 43:3; 3 Juan 1:12)

199. La importancia del vestuario en la raza humana es tal que aun la dignidad y santidad del Señor están asociadas a Sus vestiduras.

> *"Aroma de mirra, áloe y canela exhalan todas tus*
> *vestiduras; desde los palacios adornados con marfil*
> *te alegra la música de cuerdas"* (Salmo 45:8)

200. Cuando todo se desmorona a nuestro alrededor el único asidero firme al que podemos aferrarnos con seguridad es Dios y nada más.

> *"Dios es nuestro amparo y nuestra fortaleza, nuestra*
> *ayuda segura en momentos de angustia. Por eso, no*
> *temeremos aunque se desmorone la tierra y las montañas*
> *se hundan en el fondo del mar"* (Salmo 46:1-2)

201. El servicio a Dios no obedece a que Él necesite algo de nosotros sino a que somos nosotros mismos quienes necesitamos hacerlo.

*"«Escucha, pueblo mío, que voy a hablar; Israel, voy a testificar contra ti: ¡Yo soy tu Dios, el único Dios! No te reprendo por tus sacrificios ni por tus holocaustos, que siempre me ofreces. No necesito becerros de tu establo ni machos cabríos de tus apriscos, pues míos son los animales del bosque, y mío también el ganado de los cerros. Conozco a las aves de las alturas; todas las bestias del campo son mías. Si yo tuviera hambre, no te lo diría, pues mío es el mundo, y todo lo que contiene. ¿Acaso me alimento con carne de toros, o con sangre de machos cabríos? ¡Ofrece a Dios tu gratitud, cumple tus promesas al Altísimo! Invócame en el día de la angustia; yo te libraré y tú me honrarás.»"* (Salmo 50:7-15)

202. La integridad no es impecabilidad sino honesta diligencia para admitir, confesar y corregir un pecado en cuanto lo cometemos.

203. Podemos estar seguros que cuando Dios señala nuestro pecado lo hace con tal justicia que nadie podrá reprocharle sus sentencias.

*"Ten compasión de mí, oh Dios, conforme a tu gran amor; conforme a tu inmensa bondad, borra mis transgresiones. Lávame de toda mi maldad y límpiame de mi pecado. Yo reconozco mis transgresiones; siempre tengo presente mi pecado. Contra ti he pecado, sólo contra ti, y he hecho lo que es malo ante tus ojos; por eso, tu sentencia es justa, y tu juicio, irreprochable"* (Salmo 51:1-4)

204. En verdad no somos culpables a causa de nuestros actos pecaminosos sino que cometemos estos actos a causa de que somos culpables.

*"Yo sé que soy malo de nacimiento; pecador me concibió mi madre"* (Salmo 51:5)

205. Hay quienes viajan y conocen el mundo entero pero nunca conocen su propio mundo interno que es justo donde Dios se revela.

*"Yo sé que tú amas la verdad en lo íntimo; en lo secreto me has enseñado sabiduría"* (Salmo 51:6)

206. Con el hisopo Cristo nos aplica su sangre que nos limpia de culpa. Con el agua nos lava a diario de la contaminación del pecado.

*"Purifícame con hisopo, y quedaré limpio; lávame, y quedaré más blanco que la nieve" (Salmo 51:7)*

207. El ateísmo no es el resultado de una avanzada intelectualidad sino un intento de justificar conductas que son injustificables.

*"Dice el necio en su corazón: «No hay Dios.» Están corrompidos, sus obras son detestables; ¡no hay uno solo que haga lo bueno!" (Salmo 53:1)*

208. Por mucho que la psicoterapia se esfuerce en satisfacerlos, los anhelos del alma humana únicamente hallan respuesta en Dios.

*"Sólo en Dios halla descanso mi alma; de él viene mi salvación... Sólo en Dios halla descanso mi alma; de él viene mi esperanza" (Salmo 62:1, 5)*

209. La envidia puede extraviar al creyente al llevarlo a disfrazar y encubrir una admiración velada y peligrosa por los impíos.

*"Yo estuve a punto de caer, y poco me faltó para que resbalara. Sentí envidia de los arrogantes, al ver la prosperidad de esos malvados" (Salmo 73:2-3)*

210. La humanidad sin Cristo es una gran masa de reos sentenciados a muerte con toda justicia esperando la ejecución de la sentencia.

*"Que lleguen a tu presencia los gemidos de los cautivos, y por la fuerza de tu brazo salva a los condenados a muerte" (Salmo 79:11)*

211. La línea que separa a los que creen en Dios de los que creen ser dioses es tan fina que algunos la traspasan sin darse cuenta.

*"»Yo les he dicho: 'Ustedes son dioses; todos ustedes hijos del Altísimo' Pero morirán como cualquier mortal; caerán como cualquier otro gobernante.»" (Salmo 82:6-7)*

212. Únicamente quienes aprenden a disfrutar del Camino verán al final el cumplimiento de la promesa divina en relación con él.

*"Dichoso el que tiene en ti su fortaleza, que sólo piensa en recorrer tus sendas. Cuando pasa por el valle de las Lágrimas lo convierte en región de manantiales; también las lluvias tempranas cubren de bendiciones el valle. Según avanzan los peregrinos, cobran más fuerzas, y en Sión se presentan ante el Dios de dioses"* (Salmo 84:5-7)

213. En la cruz Dios nos revela el amor y la paz que el evangelio ofrece, pero también la verdad y la justicia que castiga el pecado.

*"El amor y la verdad se encontrarán; se besarán la paz y la justicia"* (Salmo 85:10)

214. Por merecida y justificada que sea la ira divina su compasión, clemencia, misericordia y amor son siempre mucho más grandes.

*"Pero tú, Señor, eres Dios clemente y compasivo, lento para la ira, y grande en amor y verdad"* (Salmo 86:15)

215. La vida es un muy breve periodo de prueba concedido por Dios para que todos tomemos la decisión que nos asegura la eternidad.

*"Tú haces que los hombres vuelvan al polvo, cuando dices: «¡Vuélvanse al polvo, mortales!» Mil años, para ti, son como el día de ayer, que ya pasó; son como unas cuantas horas de la noche. Arrasas a los mortales. Son como un sueño. Nacen por la mañana, como la hierba que al amanecer brota lozana y por la noche ya está marchita y seca. Tu ira en verdad nos consume, tu indignación nos aterra. Ante ti has puesto nuestras iniquidades; a la luz de tu presencia, nuestros pecados secretos. Por causa de tu ira se nos va la vida entera; se esfuman nuestros años como un suspiro. Algunos llegamos hasta los setenta años, quizás alcancemos hasta los ochenta, si las fuerzas nos acompañan. Tantos años de vida, sin embargo, sólo traen pesadas cargas y calamidades: pronto pasan, y con ellos pasamos nosotros. ¿Quién puede comprender el furor de tu enojo? ¡Tu ira es tan grande como el temor que se te debe! Enséñanos a contar bien nuestros días, para que nuestro corazón adquiera sabiduría"* (Salmo 90:3-12)

216. La sensibilidad de Dios resalta contra la insensibilidad de los ídolos y sus seguidores. Y sus hijos deben imitarlo en esto.

> *"Y hasta dicen: «El Señor no ve; el Dios de Jacob no se da cuenta.» Entiendan esto, gente necia; ¿cuándo, insensatos, lo van a comprender? ¿Acaso no oirá el que nos puso las orejas, ni podrá ver el que nos formó los ojos?"* (Salmo 94:7-9)

217. Toda comprensión del mundo que excluya a Dios lo vuelve a introducir ya degradado al sustituirlo por un falso e inútil dios.

> *"Todos los dioses de las naciones no son nada, pero el Señor ha creado los cielos"* (Salmo 96:5)

218. Si Dios no fuera santo, sino tan sólo todopoderoso, no dejaría de ser nada más que el más grande artista de efectos especiales.

> *"Exalten al Señor nuestro Dios; adórenlo ante el estrado de sus pies: ¡él es santo!"* (Salmo 99:5)

219. Cristo nos libró de la sentencia de muerte que pendía sobre cada uno de nosotros y nos sacó así de la lista de ejecución.

> *"Miró el Señor desde su altísimo santuario; contempló la tierra desde el cielo, para oír los lamentos de los cautivos y liberar a los condenados a muerte; para proclamar en Sión el nombre del Señor y anunciar en Jerusalén su alabanza"* (Salmo 102:19-21)

220. Los ataques al cristianismo de parte de sus detractores son posibles gracias a los beneficios y libertades logrados a su sombra.

> *"Alaba, alma mía, al Señor, y no olvides ninguno de sus beneficios"* (Salmo 103:2)

221. En su justicia Dios castiga airado a quienes lo merecen, pero solo como recurso final cuando se agota su inmensa misericordia.

> *"El Señor es clemente y compasivo, lento para la ira y grande en amor"* (Salmo 103:8)

222. El ADN es un mensaje con toda la información necesaria para la vida y no es lógico creer que se escribió solo y carece de remitente.

223. Explicar las cosas apelando a lo sobrenatural no es irracional. Lo irracional es insistir en explicaciones naturales para todo.

*"Tú haces que los manantiales viertan sus aguas en las cañadas, y que fluyan entre las montañas. De ellas beben todas las bestias del campo; allí los asnos monteses calman su sed. Las aves del cielo anidan junto a las aguas y cantan entre el follaje. Desde tus altos aposentos riegas las montañas; la tierra se sacia con el fruto de tu trabajo. Haces que crezca la hierba para el ganado, y las plantas que la gente cultiva para sacar de la tierra su alimento: el vino que alegra el corazón, el aceite que hace brillar el rostro, y el pan que sustenta la vida. Los árboles del Señor están bien regados, los cedros del Líbano que él plantó. Allí las aves hacen sus nidos; en los cipreses tienen su hogar las cigüeñas. En las altas montañas están las cabras monteses, y en los escarpados peñascos tienen su madriguera los tejones. Tú hiciste la luna, que marca las estaciones, y el sol, que sabe cuándo ocultarse. Tú traes la oscuridad, y cae la noche, y en sus sombras se arrastran los animales del bosque. Los leones rugen, reclamando su presa, exigiendo que Dios les dé su alimento. Pero al salir el sol se escabullen, y vuelven a echarse en sus guaridas. Sale entonces la gente a cumplir sus tareas, a hacer su trabajo hasta el anochecer. ¡Oh Señor, cuán numerosas son tus obras! ¡Todas ellas las hiciste con sabiduría! ¡Rebosa la tierra con todas tus criaturas! Allí está el mar, ancho e infinito, que abunda en animales, grandes y pequeños, cuyo número es imposible conocer. Allí navegan los barcos y se mece Leviatán, que tú creaste para jugar con él. Todos ellos esperan de ti que a su tiempo les des su alimento. Tú les das, y ellos recogen; abres la mano, y se colman de bienes. Si escondes tu rostro, se aterran; si les quitas el aliento, mueren y vuelven al polvo. Pero si envías tu Espíritu, son creados, y así renuevas la faz de la tierra"* (Salmo 104:10-30)

224. Dios puede hacer lo que le parezca, pero no caprichosa y arbitrariamente, sino siempre para el bien y beneficio de Su creación.

*"Nuestro Dios está en los cielos y puede hacer lo que le parezca"* (Salmo 115:3)

225. Dios creó al ser humano a Su imagen y semejanza, pero luego los seres humanos crean ídolos a su propia imagen y semejanza.

*"Pero sus ídolos son de oro y plata, producto de manos humanas. Tienen boca, pero no pueden hablar; ojos, pero no pueden ver; tienen oídos, pero no pueden oír; nariz, pero no pueden oler; tienen manos, pero no pueden palpar; pies, pero no pueden andar; ¡ni un solo sonido emite su garganta! Semejantes a ellos son sus hacedores, y todos los que confían en ellos"* (Salmo 115:4-8)

226. Hay que amar y temer a Dios, pues el amor es el estímulo para obedecerlo y el temor es el disuasivo para no dejar de hacerlo.

*"Que proclamen los que temen al Señor: «Su gran amor perdura para siempre.»"* (Salmo 118:4)

227. Aún a riesgo de que nos engañen, debemos confiar en alguien. Por eso debemos escoger con atención en quien vamos a confiar.

*"Es mejor refugiarse en el Señor que confiar en el hombre. Es mejor refugiarse en el Señor que fiarse de los poderosos"* (Salmo 118:8-9)

228. Discernir las señales de los tiempos consiste en identificar el momento en que Dios actúa y actuar con Él de modo sincronizado.

*"Éste es el día en que el Señor actuó; regocijémonos y alegrémonos en él"* (Salmo 118:24)

229. La moral que no se fundamenta en Dios sino en la mera razón, nunca tendrá la autoridad universal que tienen los mandamientos.

*"¿Cómo puede el joven llevar una vida íntegra? Viviendo conforme a tu palabra. Yo te busco con todo el corazón; no dejes que me desvíe de tus mandamientos. En mi corazón atesoro tus dichos para no pecar contra ti. ¡Bendito seas, Señor! ¡Enséñame tus decretos! Con mis labios he proclamado todos los juicios que has emitido. Me regocijo en el camino de tus estatutos más que en todas las riquezas. En tus preceptos medito, y pongo mis ojos en tus sendas. En tus decretos hallo mi deleite, y jamás olvidaré tu palabra. Trata con bondad a este siervo tuyo; así viviré y obedeceré tu palabra"* (Salmo 119:9-17)

230. No debemos guiarnos por sentimientos, pero tampoco debemos excluirlos de nuestros razonamientos para obedecer de corazón.

*"Yo te busco con todo el corazón; no dejes que me desvíe de tus mandamientos... Dame entendimiento para seguir tu ley, y la cumpliré de todo corazón"* (Salmo 119:10, 34)

231. No hay que llegar a viejo para ser sabio. Se puede ser más sabio que los viejos si aprendemos temprano a obedecer a Dios.

*"Tengo más entendimiento que los ancianos porque obedezco tus preceptos"* (Salmo 119:100)

232. No hay mandamiento al respecto, pero si oramos al final del día parecerá recurso de última hora y no nuestra principal opción.

*"Muy de mañana me levanto a pedir ayuda; en tus palabras he puesto mi esperanza"* (Salmo 119:147)

233. El creyente debe andar por la sombra, pero no para esconderse de forma sospechosa, sino para contar con la protección de Dios.

*"El Señor es quien te cuida, el Señor es tu sombra protectora. De día el sol no te hará daño, ni la luna de noche"* (Salmo 121:5-6)

234. Sin importar las circunstancias, el nacimiento de un niño alimenta la esperanza de que Dios no se ha rendido con la humanidad.

*"Los hijos son una herencia del Señor, los frutos del vientre son una recompensa. Como flechas en las manos del guerrero son los hijos de la juventud. Dichosos los que llenan su aljaba con esta clase de flechas. No serán avergonzados por sus enemigos cuando litiguen con ellos en los tribunales"* (Salmo 127:3-5)

235. El auténtico clamor existencial es el de quien toma conciencia de haberse deslizado al abismo pero no se acostumbra nunca a él.

*"A ti, Señor, elevo mi clamor desde las profundidades del abismo"* (Salmo 130:1)

236. Los cristianos somos prisioneros liberados convertidos en atentos centinelas que esperan y anhelan el regreso de su libertador.

> *"Espero al Señor con toda el alma, más que los centinelas la mañana. Como esperan los centinelas la mañana"* (Salmo 130:6)

237. Hay que retener las lecciones de los episodios bíblicos, pero sin pretender reproducirlos de manera presuntuosa y ostentosa.

> *"Señor, mi corazón no es orgulloso, ni son altivos mis ojos; no busco grandezas desmedidas, ni proezas que excedan a mis fuerzas"* (Salmo 131:1)

238. La comunión con todo y sus defectos es necesaria, al punto que es preferible una comunión deficiente a una total ausencia de ella.

> *"¡Cuán bueno y cuán agradable es que los hermanos convivan en armonía! Es como el buen aceite que, desde la cabeza, va descendiendo por la barba, por la barba de Aarón, hasta el borde de sus vestiduras. Es como el rocío de Hermón que va descendiendo sobre los montes de Sión. Donde se da esta armonía, el Señor concede bendición y vida eterna"* (Salmo 133:1-3)

239. El hecho de que Dios no pueda no significa impotencia de su parte, sino simplemente que no quiere, porque no va con su carácter.

> *"El Señor hace todo lo que quiere en los cielos y en la tierra, en los mares y en todos sus abismos"* (Salmo 135:6)

240. A diferencia nuestra, Dios no deja nada a medio camino garantizándonos así que Él acabará con éxito lo que comenzó en nosotros.

241. El evangelio no se trata de alinear a Dios con nuestros deseos sino de rendirnos a Él para alinearnos nosotros a Sus propósitos.

> *"El Señor cumplirá en mí su propósito. Tu gran amor, Señor, perdura para siempre; ¡no abandones la obra de tus manos!"* (Salmo 138:8)

242. Toda la creatividad y libertad humanas han estado siempre contempladas y contenidas dentro de la libertad y creatividad divinas.

243. El hecho de que Dios conozca bien todo lo que pensamos o pensaremos no significa que no quiera escucharlo de nuestros labios.

> *"Señor, tú me examinas, tú me conoces. Sabes cuándo me siento y cuándo me levanto; aun a la distancia me lees el pensamiento. Mis trajines y descansos los conoces; todos mis caminos te son familiares. No me llega aún la palabra a la lengua cuando tú, Señor, ya la sabes toda. Tu protección me envuelve por completo; me cubres con la palma de tu mano. Conocimiento tan maravilloso rebasa mi comprensión; tan sublime es que no puedo entenderlo" (Salmo 139:1-6)*

244. No sirve de nada ser valientes en batallas que no valía la pena pelear, pero tampoco huir de los encuentros que son inevitables.

245. De seguro nuestras decisiones pueden conducirnos fuera de la voluntad de Dios, pero nunca nos pondrán más allá de Su alcance.

> *"¿A dónde podría alejarme de tu Espíritu? ¿A dónde podría huir de tu presencia? Si subiera al cielo, allí estás tú; si tendiera mi lecho en el fondo del abismo, también estás allí. Si me elevara sobre las alas del alba, o me estableciera en los extremos del mar, aun allí tu mano me guiaría, ¡me sostendría tu mano derecha! Y si dijera: «Que me oculten las tinieblas; que la luz se haga noche en torno mío», ni las tinieblas serían oscuras para ti, y aun la noche sería clara como el día. ¡Lo mismo son para ti las tinieblas que la luz!" (Salmo 139:7-12)*

246. Toda vida humana es diseño y creación original de Dios, por lo que ningún ser humano puede disponer de ella a su antojo.

> *"Tú creaste mis entrañas; me formaste en el vientre de mi madre. ¡Te alabo porque soy una creación admirable! ¡Tus obras son maravillosas, y esto lo sé muy bien! Mis huesos no te fueron desconocidos cuando en lo más recóndito era yo formado, cuando en lo más profundo de la tierra era yo entretejido. Tus ojos vieron mi cuerpo en gestación: todo estaba ya escrito*

*en tu libro; todos mis días se estaban diseñando, aunque*
*no existía uno solo de ellos"* (Salmo 139:13-16)

247. Al ser nuestra habilidad pensante como la de Dios podemos, no sólo comprenderlo, sino también deleitarnos en sus pensamientos.

> *"¡Cuán preciosos, oh Dios, me son tus pensamientos!*
> *¡Cuán inmensa es la suma de ellos!"* (Salmo 139:17)

248. Cuando debas dar rienda suelta a tu queja hazlo ante Dios pero sin olvidar que ninguna queja contra Él estará nunca justificada.

> *"Ante él expongo mis quejas; ante él expreso*
> *mis angustias"* (Salmo 142:2)

**#MENSAJES** DE DIOS

# #PROVERBIOS

249. La razón es necesaria para entender la sabiduría de Dios, pero es aún más importante la experiencia de fe guiada por la Biblia.

250. Aunque nuestros pensamientos sean inferiores a los de Dios, nuestra habilidad pensante es como la Suya y podemos comprenderlo.

251. El sabio y el necio fueron ambos inexpertos. La diferencia es que el primero aprendió a callar y a escuchar y el último no.

> *"Clama la sabiduría en las calles; en los lugares públicos levanta su voz. Clama en las esquinas de calles transitadas; a la entrada de la ciudad razona: «¿Hasta cuándo, muchachos inexpertos, seguirán aferrados a su inexperiencia? ¿Hasta cuándo, ustedes los insolentes, se complacerán en su insolencia? ¿Hasta cuándo, ustedes los necios, aborrecerán el conocimiento? Respondan a mis reprensiones, y yo les abriré mi corazón; les daré a conocer mis pensamientos"* (Proverbios 1:20-23)

252. La ciencia puede ser hostil a la fe. Aún así no debemos intentar ridiculizarla sin riesgo de quedar más bien nosotros en ridículo.

> *"Porque el Señor da la sabiduría; conocimiento y ciencia brotan de sus labios"* (Proverbios 2:6)

253. Más que por los médicos, la salud pasa por acoger la revelación, la redención, la disciplina y la obediencia en el temor de Dios.

> *"No seas sabio en tu propia opinión; más bien, teme al Señor y huye del mal. Esto infundirá salud a tu cuerpo y fortalecerá tu ser"* (Proverbios 3:7-8)

254. A pesar del avance de la ciencia, el origen del universo, de la vida y del hombre requieren cada vez más de Dios como explicación.

> *"Con sabiduría afirmó el Señor la tierra, con inteligencia estableció los cielos"* (Proverbios 3:19)

255. No siempre los ricos son malos y los pobres buenos, sino que los ricos son trabajadores mientras que los pobres son perezosos.

> *"Perezoso, ¿cuánto tiempo más seguirás acostado? ¿Cuándo despertarás de tu sueño? Un corto sueño, una breve siesta, un pequeño descanso, cruzado de brazos... ¡y te asaltará la pobreza como un bandido, y la escasez como un hombre armado!"* (Proverbios 6:9-11)

256. El mandamiento es correcto, el consejo es sabio. Quien quebranta el mandamiento peca, pero quien ignora el consejo es necio.

> *"Al necio le parece bien lo que emprende, pero el sabio atiende al consejo"* (Proverbios 12:15)

257. Para ver el cuadro completo cuando el dinero escasea hay que tener presente aquello que tenemos que muchos ricos anhelarían tener.

> *"Hay quien pretende ser rico, y no tiene nada; hay quien parece ser pobre, y todo lo tiene"* (Proverbios 13:7)

258. Dios nos garantiza la satisfacción de nuestras verdaderas necesidades, pero también está dispuesto a concedernos nuestros deseos.

> *"La esperanza frustrada aflige al corazón; el deseo cumplido es un árbol de vida"* (Proverbios 13:12)

259. El respeto que nos merecen otras creencias no puede olvidar que muchas de ellas más que creencias son supersticiones a combatir.

> *"Hay caminos que al hombre le parecen rectos, pero que acaban por ser caminos de muerte"* (Proverbios 14:12)

260. Es mejor entristecerse con la tristeza que proviene de Dios que reírse con la vana alegría que proviene del mundo.

*"También de reírse duele el corazón, y hay alegrías que acaban en tristeza... Sin embargo, ahora me alegro, no porque se hayan entristecido sino porque su tristeza los llevó al arrepentimiento. Ustedes se entristecieron tal como Dios lo quiere, de modo que nosotros de ninguna manera los hemos perjudicado. La tristeza que proviene de Dios produce el arrepentimiento que lleva a la salvación, de la cual no hay que arrepentirse, mientras que la tristeza del mundo produce la muerte"* (Proverbios 14:13; 2 Corintios 7:9-10)

261. La paz y la justicia no son el fin sino el medio por el cual quienes hacen el bien llegan a la meta del amor y la verdad plenos.

> *"Pierden el camino los que maquinan el mal, pero hallan amor y verdad los que hacen el bien"* (Proverbios 14:22)

262. La envidia es perversa y corrosiva debido a que no se complace en los logros de los demás, sino se regocija en sus desgracias.

> *"El corazón tranquilo da vida al cuerpo, pero la envidia corroe los huesos"* (Proverbios 14:30)

263. Un buen número de conflictos se evitarían si rompiéramos el ciclo de agresiones y hostilidades antes de que siquiera se inicie.

> *"La respuesta amable calma el enojo, pero la agresiva echa leña al fuego"* (Proverbios 15:1)

264. Nadie se encuentra por fuera de los propósitos de Dios, pues hasta los malvados empedernidos cumplen un propósito en Sus planes.

> *"Toda obra del Señor tiene un propósito; ¡hasta el malvado fue hecho para el día del desastre!"* (Proverbios 16:4)

265. El deshonesto es aún peor que el incrédulo, pues no sólo se engaña a sí mismo, sino que pretende también engañar a los demás.

> *"El rey se complace en los labios honestos; aprecia a quien habla con la verdad"* (Proverbios 16:13)

266. El valor de la longevidad no radica en los muchos años que se tienen, sino en haberlos recorrido en el camino de la justicia.

> *"Las canas son una honrosa corona que se obtiene en el camino de la justicia"* (Proverbios 16:31)

267. Al no saber dominarse a sí mismos los grandes conquistadores de la historia borraron con el codo lo que hicieron con la mano.

> *"Más vale ser paciente que valiente; más vale dominarse a sí mismo que conquistar ciudades"* (Proverbios 16:32)

268. En la vida hay que arriesgar y jugar a los dados pero con la seguridad de que al final los dados están cargados a favor nuestro.

> *"Las suertes se echan sobre la mesa, pero el veredicto proviene del SEÑOR"* (Proverbios 16:33)

269. Dios es tan grande que al hablar de Él debemos procurar hacerlo con grandeza. Si no estamos dispuestos a ello es mejor callarnos.

> *"El que es entendido refrena sus palabras; el que es prudente controla sus impulsos"* (Proverbios 17:27)

270. Hay personas cuyo mayor atractivo radica en permanecer callados, pues irradian simpatía hasta el momento en que deciden hablar.

> *"Hasta un necio pasa por sabio si guarda silencio; se le considera prudente si cierra la boca"* (Proverbios 17:28)

271. Disponer de dos oídos puede indicar también la necesidad de oír a ambos lados de la discusión para poder resolverla con justicia.

> *"El primero en presentar su caso parece inocente, hasta que llega la otra parte y lo refuta"* (Proverbios 18:17)

272. Cristo es el principio y el fin por lo que, hagamos lo que hagamos, al final Él se sale con la suya con nuestra ayuda o sin ella.

> *"El corazón humano genera muchos proyectos, pero al final prevalecen los designios del Señor"* (Proverbios 19:21)

       **#MENSAJES** DE DIOS

273. Dios nos brinda un buen rango de maniobra, pero se asegura también de que sus propósitos finales no se frustren en nuestra vida.

*"En las manos del Señor el corazón del rey es como un río: sigue el curso que el Señor le ha trazado"* (Proverbios 21:1)

274. Planear teniendo presente a Dios no es malo. Lo malo es la rigidez que excluye los cambios imprevistos orquestados por Dios.

*"Los planes bien pensados: ¡pura ganancia! Los planes apresurados: ¡puro fracaso!... No te jactes del día de mañana, porque no sabes lo que el día traerá"* (Proverbios 21:5; 27:1)

275. Hay gente tan pobre que todo lo que tiene es dinero y hay gente tan rica que con el buen nombre tienen siempre de sobra.

*"Vale más la buena fama que las muchas riquezas, y más que oro y plata, la buena reputación... Vale más el buen nombre que el buen perfume. Vale más el día en que se muere que el día en que se nace"* (Proverbios 22:1; Eclesiastés 7:1)

276. La inclinación del niño al pecado no desaparece en el adulto sin corrección, sino que se vuelve más sutil, refinada y peligrosa.

*"La necedad es parte del corazón juvenil, pero la vara de la disciplina la corrige"* (Proverbios 22:15)

277. En el propósito de no conformarnos a la mediocridad del mundo debemos recordar que hay líneas que no se deben cruzar.

*"No cambies de lugar los linderos antiguos que establecieron tus antepasados "*(Proverbios 22:28)

278. El corazón nos traiciona atrofiando nuestro potencial para el bien y la única solución a esto es rendirlo a Cristo.

*"Dame, hijo mío, tu corazón y no pierdas de vista mis caminos... Nada hay tan engañoso como el corazón. No tiene remedio. ¿Quién puede comprenderlo?"* (Proverbios 23:26; Jeremías 17:9)

279. El justo y el malvado se distinguen no en que el justo no cae y el malvado sí, sino en que el justo se levanta siempre de nuevo.

> *"porque siete veces podrá caer el justo, pero otras tantas se levantará; los malvados, en cambio, se hundirán en la desgracia"* (Proverbios 24:16)

280. Desde niños "él comenzó" ha sido la excusa que utilizamos para convencemos de ser los agredidos y justificar así las venganzas.

> *"No digas: «Le haré lo mismo que me hizo; le pagaré con la misma moneda.»"* (Proverbios 24:29)

281. El respeto, tolerancia y consideración a las ideas ajenas no significa contemporizar ni tener que estar de acuerdo con ellas.

> *"No respondas al necio según su necedad, o tú mismo pasarás por necio. Respóndele al necio como se merece, para que no se tenga por sabio"* (Proverbios 26:4-5)

282. Dios no es un adulador de nadie y por eso señala sin vacilar aún el pecado de quienes tienen un corazón conforme al Suyo.

> *"Más vale ser reprendido con franqueza que ser amado en secreto... A fin de cuentas, más se aprecia al que reprende que al que adula"* (Proverbios 27:5; 28:23)

283. Dios es el amigo confiable que prefiere herirnos para nuestro bien que besarnos como Judas para nuestra perdición.

> *"Más confiable es el amigo que hiere que el enemigo que besa... El Señor nos ha rechazado, pero no será para siempre. Nos hace sufrir, pero también nos compadece, porque es muy grande su amor. El Señor nos hiere y nos aflige, pero no porque sea de su agrado"* (Proverbios 27:6; Lamentaciones 3:31-33)

284. Nadie ve todo lo que hay que ver, por eso debemos considerar también la perspectiva de quienes no están de acuerdo con nosotros.

> *"El hierro se afila con el hierro, y el hombre en el trato con el hombre"* (Proverbios 27:17)

285. Una de las formas más seguras de probar el carácter de los hombres es observar cómo reaccionan ante las alabanzas que reciben.

*"En el crisol se prueba la plata; en el horno se prueba el oro; ante las alabanzas, el hombre"* (Proverbios 27:21)

286. No es posible obtener alivio de las consecuencias del pecado sin proceder al arrepentimiento que rompe definitivamente con él.

*"Quien encubre su pecado jamás prospera; quien lo confiesa y lo deja, halla perdón"* (Proverbios 28:13)

287. Es preferible un incrédulo que gobierne con justicia que un creyente devoto gobernando sin la debida preparación y capacidad.

*"Cuando los justos prosperan, el pueblo se alegra; cuando los impíos gobiernan, el pueblo gime... Con justicia el rey da estabilidad al país; cuando lo abruma con tributos, lo destruye"* (Proverbios 29:2, 4)

288. Tal vez veamos muy bien con nuestra vista física, pero sin la visión de Dios siempre seremos ciegos espiritualmente extraviados.

*"Donde no hay visión, el pueblo se extravía; ¡dichosos los que son obedientes a la ley!"* (Proverbios 29:18)

# #Eclesiastés

289. En sentido estricto no hay nada nuevo bajo el sol, sino tan sólo intentos de expresar de forma novedosa la verdad de siempre.

> *"Lo que ya ha acontecido volverá a acontecer; lo que ya se ha hecho se volverá a hacer ¡y no hay nada nuevo bajo el sol!"* (Eclesiastés 1:9)

290. Creer que originalidad significa novedad puede ser peligroso en el cristianismo, donde más que innovación se requiere fidelidad.

> *"Hay quien llega a decir: «¡Mira que esto sí es una novedad!» Pero eso ya existía desde siempre, entre aquellos que nos precedieron"* (Eclesiastés 1:10)

291. A diferencia de la tentación, la oportunidad toca una vez a la puerta. Hay, pues, que identificarla y aprovecharla cuando aparece.

> *"Todo tiene su momento oportuno; hay un tiempo para todo lo que se hace bajo el cielo"* (Eclesiastés 3:1)

292. Job nos recuerda que la vida contiene tragedia, pero Eclesiastés nos recuerda que, con todo y ello, sigue su curso.

> *"un tiempo para nacer, y un tiempo para morir; un tiempo para plantar, y un tiempo para cosechar... un tiempo para llorar, y un tiempo para reír; un tiempo para estar de luto, y un tiempo para saltar de gusto... Esto es lo que he comprobado: que en esta vida lo mejor es comer y beber, y disfrutar del fruto de*

*nuestros afanes. Es lo que Dios nos ha concedido; es lo que nos ha tocado. Además, a quien Dios le concede abundancia y riquezas, también le concede comer de ellas, y tomar su parte y disfrutar de sus afanes, pues esto es don de Dios. Y como Dios le llena de alegría el corazón, muy poco reflexiona el hombre en cuanto a su vida."* (Eclesiastés 3:2, 4; 5:18-20)

293. Todos tenemos tal sentido de lo eterno que no importa cuánto nos alejemos de Dios, en el fondo siempre tenemos conciencia de Él.

> *"Dios hizo todo hermoso en su momento, y puso en la mente humana el sentido del tiempo, aun cuando el hombre no alcanza a comprender la obra que Dios realiza de principio a fin"* (Eclesiastés 3:11)

294. La admiración se vuelve envidia al no desear elevarse a la excelencia del admirado, sino rebajarlo a la mediocridad del envidioso.

> *"Vi además que tanto el afán como el éxito en la vida despiertan envidias. Y también esto es absurdo; ¡es correr tras el viento!"* (Eclesiastés 4:4)

295. Dios bendice los ingresos de un buen matrimonio para que no sean la mera suma del ingreso de los cónyuges, sino su multiplicación.

> *"Más valen dos que uno, porque obtienen más fruto de su esfuerzo"* (Eclesiastés 4:9)

296. En el buen matrimonio la unión de dos es felizmente mayor que la simple suma de sus partes, pues uno más uno es igual a tres.

> *"Uno solo puede ser vencido, pero dos pueden resistir. ¡La cuerda de tres hilos no se rompe fácilmente!"* (Eclesiastés 4:12)

297. Hablar con cauta medida no es necesariamente señal de que somos sabios, pero hablar mucho si puede ser señal de que somos tontos.

> *"Quien mucho se preocupa tiene pesadillas, y quien mucho habla dice tonterías"* (Eclesiastés 5:3)

298. "Yo no sabía" y "fue sin querer" son excusas que, cuando mucho, lo único que logran ante Dios es atenuar el castigo.

> *"No permitas que tu boca te haga pecar, ni digas luego ante el mensajero de Dios que lo hiciste sin querer. ¿Por qué ha de enojarse Dios por lo que dices, y destruir el fruto de tu trabajo?... »El siervo que conoce la voluntad de su señor, y no se prepara para cumplirla, recibirá muchos golpes. En cambio, el que no la conoce y hace algo que merezca castigo, recibirá pocos golpes. A todo el que se le ha dado mucho, se le exigirá mucho; y al que se le ha confiado mucho, se le pedirá aun más"* (Eclesiastés 5:6; Lucas 12:47-48)

299. Paradójicamente, es justo la reflexión sobre la muerte la que puede cambiar de modo favorable nuestra perspectiva sobre la vida.

300. Aun la partida de un ser querido puede ser útil si despierta en nosotros la reflexión y la preparación para la muerte.

301. Sólo quien convierte su risa en llanto y su aparente alegría en tristeza podrá alegrarse al final con fundamento firme.

302. Ver también numeral 275

> *"Vale más el buen nombre que el buen perfume. Vale más el día en que se muere que el día en que se nace. Vale más ir a un funeral que a un festival. Pues la muerte es el fin de todo hombre, y los que viven debieran tenerlo presente. Vale más llorar que reír; pues entristece el rostro, pero le hace bien al corazón. El sabio tiene presente la muerte; el necio sólo piensa en la diversión... Acuérdate de tu Creador antes que se rompa el cordón de plata y se quiebre la vasija de oro, y se estrelle el cántaro contra la fuente y se haga pedazos la polea del pozo. Volverá entonces el polvo a la tierra, como antes fue, y el espíritu volverá a Dios, que es quien lo dio. Lo más absurdo de lo absurdo, ¡todo es un absurdo! –ha dicho el Maestro... Reconozcan sus miserias, lloren y laméntense. Que su risa se convierta en llanto, y su alegría en tristeza"* (Eclesiastés 7:1-4; 12:6-8; Santiago 4:9)

303. Un cristiano no debe evocar su pasado para anhelarlo con nostalgia sino para recordar sus lecciones y renovar su compromiso.

*"Nunca preguntes por qué todo tiempo pasado fue mejor. No es de sabios hacer tales preguntas"* (Eclesiastés 7:10)

304. Demasiado siempre es malo, aunque tenga que ver con prácticas buenas y recomendables como las relativas a la fe y a la virtud.

*"No seas demasiado justo, ni tampoco demasiado sabio. ¿Para qué destruirte a ti mismo? No hay que pasarse de malo, ni portarse como un necio. ¿Para qué morir antes de tiempo? Conviene asirse bien de esto, sin soltar de la mano aquello. Quien teme a Dios saldrá bien en todo"* (Eclesiastés 7:16-18)

305. El sabio se caracteriza porque sabe identificar cuándo y cómo acatar la voluntad de Dios en su vida y obtener el provecho de ello.

*"El que acata sus órdenes no sufrirá daño alguno. El corazón sabio sabe cuándo y cómo acatarlas"* (Eclesiastés 8:5)

306. Aumentar las leyes para combatir el delito logra el efecto contrario si la autoridad no tiene el poder para hacerlas cumplir.

*"Cuando no se ejecuta rápidamente la sentencia de un delito, el corazón del pueblo se llena de razones para hacer lo malo"* (Eclesiastés 8:11)

307. Dios fomenta la alegría entre su pueblo, pero sin llegar a confundir la fiesta de su reino con el engañoso carnaval del mundo.

*"¡Anda, come tu pan con alegría! ¡Bebe tu vino con buen ánimo, que Dios ya se ha agradado de tus obras! Que sean siempre blancos tus vestidos, y que no falte nunca el perfume en tus cabellos. Goza de la vida con la mujer amada cada día de la fugaz existencia que Dios te ha dado en este mundo. ¡Cada uno de tus absurdos días! Esto es lo que te ha tocado de todos tus afanes en este mundo"* (Eclesiastés 9:7-9)

308. Todos tenemos las mismas oportunidades y aprovecharlas depende, más que de nuestras condiciones, de tomarlas cuando se presentan.

*"Me fijé que en esta vida la carrera no la ganan los más veloces, ni ganan la batalla los más valientes; que tampoco*

*los sabios tienen qué comer, ni los inteligentes abundan en dinero, ni los instruidos gozan de simpatía, sino que a todos les llegan buenos y malos tiempos"* (Eclesiastés 9:11)

309. El buen nombre es un patrimonio invaluable pero frágil, pues tarda décadas en forjarse pero se puede echar a perder en un minuto.

*"Las moscas muertas apestan y echan a perder el perfume. Pesa más una pequeña necedad que la sabiduría y la honra juntas"* (Eclesiastés 10:1)

310. Dios brinda al creyente certezas eternas pero en el diario vivir la fe no exime de los riesgos que implica la toma de decisiones.

*"Siembra tu semilla en la mañana, y no te des reposo por la tarde, pues nunca sabes cuál siembra saldrá mejor, si ésta o aquélla, o si ambas serán igual de buenas"* (Eclesiastés 11:6)

311. La fiesta del reino de Dios se disfruta con responsabilidad y seguridad, a diferencia del carnaval del mundo con sus excesos.

*"Alégrate, joven, en tu juventud; deja que tu corazón disfrute de la adolescencia. Sigue los impulsos de tu corazón y responde al estímulo de tus ojos, pero toma en cuenta que Dios te juzgará por todo esto"* (Eclesiastés 11:9)

312. Entre más tardemos en volvernos a Dios y reconciliarnos con Él más lamentaremos no haberlo hecho con mucha mayor anterioridad.

*"Acuérdate de tu Creador en los días de tu juventud, antes que lleguen los días malos y vengan los años en que digas: «No encuentro en ellos placer alguno»; antes que dejen de brillar el sol y la luz, la luna y las estrellas, y vuelvan las nubes después de la lluvia. Un día temblarán los guardianes de la casa, y se encorvarán los hombres de batalla; se detendrán las molenderas por ser tan pocas, y se apagarán los que miran a través de las ventanas. Se irán cerrando las puertas de la calle, irá disminuyendo el ruido del molino, las aves elevarán su canto, pero apagados se oirán sus trinos. Sobrevendrá el temor por las alturas y por los peligros del camino. Florecerá el almendro, la*

*langosta resultará onerosa, y no servirá de nada la alcaparra, pues el hombre se encamina al hogar eterno y rondan ya en la calle los que lloran su muerte. Acuérdate de tu Creador antes que se rompa el cordón de plata y se quiebre la vasija de oro, y se estrelle el cántaro contra la fuente y se haga pedazos la polea del pozo. Volverá entonces el polvo a la tierra, como antes fue, y el espíritu volverá a Dios, que es quien lo dio"* (Eclesiastés 12:1-7)

313. La única forma de superar el absurdo y la vanidad de la existencia humana vista de forma aislada es incluir a Dios en la escena.

> *"Lo más absurdo de lo absurdo, ¡todo es un absurdo!*
> *–ha dicho el Maestro"* (Eclesiastés 12:8)

314. Para el cristiano el estudio nunca debe ser un fin en sí mismo, sino solo un medio para fomentar en su vida el temor de Dios.

> *"Además de ellas, hijo mío, ten presente que el hacer muchos libros es algo interminable y que el mucho leer causa fatiga. El fin de este asunto es que ya se ha escuchado todo. Teme, pues, a Dios y cumple sus mandamientos, porque esto es todo para el hombre"* (Eclesiastés 12:12-13)

# #CANTAR DE LOS CANTARES

315. Cuando nos sobrecargamos con las cargas de los demás no ayudamos realmente y descuidamos de paso nuestra propia responsabilidad.

> *"No se fijen en mi tez morena, ni en que el sol me bronceó la piel. Mis hermanos se enfadaron contra mí, y me obligaron a cuidar las viñas; ¡y mi propia viña descuidé!... Ayúdense unos a otros a llevar sus cargas, y así cumplirán la ley de Cristo... Que cada uno cargue con su propia responsabilidad"* (Cantares 1:6; Gálatas 6:2, 5)

316. Son justamente las "pequeñeces" a las que no les prestamos atención las que al final terminan echando a perder todo en la vida.

> *"Atrapen a las zorras, a esas zorras pequeñas que arruinan nuestros viñedos, nuestros viñedos en flor"* (Cantares 2:15)

317. El cristiano debe vigilar incluso mientras duerme, permaneciendo siempre dócil y atento a la voz y a la guía de Cristo en su vida.

> *"Yo dormía, pero mi corazón velaba. ¡Y oí una voz! ¡Mi amado estaba a la puerta! «Hermana, amada mía; preciosa paloma mía, ¡déjame entrar! Mi cabeza está empapada de rocío; la humedad de la noche corre por mi pelo.»"* (Cantares 5:2)

# #Isaías

318. El cristianismo no condena a la ciencia, sino la arrogancia de los científicos que pretenden tener siempre la última palabra.

> *"Los ojos del altivo serán humillados y la arrogancia humana será doblegada. ¡En aquel día sólo el Señor será exaltado!"* (Isaías 2:11)

319. Israel es lo que es no sólo por tener un destino manifiesto como nación, sino por la obediencia a Dios de muchos de sus miembros.

320. Todos los creyentes somos mensajeros obligados a prepararnos para poder decir junto con el profeta: "Aquí estoy ¡Envíame a mí!"

> *"Entonces oí la voz del Señor que decía: –¿A quién enviaré? ¿Quién irá por nosotros? Y respondí: – Aquí estoy. ¡Envíame a mí!"* (Isaías 6:8)

321. Es cierto que la letra sin el espíritu está muerta pero también el espíritu sin la regulación de la letra puede acarrear muerte.

> *"yo les digo: «¡Aténganse a la ley y al testimonio!» Para quienes no se atengan a esto, no habrá un amanecer"* (Isaías 8:20)

322. El nacimiento definitivo que establece sin lugar a dudas que Dios no se rindió con la humanidad es el nacimiento de Jesucristo.

> *"Porque nos ha nacido un niño, se nos ha concedido un hijo; la soberanía reposará sobre sus hombros, y se le darán estos nombres: Consejero admirable, Dios fuerte, Padre eterno, Príncipe de paz"* (Isaías 9:6)

323. Las apariencias pueden engañar, pero no significa que estén diseñadas para hacerlo, sino para urgirnos a ir más allá de ellas.

> *"Él se deleitará en el temor del Señor; no juzgará según las apariencias, ni decidirá por lo que oiga decir, sino que juzgará con justicia a los desvalidos, y dará un fallo justo en favor de los pobres de la tierra. Destruirá la tierra con la vara de su boca; matará al malvado con el aliento de sus labios"* (Isaías 11:3-4)

324. Existe una relación de causa entre la salvación y la alegría. Es por eso que los salvos son, o deberían ser, personas alegres.

> *"Con alegría sacarán ustedes agua de las fuentes de la salvación"* (Isaías 12:3)

325. Cuando los seres humanos pretendemos ser una especie de dioses nos terminamos pareciendo más el diablo que al mismo Dios.

> *"Subiré a la cresta de las más altas nubes, seré semejante al Altísimo.» ¡Pero has sido arrojado al sepulcro, a lo más profundo de la fosa!"* (Isaías 14:14-15)

326. Dios sabe todo lo que es posible y probable en nuestra vida, pero es Él quien al final determina lo que es necesario en ella.

> *"El Señor Todopoderoso ha jurado: «Tal como lo he planeado, se cumplirá; tal como lo he decidido, se realizará. Destrozaré a Asiria en mi tierra; la pisotearé sobre mis montes. Mi pueblo dejará de llevar su yugo; ya no pesará esa carga sobre sus hombros.» Esto es lo que he determinado para toda la tierra; ésta es la mano que he extendido sobre todas las naciones. Si lo ha determinado el Señor Todopoderoso, ¿quién podrá impedirlo? Si él ha extendido su mano, ¿quién podrá detenerla?"* (Isaías 14:24-27)

327. Es mejor aprender de la justicia de Dios temprano por medio de la cruz que demasiado tarde en el comúnmente llamado juicio final.

> *"Todo mi ser te desea por las noches; por la mañana mi espíritu te busca. Pues cuando tus juicios llegan a la tierra, los habitantes del mundo aprenden lo que es justicia"* (Isaías 26:9)

328. El peligro de la sistematización es que convierte una experiencia vital en una doctrina que hay que suscribir aunque no se viva.

*"El Señor dice: «Este pueblo me alaba con la boca y me honra con los labios, pero su corazón está lejos de mí. Su adoración no es más que un mandato enseñado por hombres"* (Isaías 29:13)

329. Casi todos los seres humanos quieren servir a Dios pero no en calidad de siervos obedientes sino en la de presuntuosos asesores.

*"¡Qué manera de falsear las cosas! ¿Acaso el alfarero es igual al barro? ¿Acaso le dirá el objeto al que lo modeló: «Él no me hizo»? ¿Puede la vasija decir del alfarero: «Él no entiende nada»?"* (Isaías 29:16)

330. No se puede pretender alcanzar ningún tipo de paz política duradera que no se apoye en la defensa y promoción de la justicia.

*"El producto de la justicia será la paz; tranquilidad y seguridad perpetuas serán su fruto"* (Isaías 32:17)

331. A veces estamos tan afanados por llegar que no disfrutamos del Camino ni del privilegio de poder recorrerlo con seguridad.

*"Habrá allí una calzada que será llamada Camino de santidad. No viajarán por ella los impuros, ni transitarán por ella los necios; será sólo para los que siguen el camino. No habrá allí ningún león, ni bestia feroz que por él pase; ¡Allí no se les encontrará! ¡Por allí pasarán solamente los redimidos! Y volverán los rescatados por el Señor, y entrarán en Sión con cantos de alegría, coronados de una alegría eterna. Los alcanzarán la alegría y el regocijo, y se alejarán la tristeza y el gemido"* (Isaías 35:8-10)

332. Omitir información que podríamos y deberíamos conocer antes de decidir es incurrir conscientemente en el pecado de omisión.

333. Contemplar el cielo en una noche despejada nos lleva a hacernos una pregunta cuya respuesta todos en el fondo ya sabemos bien.

334. Quienes niegan a Dios y los milagros no logran tapar el hecho de que todo el universo es un milagro enorme e indescriptible.

*"¿Acaso no lo sabían ustedes? ¿No se habían enterado? ¿No se les dijo desde el principio? ¿No lo entendieron desde la fundación del mundo?... Alcen los ojos y miren a los cielos: ¿Quién ha creado todo esto? El que ordena la multitud de estrellas una por una, y llama a cada una por su nombre. ¡Es tan grande su poder, y tan poderosa su fuerza, que no falta ninguna de ellas! ¿Por qué murmuras, Jacob? ¿Por qué refunfuñas, Israel: «Mi camino está escondido del Señor; mi Dios ignora mi derecho»? ¿Acaso no lo sabes? ¿Acaso no te has enterado? El Señor es el Dios eterno, creador de los confines de la tierra. No se cansa ni se fatiga, y su inteligencia es insondable"* (Isaías 40:21, 26-28)

335. El pecado puede opacar la imagen divina en el hombre pero no puede destruirla. Por eso seguimos siendo de gran estima para Dios.

*"A cambio de ti entregaré hombres; ¡a cambio de tu vida entregaré pueblos! Porque te amo y eres ante mis ojos precioso y digno de honra"* (Isaías 43:4)

336. Dios no brinda pruebas porque éstas no requieren fe, como el testimonio. Por eso nuestra fe no se demuestra sino se testifica.

*"«Ustedes son mis testigos –afirma el Señor –, son mis siervos escogidos, para que me conozcan y crean en mí, y entiendan que yo soy. Antes de mí no hubo ningún otro dios, ni habrá ninguno después de mí"* (Isaías 43:10)

337. El dios que los marxistas niegan no es como el Dios de la Biblia, sino como los ídolos condenados también por los profetas.

*"»Así dice el Señor, el Señor Todopoderoso, rey y redentor de Israel: 'Yo soy el primero y el último; fuera de mí no hay otro dios. ¿Quién es como yo? Que lo diga. Que declare lo que ha ocurrido desde que establecí a mi antiguo pueblo; que exponga ante mí lo que está por venir, ¡que anuncie lo que va a suceder! No tiemblen ni se asusten. ¿Acaso no lo anuncié y profeticé hace tiempo? Ustedes son mis testigos. ¿Hay algún Dios fuera de mí? No, no hay otra Roca; no conozco ninguna.'» Los que fabrican ídolos no valen nada; inútiles son sus obras más preciadas. Para su propia vergüenza, sus propios testigos no ven ni conocen.*

*¿Quién modela un dios o funde un ídolo, que no le sirve para
nada? Todos sus devotos quedarán avergonzados; ¡simples
mortales son los artesanos! Que todos se reúnan y comparezcan;
¡aterrados y avergonzados quedarán todos ellos! El herrero toma
una herramienta, y con ella trabaja sobre las brasas; con martillo
modela un ídolo, con la fuerza de su brazo lo forja. Siente hambre,
y pierde las fuerzas; no bebe agua, y desfallece. El carpintero mide
con un cordel, hace un boceto con un estilete, lo trabaja con el
escoplo y lo traza con el compás. Le da forma humana; le imprime
la belleza de un ser humano, para que habite en un santuario.
Derriba los cedros, y escoge un ciprés o un roble, y lo deja crecer
entre los árboles del bosque; o planta un pino, que la lluvia hace
crecer. Al hombre le sirve de combustible, y toma una parte para
calentarse; enciende un fuego y hornea pan. Pero también labra
un dios y lo adora; hace un ídolo y se postra ante él. La mitad de la
madera la quema en el fuego, sobre esa mitad prepara su comida;
asa la carne y se sacia. También se calienta y dice: «¡Ah! Ya voy
entrando en calor, mientras contemplo las llamas.» Con el resto
hace un dios, su ídolo; se postra ante él y lo adora. Y suplicante
le dice: «Sálvame, pues tú eres mi dios.» No saben nada, no
entienden nada; sus ojos están velados, y no ven; su mente está
cerrada, y no entienden. Les falta conocimiento y entendimiento;
no se ponen a pensar ni a decir: «Usé la mitad para combustible;
incluso horneé pan sobre las brasas, asé carne y la comí. ¿Y
haré algo abominable con lo que queda? ¿Me postraré ante un
pedazo de madera?» Se alimentan de cenizas, se dejan engañar
por su iluso corazón, no pueden salvarse a sí mismos, ni decir:
«¡Lo que tengo en mi diestra es una mentira!»"* (Isaías 44:6-20)

338. Si hasta paganos inconversos son elegidos por Dios para cumplir una
misión en el mundo, cuanto más los creyentes ya convertidos.

> *"Yo afirmo que Ciro es mi pastor, y dará cumplimiento a mis
> deseos; dispondrá que Jerusalén sea reconstruida, y que se
> repongan los cimientos del templo.' »"* (Isaías 44:28)

339. La unción divina no está restringida a los creyentes únicamente ya
que puede estar incluso sobre gobernantes no convertidos.

> *"Así dice el Señor a Ciro, su ungido, a quien tomó de la
> mano derecha para someter a su dominio las naciones y*

*despojar de su armadura a los reyes, para abrir a su paso*
*las puertas y dejar abiertas las entradas"* (Isaías 45:1)

340. Además de los mandamientos, también las leyes que rigen el universo y la naturaleza fueron diseñadas por Dios para nuestro bien.

*"Porque así dice el Señor, el que creó los cielos; el Dios que*
*formó la tierra, que la hizo y la estableció; que no la creó*
*para dejarla vacía, sino que la formó para ser habitada:*
*«Yo soy el Señor, y no hay ningún otro"* (Isaías 45:18)

341. Dios sigue buscando a quienes confíen de lleno en Él, sin dudar de Su poder ni de las ilimitadas posibilidades que tenemos en Él.

*"¿Por qué no había nadie cuando vine? ¿Por qué nadie respondió*
*cuando llamé? ¿Tan corta es mi mano que no puede rescatar?*
*¿Me falta acaso fuerza para liberarlos? Yo seco el mar con una*
*simple represión, y convierto los ríos en desierto; por falta de*
*agua sus peces se pudren y se mueren de sed"* (Isaías 50:2)

342. En relación con Cristo no basta con ser simpatizante ni tan sólo creyente, sino que hay que avanzar a la condición de discípulo.

*"El Señor omnipotente me ha concedido tener una lengua*
*instruida, para sostener con mi palabra al fatigado. Todas*
*las mañanas me despierta, y también me despierta el oído,*
*para que escuche como los discípulos"* (Isaías 50:4)

343. Es cierto que en el evangelio no se debe mirar al pasado con nostalgia pero sí con gratitud para recordar de dónde nos sacó Dios.

*"«Ustedes, los que van tras la justicia y buscan al Señor,*
*¡escúchenme! Miren la roca de la que fueron tallados,*
*la cantera de la que fueron extraídos"* (Isaías 51:1)

344. En contra de quienes dicen que todos tienen su precio, Dios no pone precio a la vida humana y por eso nos redimió sin dinero.

*"Porque así dice el Señor: «Ustedes fueron vendidos por*
*nada, y sin dinero serán redimidos.»"* (Isaías 52:3)

345. La sanidad sigue frecuentemente a la salvación, pero si no podemos tenerlas ambas es mejor obtener la salvación que la sanidad.

346. Sólo encontraremos a Dios realmente cuando comencemos por reconocer que quien se encuentra perdido no es Él sino todos nosotros.

> *"Ciertamente él cargó con nuestras enfermedades y soportó nuestros dolores, pero nosotros lo consideramos herido, golpeado por Dios, y humillado. Él fue traspasado por nuestras rebeliones, y molido por nuestras iniquidades; sobre él recayó el castigo, precio de nuestra paz, y gracias a sus heridas fuimos sanados. Todos andábamos perdidos, como ovejas; cada uno seguía su propio camino, pero el Señor hizo recaer sobre él la iniquidad de todos nosotros"* (Isaías 53:4-6)

347. Cada creyente tiene la responsabilidad de vivir de tal modo que Jesucristo quede satisfecho de haber entregado su vida por él.

> *"Después de su sufrimiento, verá la luz y quedará satisfecho; por su conocimiento mi siervo justo justificará a muchos, y cargará con las iniquidades de ellos"* (Isaías 53:11)

348. Cristo se sometió a ser contado entre los transgresores para que captemos que lo que en verdad cuenta es nuestra fe.

> *"Por lo tanto, le daré un puesto entre los grandes, y repartirá el botín con los fuertes, porque derramó su vida hasta la muerte, y fue contado entre los transgresores. Cargó con el pecado de muchos, e intercedió por los pecadores... sino también para nosotros. Dios tomará en cuenta nuestra fe como justicia, pues creemos en aquel que levantó de entre los muertos a Jesús nuestro Señor"* (Isaías 53:12; Romanos 4:24)

349. Podemos ensanchar nuestros límites en todo sentido, pero nunca podremos traspasarlos ni eliminarlos de ningún modo.

350. Sin Dios nuestras perspectivas serán siempre limitadas, pero con Él nuestro horizonte vital se ensancha de manera sorprendente.

> *"Ensancha el espacio de tu carpa, y despliega las cortinas de tu morada. ¡No te limites! Alarga tus cuerdas y refuerza tus estacas.*

*Porque a derecha y a izquierda te extenderás; tu descendencia*
*desalojará naciones, y poblará ciudades desoladas"* (Isaías 54:2-3)

351. Antes de lograr ser libres "para" debemos ser libres "de". Por eso es que no existe realmente la libertad, existe la liberación.

> *"El Espíritu del Señor omnipotente está sobre mí, por cuanto me ha ungido para anunciar buenas nuevas a los pobres. Me ha enviado a sanar los corazones heridos, a proclamar liberación a los cautivos y libertad a los prisioneros"* (Isaías 61:1)

352. La fe en Dios es una apuesta a su favor o en su contra en que al final obtenemos siempre el doble para bien o mal.

> *"En vez de su vergüenza, mi pueblo recibirá doble porción; en vez de deshonra, se regocijará en su herencia; y así en su tierra recibirá doble herencia, y su alegría será eterna... Ciertamente mis ojos ven todas sus acciones; ninguna de ellas me es oculta. Su iniquidad no puede esconderse de mi vista. Primero les pagaré el doble por su iniquidad y su pecado, porque con los cadáveres de sus ídolos detestables han profanado mi tierra, y han llenado mi herencia con sus abominaciones.»"* (Isaías 61:7; Jeremías 16:17-18)

353. Aunque el cristiano ya no pertenezca al mundo debe permanecer en él como atento e incansable centinela en beneficio del mundo.

> *"Jerusalén, sobre tus muros he puesto centinelas que nunca callarán, ni de día ni de noche. Ustedes, los que invocan al Señor, no se den descanso; ni tampoco lo dejen descansar, hasta que establezca a Jerusalén y la convierta en la alabanza de la tierra"* (Isaías 62:6-7)

354. El pecado ejerce un poder tan opresivo en la vida del pecador que el pecado mismo se termina convirtiendo en su propio castigo.

> *"Nadie invoca tu nombre, ni se esfuerza por aferrarse a ti. Pues nos has dado la espalda y nos has entregado en poder de nuestras iniquidades"* (Isaías 64:7)

355. Es maravilloso y conmovedor saber que los creyentes hemos encontrado a Cristo pues en honor a la verdad no lo estábamos buscando.

> *"«Me di a conocer a los que no preguntaban por mí; dejé que me hallaran los que no me buscaban. A una nación que no invocaba mi nombre, le dije: '¡Aquí estoy!'»"* (Isaías 65:1)

# #JEREMÍAS

356. El pecado conlleva una culpa doble: primero desechar a Dios y segundo pretender reemplazarlo con pobres y censurables sustitutos.

> "»Dos son los pecados que ha cometido mi pueblo: Me han abandonado a mí, fuente de agua viva, y han cavado sus propias cisternas, cisternas rotas que no retienen agua" (Jeremías 2:13)

357. No confiar en Dios conduce a tener que vivir cambiando de parecer y a que terminemos avergonzados, defraudados y decepcionados.

> "¡Con qué ligereza cambias de parecer! Pues también Egipto te defraudará, como te defraudó Asiria. Saldrás de allí con las manos en la nuca, porque el Señor ha rechazado a aquellos en quienes confías, y no prosperarás con ellos" (Jeremías 2:36-37)

358. Los apóstatas son quienes abandonan y niegan la fe que un día profesaron, pero aún para ellos existe todavía esperanza.

> "Ve al norte y proclama este mensaje: »"¡Vuelve, apóstata Israel! No te miraré con ira –afirma el Señor –. No te guardaré rencor para siempre, porque soy misericordioso –afirma el Señor –... »¡Vuélvanse a mí, apóstatas –afirma el Señor –, porque yo soy su esposo! De ustedes tomaré uno de cada ciudad y dos de cada familia, y los traeré a Sión... ¡Vuélvanse, apóstatas, y los curaré de su infidelidad!» «Aquí estamos, a ti venimos, porque tú eres el Señor nuestro Dios" (Jeremías 3:12, 14, 22)

359. Nuestra capacidad original para la obediencia se perdió por el pecado original, de ahí que nuestros pecados ya ni sean originales.

> *"«Mi pueblo es necio, no me conoce; son hijos insensatos que no tienen entendimiento. Son hábiles para hacer el mal; no saben hacer el bien.»"* (Jeremías 4:22)

360. En verdad no son los justos los que pagan por los pecadores sino los pecadores los que se salvan por la justicia de un solo justo.

> *"«Recorran las calles de Jerusalén, observen con cuidado, busquen por las plazas. Si encuentran una sola persona que practique la justicia y busque la verdad, yo perdonaré a esta ciudad"* (Jeremías 5:1)

361. Un mundo sin Dios nos hunde en un mal mayor que el que los ateos denuncian contra Dios y pretenden resolver negando a Dios.

> *"Pues las casas de Israel y de Judá me han sido más que infieles», afirma el Señor. Ellas han negado al Señor, y hasta dicen: «¡Dios no existe! Ningún mal vendrá sobre nosotros, no sufriremos guerras ni hambre.»"* (Jeremías 5:11-12)

362. El viento es útil cuando sopla a favor o aún en contra para moldear el carácter, pero no como fruto o alimento vital.

> *"Los profetas son como el viento: la palabra del Señor no está en ellos. ¡Que así les suceda!... Efraín se alimenta de viento: todo el día va tras el viento solano, y multiplica la mentira y la violencia. Hace pactos con Asiria, y a Egipto le da aceite como tributo.»"* (Jeremías 5:13; Oseas 12:1)

363. Hay que revisar la historia para descubrir dónde y cuándo perdimos el rumbo para volver a ese punto y retomar la senda correcta.

> *"Así dice el Señor: «Deténganse en los caminos y miren; pregunten por los senderos antiguos. Pregunten por el buen camino, y no se aparten de él. Así hallarán el descanso anhelado. Pero ellos dijeron: 'No lo seguiremos.'"* (Jeremías 6:16)

364. Los ritos pueden llegar a ser una de las formas más bajas de encubrir nuestra desobediencia y malas motivaciones.

> *"»Así dice el Señor Todopoderoso, el Dios de Israel: '¡Junten sus holocaustos con sus sacrificios, y cómanse la carne! En verdad, cuando yo saqué de Egipto a sus antepasados, no les dije nada ni les ordené nada acerca de holocaustos y sacrificios. Lo que sí les ordené fue lo siguiente: 'Obedézcanme. Así yo seré su Dios, y ustedes serán mi pueblo. Condúzcanse conforme a todo lo que yo les ordene, a fin de que les vaya bien.'... «Yo aborrezco sus fiestas religiosas; no me agradan sus cultos solemnes. Aunque me traigan holocaustos y ofrendas de cereal, no los aceptaré, ni prestaré atención a los sacrificios de comunión de novillos cebados. Aleja de mí el bullicio de tus canciones; no quiero oír la música de tus cítaras. ¡Pero que fluya el derecho como las aguas, y la justicia como arroyo inagotable!"* (Jeremías 7:21-23; Amos 5:21-24)

365. Modificar para bien el contexto social podrá disminuir el delito, pero no podrá evitarlo mientras existan pecadores irredentos.

> *"¿Puede el etíope cambiar de piel, o el leopardo quitarse sus manchas? ¡Pues tampoco ustedes pueden hacer el bien, acostumbrados como están a hacer el mal!"* (Jeremías 13:23)

366. Antes de hablar de Dios es necesario hablar con Él. Para hablar de Dios con autoridad hay que haber hablado primero con Él.

367. La humanidad caída usa mal su extraviada imaginación para su propio perjuicio al concebir cosas engañosas que ofenden a Dios.

> *"El Señor me contestó: «Mentira es lo que están profetizando en mi nombre esos profetas. Yo no los he enviado, ni les he dado ninguna orden, y ni siquiera les he hablado. Lo que les están profetizando son visiones engañosas, adivinaciones vanas y delirios de su propia imaginación"* (Jeremías 14:14)

368. Ver también numeral 352

369. La Biblia no dice nunca "ayúdate que yo te ayudaré" sino "reconoce tu impotencia y ríndete a Mi por completo y así Yo lo haré".

*"Así dice el Señor: «¡Maldito el hombre que confía en el hombre! ¡Maldito el que se apoya en su propia fuerza y aparta su corazón del Señor!"* (Jeremías 17:5)

370. Ver también numeral 278

371. Dios quiere moldearnos con suavidad, pero cuando nos endurecemos no tiene más opción que quebrarnos de manera dolorosa.

*"Así dice el Señor: «Ve a un alfarero, y cómprale un cántaro de barro. Pide luego que te acompañen algunos de los ancianos del pueblo y de los ancianos de los sacerdotes... »Rompe después el cántaro en mil pedazos, a la vista de los hombres que te acompañaron, y adviérteles que así dice el Señor Todopoderoso: "Voy a hacer pedazos esta nación y esta ciudad, como quien hace pedazos un cántaro de alfarero, que ya no se puede reparar; y a falta de otro lugar, enterrarán a sus muertos en Tofet"* (Jeremías 19:1, 10-11)

372. Los problemas pueden adquirir un tamaño que exceda nuestra capacidad para afrontarlos, pero no la de Cristo para solucionarlos.

*"'Pero el Señor está conmigo como un guerrero poderoso; por eso los que me persiguen caerán y no podrán prevalecer, fracasarán y quedarán avergonzados. Eterna será su deshonra; jamás será olvidada"* (Jeremías 20:11)

373. La iglesia suele ser más pura y consagrada cuando está bajo persecución que cuando se halla en la prosperidad.

*"Yo te hablé cuando te iba bien, pero tú dijiste: "¡No escucharé!" Así te has comportado desde tu juventud: ¡nunca me has obedecido!... Así mismo serán perseguidos todos los que quieran llevar una vida piadosa en Cristo Jesús"* (Jeremías 22:21; 2 Timoteo 3:12)

374. El cristiano tiene doble ciudadanía. Y aunque la celestial tiene prioridad, debe también ejercer la terrenal con responsabilidad.

*"Además, busquen el bienestar de la ciudad adonde los he deportado, y pidan al Señor por ella, porque el bienestar de ustedes depende del bienestar de la ciudad.»"* (Jeremías 29:7)

375. Es tranquilizador y consolador saber que los mejores planes de Dios están reservados para quienes forman parte de su pueblo.

> *"Porque yo sé muy bien los planes que tengo para ustedes – afirma el Señor–, planes de bienestar y no de calamidad, a fin de darles un futuro y una esperanza"* (Jeremías 29:11)

376. El día en que desees hallar a Dios con la misma intensidad que anhelas el aire cuando estás ahogándote ¡ese día lo hallarás!

> *"Me buscarán y me encontrarán, cuando me busquen de todo corazón. Me dejaré encontrar –afirma el Señor –, y los haré volver del cautiverio. Yo los reuniré de todas las naciones y de todos los lugares adonde los haya dispersado, y los haré volver al lugar del cual los deporté», afirma el Señor"* (Jeremías 29:13-14)

377. Sólo hay dos finales: la ira de Dios sobre los que lo rechazaron o la redención final para quienes se rindieron a Él.

> *"La ardiente ira del Señor no pasará hasta que haya realizado del todo los propósitos de su corazón. Todo esto lo comprenderán ustedes al final de los tiempos... Éste garantiza nuestra herencia hasta que llegue la redención final del pueblo adquirido por Dios, para alabanza de su gloria"* (Jeremías 30:24; Efesios 1:14)

378. El amor mantiene vivo el compromiso con los seres amados a pesar de que los sentimientos hacia ellos fluctúen o **aún desaparezcan**.

> *"Hace mucho tiempo se me apareció el Señor y me dijo: «Con amor eterno te he amado; por eso te sigo con fidelidad"* (Jeremías 31:3)

379. Cristo no sólo nos revela lo que debemos hacer sino que inclina y faculta nuestra voluntad para que podamos hacerlo.

> *"»Éste es el pacto que después de aquel tiempo haré con el pueblo de Israel –afirma el Señor –: Pondré mi ley en su mente, y la escribiré en su corazón. Yo seré su Dios, y ellos serán mi pueblo... para que cumplan mis decretos y pongan en práctica mis leyes. Entonces ellos serán mi pueblo, y yo seré su Dios"* (Jeremías 31:33; Ezequiel 11:20)

380. Ser libre no es hacer lo que quieres, sino lograr que haya siempre coherencia entre lo que quieres, lo que debes y lo que haces.

> *"Haré que haya coherencia entre su pensamiento y su conducta, a fin de que siempre me teman, para su propio bien y el de sus hijos"* (Jeremías 32:39)

381. La disciplina y dedicación que la lectura de la Biblia demanda se ve premiada de sobra con su fascinante y grandiosa profundidad.

> *"'Clama a mí y te responderé, y te daré a conocer cosas grandes y ocultas que tú no sabes.'"* (Jeremías 33:3)

# #LAMENTACIONES

382. La misericordia diaria de Dios con nosotros conlleva siempre el riesgo de que creamos que realmente merecemos lo que recibimos.

383. Todos los días hay que renovar el entusiasmo del principio para que todos los días tengamos nuevos y esperanzadores comienzos.

> *"Por el gran amor del Señor no somos consumidos, y su compasión jamás se agota. Cada mañana se renuevan sus bondades; ¡muy grande es su fidelidad!"* (Lamentaciones 3:22-23)

384. Ver también numeral 283

385. Nos acostumbramos tanto a un trato bueno que no nos merecemos que cuando recibimos el mal que merecemos nos quejamos sin causa.

> *"¿No es acaso por mandato del Altísimo que acontece lo bueno y lo malo? ¿Por qué habría de quejarse en vida quien es castigado por sus pecados?"* (Lamentaciones 3:38-39)

386. Todos los que han padecido persecución por el evangelio son quienes más defienden y valoran la libertad de culto y de conciencia.

> *"Hagamos un examen de conciencia y volvamos al camino del Señor"* (Lamentaciones 3:40)

# #Ezequiel

387. Todo creyente tiene la responsabilidad del centinela que no le permite permanecer callado impunemente en toda circunstancia.

> *"«Hijo de hombre, a ti te he puesto como centinela del pueblo de Israel. Por tanto, cuando oigas mi palabra, adviértele de mi parte al malvado: 'Estás condenado a muerte.' Si tú no le hablas al malvado ni le haces ver su mala conducta, para que siga viviendo, ese malvado morirá por causa de su pecado, pero yo te pediré cuentas de su muerte. En cambio, si tú se lo adviertes, y él no se arrepiente de su maldad ni de su mala conducta, morirá por causa de su pecado, pero tú habrás salvado tu vida. Por otra parte, si un justo se desvía de su buena conducta y hace lo malo, y yo lo hago caer y tú no se lo adviertes, él morirá sin que se le tome en cuenta todo el bien que haya hecho. Por no haberle hecho ver su maldad, él morirá por causa de su pecado, pero yo te pediré cuentas de su muerte. Pero si tú le adviertes al justo que no peque, y en efecto él no peca, él seguirá viviendo porque hizo caso de tu advertencia, y tú habrás salvado tu vida.»"* (Ezequiel 3:17-21)

388. Un ateo en paz es una contradicción de términos pues la desesperación existencial es la conclusión obvia que resulta del ateísmo.

> *"Cuando la desesperación los atrape, en vano buscarán la paz"* (Ezequiel 7:25)

389. Ver también numeral 379

390. Amamos a Dios por la intimidad en el trato que nos brinda en Cristo, pero le tememos porque no olvidamos con Quien tratamos.

*"Yo estableceré mi alianza contigo, y sabrás que yo soy el Señor"* (Ezequiel 16:62)

391. Los malos ejemplos a los que hemos estado expuestos no son excusa, ya que los seres humanos podemos escoger a quien imitar.

*"»Ahora bien, ese hijo podría a su vez tener un hijo que observa todos los pecados de su padre, pero no los imita, pues no participa de los banquetes idolátricos en los cerros, ni eleva plegarias a los ídolos malolientes de Israel, ni deshonra a la mujer de su prójimo; no oprime a nadie, no roba, devuelve la prenda al deudor, da de comer al hambriento y viste al desnudo; se abstiene de hacer el mal, no presta dinero con usura ni exige intereses; cumple mis leyes y obedece mis decretos. Un hijo así no merece morir por la maldad de su padre; ¡merece vivir! En cuanto a su padre, que fue un opresor, que robó a su prójimo y que hizo lo malo en medio de su pueblo, ¡morirá por su propio pecado! »Pero ustedes preguntan: '¿Por qué no carga el hijo con las culpas de su padre?' ¡Porque el hijo era justo y recto, pues obedeció mis decretos y los puso en práctica! ¡Tal hijo merece vivir!"* (Ezequiel 18:14-19)

392. Aunque muchas de nuestras culpas y males sean socialmente compartidos, Dios nos juzgará a todos uno a uno y no colectivamente.

393. Aunque los hijos si deben vivir con las consecuencias del pecado de sus padres, no por eso tienen que cargar con sus culpas.

*"Todo el que peque, merece la muerte, pero ningún hijo cargará con la culpa de su padre, ni ningún padre con la del hijo: al justo se le pagará con justicia y al malvado se le pagará con maldad"* (Ezequiel 18:20)

394. El ego de la gente talentosa puede ser su grandeza o su perdición dependiendo de si lo dominan o se dejan dominar por él.

395. Los motivos del diablo quedaron consignados en la Biblia para que nosotros no repitamos a menor escala su nefasta historia.

*"«Hijo de hombre, entona una elegía al rey de Tiro y adviértele que así dice el Señor omnipotente: »'Eras un modelo de*

*perfección, lleno de sabiduría y de hermosura perfecta. Estabas en Edén, en el jardín de Dios, adornado con toda clase de piedras preciosas: rubí, crisólito, jade, topacio, cornalina, jaspe, zafiro, granate y esmeralda. Tus joyas y encajes estaban cubiertos de oro, y especialmente preparados para ti desde el día en que fuiste creado. Fuiste elegido querubín protector, porque yo así lo dispuse. Estabas en el santo monte de Dios, y caminabas sobre piedras de fuego. Desde el día en que fuiste creado tu conducta fue irreprochable, hasta que la maldad halló cabida en ti. Por la abundancia de tu comercio, te llenaste de violencia, y pecaste. Por eso te expulsé del monte de Dios, como a un objeto profano. A ti, querubín protector, te borré de entre las piedras de fuego. A causa de tu hermosura te llenaste de orgullo. A causa de tu esplendor, corrompiste tu sabiduría. Por eso te arrojé por tierra, y delante de los reyes te expuse al ridículo. Has profanado tus santuarios, por la gran cantidad de tus pecados, ¡por tu comercio corrupto! Por eso hice salir de ti un fuego que te devorara. A la vista de todos los que te admiran te eché por tierra y te reduje a cenizas. Al verte, han quedado espantadas todas las naciones que te conocen. Has llegado a un final terrible, y ya no volverás a existir.' »"* (Ezequiel 28:12-19)

396. El cristiano no es sólo un centinela que espera el regreso de Cristo, sino uno que pone sobre aviso a quienes no lo esperan.

*"»A ti, hijo de hombre, te he puesto por centinela del pueblo de Israel. Por lo tanto, oirás la palabra de mi boca, y advertirás de mi parte al pueblo. Cuando yo le diga al malvado: "¡Vas a morir!", si tú no le adviertes que cambie su mala conducta, el malvado morirá por su pecado, pero a ti te pediré cuentas de su sangre. En cambio, si le adviertes al malvado que cambie su mala conducta, y no lo hace, él morirá por su pecado pero tú habrás salvado tu vida"* (Ezequiel 33:7-9)

397. Nadie se encuentra atrapado en un destino inmodificable, pues la conversión puede romper cualquier condicionamiento previo.

*"»Tú, hijo de hombre, diles a los hijos de tu pueblo: 'Al justo no lo salvará su propia justicia si comete algún pecado; y la maldad del impío no le será motivo de tropiezo si se convierte. Si el justo peca, no se podrá salvar por su justicia anterior"* (Ezequiel 33:12)

398. Dios tratará al final con todas sus ovejas, pero a quienes primero pedirá cuentas es a los pastores que las debían apacentar.

> "Por tanto, pastores, escuchen la palabra del Señor. Así dice el Señor omnipotente: Yo estoy en contra de mis pastores. Les pediré cuentas de mi rebaño; les quitaré la responsabilidad de apacentar a mis ovejas, y no se apacentarán más a sí mismos. Arrebataré de sus fauces a mis ovejas, para que no les sirvan de alimento" (Ezequiel 34:9-10)

399. La vida no se reduce a sus componentes materiales, sino que depende ante todo de Quien sopla su aliento de vida sobre ellos.

> "Tal y como el Señor me lo había mandado, profeticé. Y mientras profetizaba, se escuchó un ruido que sacudió la tierra, y los huesos comenzaron a unirse entre sí. Yo me fijé, y vi que en ellos aparecían tendones, y les salía carne y se recubrían de piel, ¡pero no tenían vida! Entonces el Señor me dijo: «Profetiza, hijo de hombre; conjura al aliento de vida y dile: "Esto ordena el Señor omnipotente: 'Ven de los cuatro vientos, y dales vida a estos huesos muertos para que revivan.'"» Yo profeticé, tal como el Señor me lo había ordenado, y el aliento de vida entró en ellos; entonces los huesos revivieron y se pusieron de pie. ¡Era un ejército numeroso!" (Ezequiel 37:7-10)

400. Todo lo que Dios hace, lo hace antes que nada para que el muy bien ganado prestigio de Su Nombre no se vea puesto en entredicho.

> "»Por eso, así dice el Señor omnipotente: Ahora voy a cambiar la suerte de Jacob. Tendré compasión de todo el pueblo de Israel, y celaré el prestigio de mi santo nombre" (Ezequiel 39:25)

# #Daniel

401. Aunque nos depare beneficios en este mundo, la fe auténtica no puede estar condicionada a la obtención de esos beneficios.

*"Sadrac, Mesac y Abednego le respondieron a Nabucodonosor: –¡No hace falta que nos defendamos ante Su Majestad! Si se nos arroja al horno en llamas, el Dios al que servimos puede librarnos del horno y de las manos de Su Majestad. Pero aun si nuestro Dios no lo hace así, sepa usted que no honraremos a sus dioses ni adoraremos a su estatua"* (Daniel 3:16-18)

402. La soberbia da lugar a tales puntos ciegos en nuestra visión que nos blinda contra la sensatez de quien atiende advertencias.

*"»La interpretación del sueño, y el decreto que el Altísimo ha emitido contra Su Majestad, es como sigue: Usted será apartado de la gente y habitará con los animales salvajes; comerá pasto como el ganado, y se empapará con el rocío del cielo. Siete años pasarán hasta que Su Majestad reconozca que el Altísimo es el soberano de todos los reinos del mundo, y que se los entrega a quien él quiere. La orden de dejar el tocón y las raíces del árbol quiere decir que Su Majestad recibirá nuevamente el reino, cuando haya reconocido que el verdadero reino es el del cielo. Por lo tanto, yo le ruego a Su Majestad aceptar el consejo que le voy a dar: Renuncie usted a sus pecados y actúe con justicia; renuncie a su maldad y sea bondadoso con los oprimidos. Tal vez entonces su prosperidad vuelva a ser la de antes. En efecto, todo esto le sucedió al rey Nabucodonosor"* (Daniel 4:24-28)

403. Cuando Dios hace lo que quiere podemos descansar con seguridad en que lo que quiere hacer coincide siempre con lo que debe hacer.

> *"Ninguno de los pueblos de la tierra merece ser tomado en cuenta. Dios hace lo que quiere con los poderes celestiales y con los pueblos de la tierra. No hay quien se oponga a su poder ni quien le pida cuentas de sus actos"* (Daniel 4:35)

404. Igual que el profeta, gracias a su conocimiento el erudito puede llegar a ser un adorador más convencido, reflexivo y agradecido.

> *"Y es que ese hombre tiene una mente aguda, amplios conocimientos, e inteligencia y capacidad para interpretar sueños, explicar misterios y resolver problemas difíciles. Llame usted a ese hombre, y él le dirá lo que significa ese escrito. Se llama Daniel, aunque el padre de Su Majestad le puso por nombre Beltsasar"* (Daniel 5:12)

405. La salud no consiste sólo en eliminar el sobrepeso corporal, sino en ganar todo el peso espiritual que necesitaremos el día final.

> *"» Téquel: Su Majestad ha sido puesto en la balanza, y no pesa lo que debería pesar"* (Daniel 5:27)

406. La perseverancia en la oración es requerida no porque Dios no escuche desde el comienzo sino porque hay quienes se oponen a ella.

> *"Entonces me dijo: 'No tengas miedo, Daniel. Tu petición fue escuchada desde el primer día en que te propusiste ganar entendimiento y humillarte ante tu Dios. En respuesta a ella estoy aquí. Durante veintiún días el príncipe de Persia se me opuso, así que acudió en mi ayuda Miguel, uno de los príncipes de primer rango. Y me quedé allí, con los reyes de Persia"* (Daniel 10:13)

407. Quienes conocen a Dios no ceden ni se dejan engañar por los halagos del mundo, la carne y Satanás para dejar así de combatirlos.

> *"Corromperá con halagos a los que hayan renegado del pacto, pero los que conozcan a su Dios se le opondrán con firmeza"* (Daniel 11:32)

408. La resurrección de Cristo es la prueba que establece que nuestra vida no concluye con la muerte sino con nuestro destino eterno.

*"y del polvo de la tierra se levantarán las multitudes de los que duermen, algunos de ellos para vivir por siempre, pero otros para quedar en la vergüenza y en la confusión perpetuas"* (Daniel 12:2)

# #Oseas

409. La voz de Dios se escucha con mucha mayor facilidad en la soledad del desierto que en nuestros momentos de gloria en el mundo.

410. Dios nos conoce tan bien que sabe que estamos mucho más dispuestos a oírlo en los desiertos de la vida que cuando todo anda bien.

> "»Por eso, ahora voy a seducirla: me la llevaré al desierto y le hablaré con ternura" (Oseas 2:14)

411. Oseas conoció en carne propia el alcance del amor de Dios por nosotros cuando compró a la infiel Gómer para desposarla de nuevo.

412. Contra toda lógica Cristo nos compra al precio de su sangre en el mercado de los esclavos del pecado que reconocen su condición.

> "Me habló una vez más el Señor, y me dijo: «Ve y ama a esa mujer adúltera, que es amante de otro. Ámala como ama el Señor a los israelitas, aunque se hayan vuelto a dioses ajenos y se deleiten con las tortas de pasas que les ofrecen.» Compré entonces a esa mujer por quince monedas de plata y una carga y media de cebada, y le dije: «Vas a vivir conmigo mucho tiempo, pero sin prostituirte. No tendrás relaciones sexuales con ningún otro hombre. ¡Ni yo te voy a tocar!»" (Oseas 3:1-3)

413. Una cosa es reconocer humildes lo que ignoramos y otra es permanecer en nuestra ignorancia como si fuera recomendable.

414. El conocimiento sin fe no salva a nadie, pero la fe sin conocimiento puede ser un estado muy peligroso para quienes ya son salvos.

*"pues por falta de conocimiento mi pueblo ha sido destruido. »Puesto que rechazaste el conocimiento, yo también te rechazo como mi sacerdote. Ya que te olvidaste de la ley de tu Dios, yo también me olvidaré de tus hijos... Ellas siempre están aprendiendo, pero nunca logran conocer la verdad"* (Oseas 4:6; 2 Timoteo 3:7)

415. La verdad no es un concepto sino una persona: Cristo, a quien no conocemos mediante el mero estudio, sino mediante el trato mutuo.

*"Conozcamos al Señor; vayamos tras su conocimiento. Tan cierto como que sale el sol, él habrá de manifestarse; vendrá a nosotros como la lluvia de invierno, como la lluvia de primavera que riega la tierra"* (Oseas 6:3)

416. El amor que muchos profesan a Dios es tan breve y pasajero que tan solo dura y alcanza para el domingo, pero nunca llega al lunes.

*"«¿Qué voy a hacer contigo, Efraín? ¿Qué voy a hacer contigo, Judá? El amor de ustedes es como nube matutina, como rocío que temprano se evapora"* (Oseas 6:4)

417. No podemos pretender cosechar fruto donde ni siquiera hemos sembrado, ni tampoco sembrar dónde hemos inutilizado el terreno.

*"¡Siembren para ustedes justicia! ¡Cosechen el fruto del amor, y pónganse a labrar el barbecho! ¡Ya es tiempo de buscar al Señor!, hasta que él venga y les envíe lluvias de justicia"* (Oseas 10:12)

418. Ver también numeral 362

# #JOEL

419. Cuando nos alejamos de Dios renegando sutilmente de él, nuestra vida será sin duda alguna cada vez más pobre, yendo de mal en peor.

> *"Lo que dejaron las langostas grandes, lo devoraron las langostas pequeñas; lo que dejaron las langostas pequeñas se lo comieron las larvas; y lo que dejaron las larvas se lo comieron las orugas"* (Joel 1:4)

420. Volverse a Dios no es un acto externo de ostentoso y superficial dramatismo, sino un acto interno de humilde y resuelta rendición.

> *"Rásguense el corazón y no las vestiduras .Vuélvanse al Señor su Dios, porque él es bondadoso y compasivo, lento para la ira y lleno de amor, cambia de parecer y no castiga"* (Joel 2:13)

421. No deja de ser conmovedor que un Dios soberano y que todo lo sabe esté dispuesto a reconsiderar y cambiar de parecer por nosotros.

> *"Tal vez Dios reconsidere y cambie de parecer, y deje tras de sí una bendición. Las ofrendas de cereales y las libaciones son del Señor su Dios"* (Joel 2:14)

422. La presencia permanente del Espíritu Santo en la iglesia nos lleva a no dejar de soñar y trabajar con la visión de un mundo mejor.

> *"»Después de esto, derramaré mi Espíritu sobre todo el género humano. Los hijos y las hijas de ustedes profetizarán, tendrán sueños los ancianos y visiones los jóvenes"* (Joel 2:28)

# #Amós

423. Dios es paciente con nosotros y lento para la ira, pero también se le agota la paciencia cuando nuestros pecados llegan a su colmo.

> "Así dice el Señor: «Los delitos de Damasco han llegado a su colmo; por tanto, no revocaré su castigo: Porque trillaron a Galaad con trillos de hierro" (Amos 1:3)

424. El apoyo y la solidaridad de otros es más valioso y seguro cuando proviene del hecho de compartir los mismos valores y fe en Dios.

> "¿Pueden dos caminar juntos sin antes ponerse de acuerdo?" (Amos 3:3)

425. Todo lo que necesitamos saber sobre los designios de Dios en la historia nos ha sido revelado por sus profetas en las Escrituras.

> "¿Se toca la trompeta en la ciudad sin que el pueblo se alarme? ¿Ocurrirá en la ciudad alguna desgracia que el Señor no haya provocado? En verdad, nada hace el Señor omnipotente sin antes revelar sus designios a sus siervos los profetas. Ruge el león; ¿quién no temblará de miedo? Habla el Señor omnipotente; ¿quién no profetizará?... Esto ha venido a confirmarnos la palabra de los profetas, a la cual ustedes hacen bien en prestar atención, como a una lámpara que brilla en un lugar oscuro, hasta que despunte el día y salga el lucero de la mañana en sus corazones. Ante todo, tengan muy presente que ninguna profecía de la Escritura surge de la interpretación particular de nadie. Porque la profecía no ha tenido su origen en la voluntad

*humana, sino que los profetas hablaron de parte de Dios,*
*impulsados por el Espíritu Santo"* (Amos 3:6-8; 2 Pedro 1:19-21)

426. A menos que haya esperanza de que las denuncias justas sean escuchadas, a veces es mejor guardar un prudente silencio al respecto.

> *"Por eso en circunstancias como éstas guarda silencio el*
> *prudente, porque estos tiempos son malos"* (Amos 5:13)

427. Ver también numeral 364

428. Muchos de quienes se encuentran saciados en lo material son quienes padecen el hambre más sentida de todas, anunciada desde atrás.

> *"»Vienen días –afirma el Señor omnipotente–, en que enviaré*
> *hambre al país; no será hambre de pan ni sed de agua,*
> *sino hambre de oír las palabras del Señor"* (Amos 8:11)

429. Ya sea para bien o para mal Dios siempre nos encuentra. Pero entre más queramos escondernos el resultado puede ser más para mal.

> *"Aunque se oculten en la cumbre del Carmelo, allí los buscaré y*
> *los atraparé. Aunque de mí se escondan en el fondo del mar, allí*
> *ordenaré a la serpiente que los muerda. Aunque vayan al destierro*
> *arriados por sus enemigos, allí ordenaré que los mate la espada.*
> *Para mal, y no para bien, fijaré en ellos mis ojos.»"* (Amos 9:3-4)

# #Abdías

430. La mentira más peligrosa es la que nos decimos y repetimos a nosotros mismos tantas veces que al final nos la terminamos creyendo.

> *"Tu carácter soberbio te ha engañado. Como habitas en las hendiduras de los desfiladeros, en la altura de tu morada, te dices a ti mismo: ¿Quién podrá arrojarme a tierra?"* (Abdias 1:3)

431. Con frecuencia las injusticias que otros cometen con nosotros no son muy diferentes a las que nosotros hemos cometido con otros.

> *"En el día que te mantuviste aparte, en el día que extranjeros llevaron su ejército cautivo, cuando extraños entraron por su puerta y sobre Jerusalén echaron suerte, tú eras como uno de ellos"* (Abdias 1:11)

# #Jonás

432. En la aflicción no nos deberíamos identificar tan rápido con Job, sino que en muchos casos deberíamos hacerlo con Jonás.

> "La palabra del Señor vino a Jonás hijo de Amitay: «Anda, ve a la gran ciudad de Nínive y proclama contra ella que su maldad ha llegado hasta mi presencia.» Jonás se fue, pero en dirección a Tarsis, para huir del Señor. Bajó a Jope, donde encontró un barco que zarpaba rumbo a Tarsis. Pagó su pasaje y se embarcó con los que iban a esa ciudad, huyendo así del Señor... El Señor, por su parte, dispuso un enorme pez para que se tragara a Jonás, quien pasó tres días y tres noches en su vientre" (Jonás 1:1-3, 17)

433. No podemos negarle a nuestros enemigos el mismo perdón que Dios nos ofreció a nosotros y que nos permite estar ahora en pie.

> "Al ver Dios lo que hicieron, es decir, que se habían convertido de su mal camino, cambió de parecer y no llevó a cabo la destrucción que les había anunciado. Pero esto disgustó mucho a Jonás, y lo hizo enfurecerse. Así que oró al Señor de esta manera: –¡Oh Señor! ¿No era esto lo que yo decía cuando todavía estaba en mi tierra? Por eso me anticipé a huir a Tarsis, pues bien sabía que tú eres un Dios bondadoso y compasivo, lento para la ira y lleno de amor, que cambias de parecer y no destruyes" (Jonás 3:10-4:2)

434. Es cierto que la vida tiene drama y tragedia, pero somos nosotros quienes a veces convertimos una molestia en un drama trágico.

> "Así que ahora, Señor, te suplico que me quites la vida. ¡Prefiero morir que seguir viviendo!" (Jonás 4:3)

# #Miqueas

435. No debemos menospreciar lo pequeño y humilde pues podemos ser sorprendidos al ver que es justo de ahí de donde sale lo más grande.

*"Pero de ti, Belén Efrata, pequeña entre los clanes de Judá, saldrá el que gobernará a Israel; sus orígenes se remontan hasta la antigüedad, hasta tiempos inmemoriales"* (Miqueas 5:2)

436. En realidad, lo que Dios espera de nosotros no es algo tan vasto, misterioso o difícil de comprender como muchos se lo imaginan.

*"¡Ya se te ha declarado lo que es bueno! Ya se te ha dicho lo que de ti espera el Señor: Practicar la justicia, amar la misericordia, y humillarte ante tu Dios"* (Miqueas 6:8)

437. Aunque su carácter justo lo requiera Dios no disfruta castigar a nadie. Lo que en verdad le place es amarnos y perdonarnos.

*"¿Qué Dios hay como tú, que perdone la maldad y pase por alto el delito del remanente de su pueblo? No siempre estarás airado, porque tu mayor placer es amar. Vuelve a compadecerte de nosotros. Pon tu pie sobre nuestras maldades y arroja al fondo del mar todos nuestros pecados"* (Miqueas 7:18-19)

# #Nahúm

438. Debemos corregir nuestra senda cuando el anuncio de castigo es todavía una advertencia y no cuando ya sea un decreto sin reversa.

> *"Pero acerca de ti, Nínive, el Señor ha decretado: «No tendrás más hijos que perpetúen tu nombre; extirparé de la casa de tus dioses las imágenes talladas y los ídolos fundidos. Te voy a preparar una tumba, porque eres una infame.»* (Nahum 1:14)

439. Es verdad que mientras hay vida hay esperanza, pero hay hombres tan endurecidos en vida que ya no tienen ni remedio ni esperanza.

> *"Tu herida no tiene remedio; tu llaga es incurable. Todos los que sepan lo que te ha pasado, celebrarán tu desgracia. Pues ¿quién no fue víctima de tu constante maldad?"* (Nahum 3:19)

# #Habacuc

440. Si Dios incitó a naciones paganas impías para castigar a Israel puede hoy repetirlo con la iglesia a través de los incrédulos.

441. Cada vez que pecamos cometemos traición contra nuestro Creador y violentamos destructivamente nuestra naturaleza humana original.

> *"Estoy incitando a los caldeos, ese pueblo despiadado e impetuoso, que recorre toda la tierra para apoderarse de territorios ajenos... Son tan puros tus ojos que no puedes ver el mal; no te es posible contemplar el sufrimiento. ¿Por qué entonces toleras a los traidores? ¿Por qué guardas silencio mientras los impíos se tragan a los justos?"* (Habacuc 1:6, 13)

442. Tener visión no es soñar despierto sino tener los pies en la tierra esperando y trabajando para alcanzar lo que Dios promete.

> *"Pues la visión se realizará en el tiempo señalado; marcha hacia su cumplimiento, y no dejará de cumplirse. Aunque parezca tardar, espérala; porque sin falta vendrá"* (Habacuc 2:3)

443. La alegría del creyente no depende de su situación, sino de su relación con Jesucristo aún por encima de las circunstancias.

> *"Aunque la higuera no dé renuevos, ni haya frutos en las vides; aunque falle la cosecha del olivo, y los campos no produzcan alimentos; aunque en el aprisco no haya ovejas, ni ganado alguno en los establos; aun así, yo me regocijaré en el Señor, ¡me alegraré en Dios, mi libertador!"* (Habacuc 3:17-18)

# #Sofonías

444. Al final Dios nos purificará de tal modo que ya ni siquiera tendremos que experimentar vergüenza por nuestros pecados pasados.

> "»Purificaré los labios de los pueblos para que todos invoquen el nombre del y le sirvan de común acuerdo. Desde más allá de los ríos de Cus me traerán ofrendas mis adoradores, mi pueblo disperso. Aquel día no tendrás que avergonzarte más de todas tus rebeliones contra mí. Quitaré de en medio de ti a esa gente altanera y jactanciosa, y así nunca más volverás a ser arrogante en mi santo monte" (Sofonías 3:9-11)

445. Dios siempre ha preservado un remanente de personas que aún en los peores tiempos siguen honrándolo con convicción de corazón.

> "Dejaré un remanente en medio de ti, un pueblo pobre y humilde. En el nombre del Señor, se cobijará el remanente de Israel; no cometerá iniquidad, no dirá mentiras, ni se hallará engaño en su boca. Pastarán y se echarán a descansar sin que nadie los espante.»" (Sofonías 3:12-13)

446. El día del triunfo final Dios nos renovará y se deleitará de tal modo con nosotros que su amor ya no dará lugar a represiones.

> "porque el Señor tu Dios está en medio de ti como guerrero victorioso. Se deleitará en ti con gozo, te renovará con su amor, se alegrará por ti con cantos" (Sofonías 3:17)

# #HAGEO

447. La reflexión es un paso necesario antes y después de actuar para no incurrir en acciones que nos dejen frustrados y avergonzados.

> *"Así dice el Señor Todopoderoso: «¡Reflexionen sobre su proceder!"* (Hageo 1:7)

448. Únicamente seremos fructíferos cuando dejemos de ocuparnos sólo de lo nuestro y nos ocupemos también con esmero de lo de Dios.

> *"»Ustedes esperan mucho, pero cosechan poco; lo que almacenan en su casa, yo lo disipo de un soplo. ¿Por qué? ¡Porque mi casa está en ruinas, mientras ustedes sólo se ocupan de la suya! –afirma el Señor Todopoderoso–. »Por eso, por culpa de ustedes, los cielos retuvieron el rocío y la tierra se negó a dar sus productos. Yo hice venir una sequía sobre los campos y las montañas, sobre el trigo y el vino nuevo, sobre el aceite fresco y el fruto de la tierra, sobre los animales y los hombres, y sobre toda la obra de sus manos.»"* (Hageo 1:9-11)

449. Sin importar que tan lejos hayamos llegado hasta hoy en Cristo, el esplendor de lo nos espera por delante será mucho mayor.

> *"El esplendor de esta segunda casa será mayor que el de la primera –dice el Señor Todopoderoso–. Y en este lugar concederé la paz', afirma el Señor Todopoderoso.»"* (Hageo 2:9)

# #ZACARÍAS

450. No siempre es nuestra conciencia la que nos acusa verazmente, sino Satanás quien lo hace mentirosa y destructivamente.

> *"Entonces me mostró a Josué, el sumo sacerdote, que estaba de pie ante el ángel del Señor, y a Satanás, que estaba a su mano derecha como parte acusadora... Luego oí en el cielo un gran clamor: «Han llegado ya la salvación y el poder y el reino de nuestro Dios; ha llegado ya la autoridad de su Cristo. Porque ha sido expulsado el acusador de nuestros hermanos, el que los acusaba día y noche delante de nuestro Dios"* (Zacarías 3:1; Apocalipsis 12:10)

451. Por grande que sea, no existe fuerza ni poder en el mundo que pueda generar en nuestro corazón la convicción que da el Espíritu.

> *"Así que el ángel me dijo: «Ésta es la palabra del Señor para Zorobabel: »"No será por la fuerza ni por ningún poder, sino por mi Espíritu –dice el Señor Todopoderoso–"* (Zacarías 4:6)

452. La justicia es todo aquello que busca hacer honor a la verdad de tal manera que la paz sea su resultado natural y definitivo.

> *"» 'Lo que ustedes deben hacer es decirse la verdad, y juzgar en sus tribunales con la verdad y la justicia. ¡Eso trae la paz!"* (Zacarías 8:16)

453. La corrupción de los pastores es la peor pues al corromperse no lo hacen solos, sino que influyen y afectan a muchos tras de sí.

*"»¡Despierta, espada, contra mi pastor, contra el hombre*
*en quien confío! –afirma el Señor Todopoderoso–. Hiere*
*al pastor para que se dispersen las ovejas y vuelva yo*
*mi mano contra los corderitos"* (Zacarías 13:7)

454. Lo que más sorprende y conmueve de Jesucristo no es su justicia y su misericordia, sino su humildad teniendo en cuenta Quien es.

*"¡Alégrate mucho, hija de Sión! ¡Grita de alegría, hija de Jerusalén!*
*Mira, tu rey viene hacia ti, justo, salvador y humilde. Viene*
*montado en un asno, en un pollino, cría de asna"* (Zacarías 9:9)

455. La iglesia está en problemas no sólo cuando carece de pastor, sino también cuando tiene pastores con muchas carencias pastorales.

*"Los ídolos hablan con engaño, los adivinos tienen*
*sueños falsos; hablan de visiones engañosas y consuelan*
*con fantasías. ¡Y el pueblo vaga como rebaño agobiado*
*porque carece de pastor!"* (Zacarías 10:2)

# #Malaquías

456. Robar no tiene que ver siempre con sustraer lo ajeno sino con negarnos a entregar lo que nos corresponde entregar a su dueño.

> *"»¿Acaso roba el hombre a Dios? ¡Ustedes me están robando! »Y todavía preguntan: "¿En qué te robamos?" »En los diezmos y en las ofrendas. Ustedes –la nación entera– están bajo gran maldición, pues es a mí a quien están robando" (Malaquías 3:8-9)*

457. Los argumentos contra los diezmos sólo terminan privando al creyente de la bendición y protección de Dios sobre sus ingresos.

> *"»Traigan íntegro el diezmo para los fondos del templo, y así habrá alimento en mi casa. Pruébenme en esto –dice el Señor Todopoderoso–, y vean si no abro las compuertas del cielo y derramo sobre ustedes bendición hasta que sobreabunde. Exterminaré a la langosta, para que no arruine sus cultivos y las vides en los campos no pierdan su fruto –dice el Señor Todopoderoso–" (Malaquías 3:10-11)*

458. A pesar de las apariencias Dios tiene buena memoria y nunca olvida a quienes le temen, le sirven y honran su nombre.

> *"Los que temían al Señor hablaron entre sí, y él los escuchó y les prestó atención. Entonces se escribió en su presencia un libro de memorias de aquellos que temen al Señor y honran su nombre. «El día que yo actúe ellos serán mi propiedad exclusiva –dice el Señor Todopoderoso–. Tendré compasión de ellos, como se compadece un hombre del hijo que le sirve... Porque Dios no*

*es injusto como para olvidarse de las obras y del amor que,*
*para su gloria, ustedes han mostrado sirviendo a los santos,*
*como lo siguen haciendo"* (Malaquías 3:16-17; Hebreos 6:10)

459. La diferencia entre quienes sirven a Dios y quienes no lo hacen no tendrá que esperar al regreso de Cristo para hacerse evidente.

*"Y ustedes volverán a distinguir entre los buenos y los malos,*
*entre los que sirven a Dios y los que no le sirven"* (Malaquías 3:18)

# #Mateo

460. Nuestro compromiso con la verdad no siempre nos obliga a decirla a los cuatro vientos sin importar quien caiga cuando lo hacemos.

> *"Como José, su esposo, era un hombre justo y no quería exponerla a vergüenza pública, resolvió divorciarse de ella en secreto"* (Mateo 1:19)

461. Si nos gusta el mensaje de amor y perdón del evangelio tiene que gustarnos también su llamado a la confesión y al arrepentimiento.

> *"Produzcan frutos que demuestren arrepentimiento"* (Mateo 3:8)

462. Si no saciamos el hambre física podremos morir de inanición, pero si no saciamos el hambre espiritual padeceremos la muerte eterna.

> *"Jesús le respondió: –Escrito está: 'No sólo de pan vive el hombre, sino de toda palabra que sale de la boca de Dios.'"* (Mateo 4:4)

463. Perder de vista el contexto de un texto bíblico puede terminar convirtiéndolo en un pretexto para las más descabelladas conductas.

> *"–Si eres el Hijo de Dios, tírate abajo. Porque escrito está: 'Ordenará que sus ángeles te sostengan en sus manos, para que no tropieces con piedra alguna.'"* (Mateo 4:6)

464. Al pedir a Dios que no nos deje caer en tentación y nos libre del maligno debemos comprometernos también a no ponerlo a prueba.

*"–También está escrito: 'No pongas a prueba al Señor tu Dios' –le contestó Jesús"* (Mateo. 4:7)

465. La dicha del perdón que obtenemos mediante el arrepentimiento y la fe es la puerta de acceso a las demás dichas.

466. La persecución abierta o la discriminación sutil son algo que todo cristiano tiene que vivir para disfrutar de verdadera dicha.

> *"«Dichosos los pobres en espíritu, porque el reino de los cielos les pertenece. Dichosos los que lloran, porque serán consolados. Dichosos los humildes, porque recibirán la tierra como herencia. Dichosos los que tienen hambre y sed de justicia, porque serán saciados. Dichosos los compasivos, porque serán tratados con compasión. Dichosos los de corazón limpio, porque ellos verán a Dios. Dichosos los que trabajan por la paz, porque serán llamados hijos de Dios. Dichosos los perseguidos por causa de la justicia, porque el reino de los cielos les pertenece. »Dichosos serán ustedes cuando por mi causa la gente los insulte, los persiga y levante contra ustedes toda clase de calumnias. Alégrense y llénense de júbilo, porque les espera una gran recompensa en el cielo. Así también persiguieron a los profetas que los precedieron a ustedes... «¡Dichosos aquellos a quienes se les perdonan las transgresiones y se les cubren los pecados! ¡Dichoso aquel cuyo pecado el Señor no tomará en cuenta!»"* (Mateo 5:3-12; Romanos 4:7-8)

467. Hay que tener cuidado con el crecimiento de la iglesia que sólo logra insípidas montoneras y no creyentes que marquen diferencias.

> *"»Ustedes son la sal de la tierra. Pero si la sal se vuelve insípida, ¿cómo recobrará su sabor? Ya no sirve para nada, sino para que la gente la deseche y la pisotee"* (Mateo 5:13)

468. El cristiano no debe apartarse del mundo sino permanecer en él sin rendirse a las cosas mundanas sino combatiéndolas con vigor.

> *"»Ustedes son la luz del mundo. Una ciudad en lo alto de una colina no puede esconderse. Ni se enciende una lámpara para cubrirla con un cajón. Por el contrario, se pone en la repisa para que alumbre a todos los que están en la casa"* (Mateo 5:14-15)

469. Que nuestras acciones puedan, a pesar de nuestras imperfecciones, reflejar el carácter de Cristo para poder inspirar a los demás.

> *"Hagan brillar su luz delante de todos, para que ellos puedan ver las buenas obras de ustedes y alaben al Padre que está en el cielo"* (Mateo 5:16)

470. Las enseñanzas de Cristo serán siempre más importantes por provenir de Él que por la sabiduría de las enseñanzas en sí mismas.

> *"»Ustedes han oído que se dijo a sus antepasados: "No mates, y todo el que mate quedará sujeto al juicio del tribunal." Pero yo les digo que todo el que se enoje con su hermano quedará sujeto al juicio del tribunal. Es más, cualquiera que insulte a su hermano quedará sujeto al juicio del Consejo. Pero cualquiera que lo maldiga quedará sujeto al juicio del infierno"* (Mateo 5:21-22)

471. Imitemos a Dios cumpliendo nuestras promesas, no porque un juramento nos obligue, sino porque es nuestro comportamiento normal.

> *"»También han oído que se dijo a sus antepasados: 'No faltes a tu juramento, sino cumple con tus promesas al Señor.' Pero yo les digo: No juren de ningún modo: ni por el cielo, porque es el trono de Dios; ni por la tierra, porque es el estrado de sus pies; ni por Jerusalén, porque es la ciudad del gran Rey. Tampoco jures por tu cabeza, porque no puedes hacer que ni uno solo de tus cabellos se vuelva blanco o negro. Cuando ustedes digan 'sí', que sea realmente sí; y cuando digan 'no', que sea no. Cualquier cosa de más, proviene del maligno"* (Mateo 5:33-37)

472. Ceder nuestro legítimo derecho en situaciones conflictivas y poco claras demuestra humildad y grandeza de espíritu en el creyente.

> *"Si alguien te pone pleito para quitarte la capa, déjale también la camisa"* (Mateo 5:40)

473. En aras del buen testimonio los cristianos debemos estar dispuestos a ceder nuestro derecho y llevar la carga el kilómetro extra.

*"Si alguien te obliga a llevarle la carga un kilómetro, llévasela dos"*
(Mateo 5:41)

474. La misericordia de Dios no niega las bendiciones más básicas ni siquiera a quienes se oponen a Él y están muy lejos de merecerlas.

> *"para que sean hijos de su Padre que está en el cielo.*
> *Él hace que salga el sol sobre malos y buenos, y que*
> *llueva sobre justos e injustos"* (Mateo 5:45)

475. Dios no juzga por comparación, curvas o promedios. Quien desee ser aprobado por Él sin tener que creer en Cristo debe ser perfecto.

> *"Por tanto, sean perfectos, así como su Padre*
> *celestial es perfecto"* (Mateo 5:48)

476. El Padre nuestro no es una oración mecánica para ser dicha o repetida, sino una oración reflexiva que debe llegar a ser vivida.

> *"»Cuando oren, no sean como los hipócritas, porque a ellos*
> *les encanta orar de pie en las sinagogas y en las esquinas de*
> *las plazas para que la gente los vea. Les aseguro que ya han*
> *obtenido toda su recompensa. Pero tú, cuando te pongas*
> *a orar, entra en tu cuarto, cierra la puerta y ora a tu Padre,*
> *que está en lo secreto. Así tu Padre, que ve lo que se hace en*
> *secreto, te recompensará. Y al orar, no hablen sólo por hablar*
> *como hacen los gentiles, porque ellos se imaginan que serán*
> *escuchados por sus muchas palabras. No sean como ellos,*
> *porque su Padre sabe lo que ustedes necesitan antes de que se*
> *lo pidan. »Ustedes deben orar así: »'Padre nuestro que estás*
> *en el cielo, santificado sea tu nombre, venga tu reino, hágase*
> *tu voluntad en la tierra como en el cielo. Danos hoy nuestro*
> *pan cotidiano. Perdónanos nuestras deudas, como también*
> *nosotros hemos perdonado a nuestros deudores. Y no nos dejes*
> *caer en tentación, sino líbranos del maligno.'"* (Mateo 6:5-13)

477. El primer acto de perdón divino sólo demanda de nosotros arrepentimiento y fe. Los siguientes, que también nosotros perdonemos.

*"»Porque si perdonan a otros sus ofensas, también
los perdonará a ustedes su Padre celestial. Pero si no
perdonan a otros sus ofensas, tampoco su Padre les
perdonará a ustedes las suyas"* (Mateo 6:14-15)

478. La riqueza se mide no por el dinero que tenemos, sino por lo que tenemos que nunca cambiaríamos ni por todo el dinero del mundo.

*"Más bien, acumulen para sí tesoros en el cielo,
donde ni la polilla ni el óxido carcomen, ni los
ladrones se meten a robar"* (Mateo 6:20)

479. El cristiano maduro no ignora los medios naturales y culturales provistos por Dios para satisfacer sus necesidades inmediatas.

*"»Por eso les digo: No se preocupen por su vida, qué comerán
o beberán; ni por su cuerpo, cómo se vestirán. ¿No tiene la vida
más valor que la comida, y el cuerpo más que la ropa? Fíjense
en las aves del cielo: no siembran ni cosechan ni almacenan
en graneros; sin embargo, el Padre celestial las alimenta. ¿No
valen ustedes mucho más que ellas?"* (Mateo 6:25-26)

480. Quienes renuncian al mundo con tal de ganar el reino, al final descubrirán que el reino incluye al mundo como simple añadidura.

*"Más bien, busquen primeramente el reino de Dios y su justicia,
y todas estas cosas les serán añadidas"* (Mateo 6:33)

481. Si de angustiarse y afanarse se trata mañana tendremos todo el tiempo para esto. Pero para resolver los problemas únicamente hoy.

*"Por lo tanto, no se angustien por el mañana, el cual tendrá sus
propios afanes. Cada día tiene ya sus problemas"* (Mateo 6:34)

482. No se puede generalizar con base en pocos casos, pero aunque sean incluso muchos debemos recordar que siempre hay excepciones.

*"»No juzguen a nadie, para que nadie los juzgue a ustedes. Porque
tal como juzguen se les juzgará, y con la medida que
midan a otros, se les medirá a ustedes"* (Mateo 7:1-2)

483. La autocrítica es una manera legítima y eficaz de cultivar la humildad propia de un espíritu tolerante al interior de la iglesia.

> *"»¿Por qué te fijas en la astilla que tiene tu hermano en el ojo, y no le das importancia a la viga que está en el tuyo? ¿Cómo puedes decirle a tu hermano: 'Déjame sacarte la astilla del ojo', cuando ahí tienes una viga en el tuyo? ¡Hipócrita!, saca primero la viga de tu propio ojo, y entonces verás con claridad para sacar la astilla del ojo de tu hermano"* (Mateo 7:3-5)

484. Testificar de Dios no es siempre recomendable en la medida en que quienes nos escuchan no estén dispuestos a hacerlo con respeto.

> *"»No den lo sagrado a los perros, no sea que se vuelvan contra ustedes y los despedacen; ni echen sus perlas a los cerdos, no sea que las pisoteen"* (Mateo 7:6)

485. Pedir no es señal de debilidad o vulnerabilidad sino de confiada y humilde dependencia. No pedir en cambio es muestra de orgullo.

> *"»Pidan, y se les dará; busquen, y encontrarán; llamen, y se les abrirá. Porque todo el que pide, recibe; el que busca, encuentra; y al que llama, se le abre"* (Mateo 7:7-8)

486. La Biblia no fomenta la indiferencia de los que no le hacen mal a nadie sino la solidaridad de los que le hacen el bien a alguien.

> *"Así que en todo traten ustedes a los demás tal y como quieren que ellos los traten a ustedes. De hecho, esto es la ley y los profetas"* (Mateo 7:12)

487. El fruto no desenmascara sólo a los falsos maestros del evangelio sino también a las falsas ideologías promovidas por el mundo.

> *"»Cuídense de los falsos profetas. Vienen a ustedes disfrazados de ovejas, pero por dentro son lobos feroces. Por sus frutos los conocerán. ¿Acaso se recogen uvas de los espinos, o higos de los cardos? Del mismo modo, todo árbol bueno da fruto bueno, pero el árbol malo da fruto malo. Un árbol bueno no puede dar fruto malo, y un árbol malo no puede dar fruto*

bueno. *Todo árbol que no da buen fruto se corta y se arroja al fuego. Así que por sus frutos los conocerán"* (Mateo 7:15-20)

488. Llamar a Cristo Señor es la aceptación de su derecho a gobernar nuestra vida y de nuestro deber de brindarle nuestra obediencia.

> *"»No todo el que me dice: 'Señor, Señor', entrará en el reino de los cielos, sino sólo el que hace la voluntad de mi Padre que está en el cielo"* (Mateo 7:21)

489. Hay muchos que hablan en el nombre de Dios sin que en realidad lo hayan conocido ni hayan sido comisionados para ello por Él.

> *"Muchos me dirán en aquel día: 'Señor, Señor, ¿no profetizamos en tu nombre, y en tu nombre expulsamos demonios e hicimos muchos milagros?' Entonces les diré claramente: 'Jamás los conocí. ¡Aléjense de mí, hacedores de maldad!'"* (Mateo 7:22-23)

490. Cristo tiene toda la autoridad: la moral, pues no cometió pecado; como la final, puesto que cuando Él habla es Dios quien lo hace.

491. Es importante saber que opina Dios, pues su "opinión" es la verdad final ante la cual toda opinión humana pierde importancia.

> *"porque les enseñaba como quien tenía autoridad, y no como los maestros de la ley"* (Mateo 7:29)

492. La sanidad comienza por la conversión, pues la enfermedad es con frecuencia sólo un síntoma del pecado no confesado ni perdonado.

> *"Unos hombres le llevaron un paralítico, acostado en una camilla. Al ver Jesús la fe de ellos, le dijo al paralítico: –¡Ánimo, hijo; tus pecados quedan perdonados! Algunos de los maestros de la ley murmuraron entre ellos: «¡Este hombre blasfema!» Como Jesús conocía sus pensamientos, les dijo: –¿Por qué dan lugar a tan malos pensamientos? ¿Qué es más fácil, decir: "Tus pecados quedan perdonados", o decir: "Levántate y anda"? Pues para que sepan que el Hijo del hombre tiene autoridad en la tierra para perdonar pecados –se dirigió entonces al paralítico–: Levántate, toma tu camilla y vete a tu casa. Y el hombre se levantó y se fue*

*a su casa. Al ver esto, la multitud se llenó de temor, y glorificó a*
*Dios por haber dado tal autoridad a los mortales"* (Mateo 9:2-8)

493. El cristianismo ya no demanda sacrificios sufrientes e innecesarios pues Cristo se sacrificó de forma perfecta por todos nosotros.

> *"Pero vayan y aprendan lo que significa: 'Lo que pido de*
> *ustedes es misericordia y no sacrificios.' Porque no he*
> *venido a llamar a justos sino a pecadores"* (Mateo 9:13)

494. Todo aquel que cree en la verdad debe proclamarla. El que muestra el camino debe seguirlo. Y el que ve la luz debe propagarla.

> *"Lo que les digo en la oscuridad, díganlo ustedes a*
> *plena luz; lo que se les susurra al oído, proclámenlo*
> *desde las azoteas"* (Mateo 10:27)

495. A pesar de sus avances, la ciencia nunca estará en condiciones de negar la realidad del alma humana ni de comprenderla del todo.

> *"No teman a los que matan el cuerpo pero no pueden*
> *matar el alma. Teman más bien al que puede destruir*
> *alma y cuerpo en el infierno"* (Mateo 10:28)

496. La controversia a causa de la Verdad a veces es inevitable y hasta obligatoria para todo creyente que desee ser fiel a Cristo.

> *"»A cualquiera que me reconozca delante de los demás, yo*
> *también lo reconoceré delante de mi Padre que está en el*
> *cielo. Pero a cualquiera que me desconozca delante de los*
> *demás, yo también lo desconoceré delante de mi Padre que*
> *está en el cielo. »No crean que he venido a traer paz a la*
> *tierra. No vine a traer paz sino espada. Porque he venido a*
> *poner en conflicto 'al hombre contra su padre, a la hija contra*
> *su madre, a la nuera contra su suegra; los enemigos de cada*
> *cual serán los de su propia familia'"* (Mateo 10:32-36)

497. Ser cristiano es ser capaz de contemplar a Dios en el rostro de Cristo reflejado aun en el más insignificante ser humano.

*"Y quien dé siquiera un vaso de agua fresca a uno de estos
pequeños por tratarse de uno de mis discípulos, les aseguro
que no perderá su recompensa.»... El Rey les responderá: 'Les
aseguro que todo lo que hicieron por uno de mis hermanos, aun
por el más pequeño, lo hicieron por mí.'"* (Mateo 10:42; 25:40)

498. Somos frágiles cañas sacudidas por el viento, pero somos también
mensajeros de Dios que  preparan a otros para creer en Cristo.

*"Mientras se iban los discípulos de Juan, Jesús comenzó a hablarle
a la multitud acerca de Juan: «¿Qué salieron a ver al desierto?
¿Una caña sacudida por el viento? Si no, ¿qué salieron a ver? ¿A
un hombre vestido con ropa fina? Claro que no, pues los que usan
ropa de lujo están en los palacios de los reyes. Entonces, ¿qué
salieron a ver? ¿A un profeta? Sí, les digo, y más que profeta. Éste
es de quien está escrito: »'Yo estoy por enviar a mi mensajero
delante de ti, el cual preparará tu camino.'"* (Mateo 11:7-10)

499. No hay manera de tener contentos a los murmuradores pues si no
te dan palo porque bogas, te dan entonces palo porque no bogas.

500. La erudición mundana califica al evangelio de locura, pero al final los
hechos dejarán bien establecida la sabiduría de éste.

*"»Porque vino Juan, que no comía ni bebía, y ellos dicen:
'Tiene un demonio.' Vino el Hijo del hombre, que come y
bebe, y dicen: 'Éste es un glotón y un borracho, amigo de
recaudadores de impuestos y de pecadores.' Pero la sabiduría
queda demostrada por sus hechos"* (Mateo 11:18-19)

501. Al final nadie será lanzado por Dios al abismo, sino que los que
terminen allí será porque en vida se fueron deslizando en él.

*"Y tú, Capernaúm, ¿acaso serás levantada hasta el cielo? No, sino
que descenderás hasta el abismo. Si los milagros que se hicieron
en ti se hubieran hecho en Sodoma, ésta habría permanecido
hasta el día de hoy. Pero te digo que en el día del juicio será más
tolerable el castigo para Sodoma que para ti.»"* (Mateo 11:23-24)

502. La misericordia de Dios con nosotros nos lleva a serlo con los demás
prefiriendo equivocarnos a su favor que hacerlo en su contra.

*"Si ustedes supieran lo que significa: 'Lo que pido de*
*ustedes es misericordia y no sacrificios', no condenarían*
*a los que no son culpables"* (Mateo 12:7)

503. No es lo mismo imparcialidad, neutralidad e indiferencia. Ante Cristo podemos ser imparciales, pero no neutrales ni indiferentes.

*"»El que no está de mi parte, está contra mí; y el que*
*conmigo no recoge, esparce"* (Mateo 12:30)

504. Los resultados de las ideas de Marx, Freud y Nietzsche en la historia son razón de sobra para desecharlas a favor del evangelio.

*"»Si tienen un buen árbol, su fruto es bueno; si*
*tienen un mal árbol, su fruto es malo. Al árbol se*
*le reconoce por su fruto"* (Mateo 12:33)

505. Para el que no está dispuesto nada de lo que Dios haga será nunca suficiente ya que siempre querrá una demostración adicional.

*"Algunos de los fariseos y de los maestros de la ley le*
*dijeron: –Maestro, queremos ver alguna señal milagrosa de*
*parte tuya. Jesús les contestó: –¡Esta generación malvada*
*y adúltera pide una señal milagrosa! Pero no se le dará*
*más señal que la del profeta Jonás"* (Mateo 12:38-39)

506. Cristo no aceptó influencias por parte de Su madre y hermanos, colocándolos en plano de igualdad con los creyentes obedientes.

*"Mientras Jesús le hablaba a la multitud, se presentaron su*
*madre y sus hermanos. Se quedaron afuera, y deseaban hablar*
*con él. Alguien le dijo: –Tu madre y tus hermanos están afuera*
*y quieren hablar contigo. –¿Quién es mi madre, y quiénes son*
*mis hermanos? –replicó Jesús. Señalando a sus discípulos,*
*añadió: –Aquí tienen a mi madre y a mis hermanos. Pues*
*mi hermano, mi hermana y mi madre son los que hacen la*
*voluntad de mi Padre que está en el cielo"* (Mateo 12:46-50)

507. Hay gente que no busca un encuentro con Cristo sino encuentros con extraterrestres que no requieren arrepentimiento y conversión.

*"Porque el corazón de este pueblo se ha vuelto insensible; se les han embotado los oídos, y se les han cerrado los ojos. De lo contrario, verían con los ojos, oirían con los oídos, entenderían con el corazón y se convertirían, y yo los sanaría.'"* (Mateo 13:15)

508. Quien base su conversión en la emoción que la acompaña, se convertirá en un buscador de emociones que revaliden su conversión.

509. La indecisión permanente en un cristiano puede indicar que su lealtad está peligrosamente dividida entre Cristo y el mundo.

> *"El que recibió la semilla que cayó en terreno pedregoso es el que oye la palabra e inmediatamente la recibe con alegría; pero como no tiene raíz, dura poco tiempo. Cuando surgen problemas o persecución a causa de la palabra, en seguida se aparta de ella. El que recibió la semilla que cayó entre espinos es el que oye la palabra, pero las preocupaciones de esta vida y el engaño de las riquezas la ahogan, de modo que ésta no llega a dar fruto."* (Mateo 13:20-22)

510. Iglesia y estado pueden estar separados pero eso no significa que la iglesia no pueda "fermentar" para bien a todo el estado.

> *"Les contó otra parábola más: «El reino de los cielos es como la levadura que una mujer tomó y mezcló en una gran cantidad de harina, hasta que fermentó toda la masa.»"* (Mateo 13:33)

511. Aceptar la tradición a ojo cerrado sin someterla a crítica es exponerse a ponerla por encima del mandamiento de forma culpable.

512. El crecimiento numérico de la iglesia suele incluir a un buen número de personas que honran a Dios de labios pero no de corazón.

> *"–¿Por qué quebrantan tus discípulos la tradición de los ancianos? ¡Comen sin cumplir primero el rito de lavarse las manos! Jesús les contestó: –¿Y por qué ustedes quebrantan el mandamiento de Dios a causa de la tradición? Dios dijo: 'Honra a tu padre y a tu madre', y también: 'El que maldiga a su padre o a su madre será condenado a muerte.' Ustedes, en cambio, enseñan que un hijo puede decir a su padre o a su madre: 'Cualquier ayuda que pudiera darte ya la he dedicado como ofrenda a Dios.' En ese caso, el tal*

*hijo no tiene que honrar a su padre. Así por causa de la tradición anulan ustedes la palabra de Dios. ¡Hipócritas! Tenía razón Isaías cuando profetizó de ustedes: »'Este pueblo me honra con los labios, pero su corazón está lejos de mí. En vano me adoran; sus enseñanzas no son más que reglas humanas'"* (Mateo 15:2-9)

513. La ira divina, el pecado humano, el juicio eterno y la expiación en la cruz siguen siendo hoy motivo de escándalo para muchos.

> *"Entonces se le acercaron los discípulos y le dijeron: –¿Sabes que los fariseos se escandalizaron al oír eso?"* (Mateo 15:12)

514. El cristiano debe entender correctamente no sólo los asuntos eternos del cielo, sino también los asuntos temporales de la tierra.

> *"y por la mañana, que habrá tempestad porque el cielo está nublado y amenazante. Ustedes saben discernir el aspecto del cielo, pero no las señales de los tiempos"* (Mateo 16:3)

515. Ofrecer milagros a la carta es la mejor manera de "vacunar" a muchos contra el evangelio cuando no obtienen el milagro que buscan.

516. Antes de pedir señales de Dios buscando ponerlo a prueba debemos considerar atentos las que ya nos ha dado e interpretarlas bien.

> *"Esta generación malvada y adúltera busca una señal milagrosa, pero no se le dará más señal que la de Jonás.» Entonces Jesús los dejó y se fue"* (Mateo 16:4)

517. La más grande intervención sobrenatural de Dios en el mundo no es la que se da en el milagro sino la que tiene lugar en la fe.

> *"–Tú eres el Cristo, el Hijo del Dios viviente –afirmó Simón Pedro. –Dichoso tú, Simón, hijo de Jonás –le dijo Jesús–, porque eso no te lo reveló ningún mortal, sino mi Padre que está en el cielo"* (Mateo 16:16-17)

518. La fe no nos pone a la defensiva como si Satanás asediara nuestras puertas, sino a la ofensiva asediando nosotros sus puertas.

*"Yo te digo que tú eres Pedro, y sobre esta piedra edificaré mi iglesia, y las puertas del reino de la muerte no prevalecerán contra ella"* (Mateo 16:18)

519. Hay que renunciar a nuestro fracasado proyecto de vida autónomo para asumir el exitoso y superior que Dios diseñó para nosotros.

*"Porque el que quiera salvar su vida, la perderá; pero el que pierda su vida por mi causa, la encontrará"* (Mateo 16:25)

520. Tenemos una deuda con Dios tan impagable que Él mismo asumió en Cristo la condición de deudor para cancelarla a nuestro favor.

*"»Por eso el reino de los cielos se parece a un rey que quiso ajustar cuentas con sus siervos. Al comenzar a hacerlo, se le presentó uno que le debía miles y miles de monedas de oro. Como él no tenía con qué pagar, el señor mandó que lo vendieran a él, a su esposa y a sus hijos, y todo lo que tenía, para así saldar la deuda. El siervo se postró delante de él. 'Tenga paciencia conmigo –le rogó–, y se lo pagaré todo.' El señor se compadeció de su siervo, le perdonó la deuda y lo dejó en libertad"* (Mateo 18:23-27)

521. La verdadera grandeza se obtiene únicamente en el camino del servicio humilde hacia los demás, a semejanza del Señor Jesucristo.

*"Pero entre ustedes no debe ser así. Al contrario, el que quiera hacerse grande entre ustedes deberá ser su servidor"* (Mateo 20:26)

522. El político se sirve de los demás con miras a elecciones. El estadista sirve a los demás con miras en futuras generaciones.

*"Pero entre ustedes no debe ser así. Al contrario, el que quiera hacerse grande entre ustedes deberá ser su servidor, y el que quiera ser el primero deberá ser esclavo de los demás; así como el Hijo del hombre no vino para que le sirvan, sino para servir y para dar su vida en rescate por muchos"* (Mateo 20:26-28)

523. Hay presuntas "iglesias" que rebajan con descaro lo sagrado al nivel de lo profano al ponerle precio y feriarlo al mejor postor.

**#MENSAJES** DE DIOS

*"«Escrito está –les dijo–: 'Mi casa será llamada*
*casa de oración'; pero ustedes la están convirtiendo*
*en 'cueva de ladrones'.»"* (Mateo 21:13)

524. En el templo de la Verdad la fe ciega y la ciencia coja sanan y descubren que sus respectivas verdades no se oponen entre sí.

*"Se le acercaron en el templo ciegos y*
*cojos, y los sanó"* (Mateo 21:14)

525. Cuando pedimos algo en oración debemos evitar la equivocada expectativa de esperar que Dios lo haga todo, incluso nuestra parte.

*"Si ustedes creen, recibirán todo lo que*
*pidan en oración"* (Mateo 21:22)

526. Si hay que escoger, es siempre preferible un ateo que al final no practica su ateísmo que un creyente que no practica su fe.

*"»¿Qué les parece? –continuó Jesús–. Había un hombre que tenía*
*dos hijos. Se dirigió al primero y le pidió: 'Hijo, ve a trabajar hoy*
*en el viñedo.' 'No quiero', contestó, pero después se arrepintió*
*y fue. Luego el padre se dirigió al otro hijo y le pidió lo mismo.*
*Éste contestó: 'Sí, señor'; pero no fue. ¿Cuál de los dos hizo*
*lo que su padre quería? –El primero –contestaron ellos. Jesús*
*les dijo: –Les aseguro que los recaudadores de impuestos y*
*las prostitutas van delante de ustedes hacia el reino de Dios.*
*Porque Juan fue enviado a ustedes a señalarles el camino de la*
*justicia, y no le creyeron, pero los recaudadores de impuestos*
*y las prostitutas sí le creyeron. E incluso después de ver esto,*
*ustedes no se arrepintieron para creerle"* (Mateo 21:28-32)

527. Muchos son llamados mediante la defectuosa persuasión de la iglesia. Pocos los escogidos mediante la exitosa convicción de Dios.

528. Las cifras en la Biblia obedecen a que Dios quiere saber con quién cuenta y no cuántos hay, pues la iglesia siempre será minoría.

*"Porque muchos son los invitados, pero pocos*
*los escogidos.»"* (Mateo 22:14)

529. Cuando damos al césar lo que es del césar es porque Dios nos lo ordena, pues lo que es del césar al final también es de Dios.

> *"Muéstrenme la moneda para el impuesto. Y se la enseñaron.*
> *–¿De quién son esta imagen y esta inscripción? –les preguntó.*
> *–Del césar –respondieron. –Entonces denle al césar lo que*
> *es del césar y a Dios lo que es de Dios"* (Mateo 22:21)

530. Ver también numeral 5

531. Es la confianza en la Biblia lo que distingue a los cristianos confiablemente conservadores de los cuestionablemente liberales.

> *"Jesús les contestó: –Ustedes andan equivocados porque*
> *desconocen las Escrituras y el poder de Dios"* (Mateo 22:29)

532. Es ofensivo darle a Dios el segundo lugar en nuestra vida, pues si Él no es el primero, entonces es como si fuera el último.

> *"–Maestro, ¿cuál es el mandamiento más importante de la ley?*
> *–'Ama al Señor tu Dios con todo tu corazón, con todo tu ser y*
> *con toda tu mente' –le respondió Jesús–. Éste es el primero y*
> *el más importante de los mandamientos"* (Mateo 22:36-38)

533. El mal ejemplo de los voceros oficiales del evangelio no será nunca excusa válida para rechazarlo por parte de quien lo escucha.

> *"Después de esto, Jesús dijo a la gente y a sus discípulos: «Los*
> *maestros de la ley y los fariseos tienen la responsabilidad*
> *de interpretar a Moisés. Así que ustedes deben obedecerlos*
> *y hacer todo lo que les digan. Pero no hagan lo que hacen*
> *ellos, porque no practican lo que predican"* (Mateo 23:1-3)

534. Imponer deberes a otros sin cumplirlos nosotros o reclamar derechos sin garantizarlos a otros es condenable fariseísmo.

> *"Atan cargas pesadas y las ponen sobre la espalda de los demás, pero*
> *ellos mismos no están dispuestos a mover ni un dedo para levantar-*
> *las... »¡Ay de ustedes, expertos en la ley!, porque se han adueñado de*
> *la llave del conocimiento. Ustedes mismos no han entrado, y a los que*
> *querían entrar les han cerrado el paso"* (Mateo 23:4; Lucas 11:52)

535. Cuando nos involucramos demasiado en los asuntos de fe nos volvemos ostentosos, hipócritas e inauténticos como los fariseos.

> *"»Todo lo hacen para que la gente los vea: Usan filacterias grandes y adornan sus ropas con borlas vistosas; se mueren por el lugar de honor en los banquetes y los primeros asientos en las sinagogas, y porque la gente los salude en las plazas y los llame 'Rabí'"* (Mateo 23:5-7)

536. Procurar traer a los hombres a nuestra denominación o iglesia y no propiamente a Cristo es un síntoma de censurable sectarismo.

> *"»¡Ay de ustedes, maestros de la ley y fariseos, hipócritas! Recorren tierra y mar para ganar un solo adepto, y cuando lo han logrado lo hacen dos veces más merecedor del infierno que ustedes"* (Mateo 23:15)

537. Quienes juran en vano inutilizaron y corrompieron el juramento a tal punto que Dios tuvo que desecharlo finalmente.

> *"Por tanto, el que jura por el altar, jura no sólo por el altar sino por todo lo que está sobre él. El que jura por el templo, jura no sólo por el templo sino por quien habita en él. Y el que jura por el cielo, jura por el trono de Dios y por aquel que lo ocupa... Sobre todo, hermanos míos, no juren ni por el cielo ni por la tierra ni por ninguna otra cosa. Que su «sí» sea «sí», y su «no», «no», para que no sean condenados"* (Mateo 23:20-22; Santiago 5:12)

538. Hay que cuidar los detalles pero no debemos permitir que la atención puesta a los detalles nos haga perder de vista lo principal.

539. Lo importante siempre será urgente, pero lo urgente no es siempre importante. Con todo debemos atender tanto lo uno como lo otro.

> *"»¡Ay de ustedes, maestros de la ley y fariseos, hipócritas! Dan la décima parte de sus especias: la menta, el anís y el comino. Pero han descuidado los asuntos más importantes de la ley, tales como la justicia, la misericordia y la fidelidad. Debían haber practicado esto sin descuidar aquello"* (Mateo 23:23)

540. Los asuntos que nos parecen más obvios y sabidos son los que al final terminamos obviando y descuidando para nuestro perjuicio.

*"¡Guías ciegos! Cuelan el mosquito pero se tragan el camello"* (Mateo 23:24)

541. La moralidad y el legalismo no son siempre garantía de honrar a Dios como se debe, sino más bien señal de hipocresía religiosa.

*"»¡Ay de ustedes, maestros de la ley y fariseos, hipócritas!, que son como sepulcros blanqueados. Por fuera lucen hermosos pero por dentro están llenos de huesos de muertos y de podredumbre"* (Mateo 23:27)

542. Las nuevas generaciones se creen mejores que sus padres cuando en verdad no están más que llenando la horma de sus zapatos.

*"»¡Ay de ustedes, maestros de la ley y fariseos, hipócritas! Construyen sepulcros para los profetas y adornan los monumentos de los justos. Y dicen: 'Si hubiéramos vivido nosotros en los días de nuestros antepasados, no habríamos sido cómplices de ellos para derramar la sangre de los profetas.' Pero así quedan implicados ustedes al declararse descendientes de los que asesinaron a los profetas. ¡Completen de una vez por todas lo que sus antepasados comenzaron!"* (Mateo 23:29-32)

543. Al infierno, más que los malos, van los "buenos" tan orgullosos y egocéntricos que nunca doblaron su rodilla ante su Creador.

*"»¡Serpientes! ¡Camada de víboras! ¿Cómo escaparán ustedes de la condenación del infierno?"* (Mateo 23:33)

544. Dios garantiza que sus escogidos son preservados por Él, pero los preservados se caracterizan porque perseveran hasta el fin.

*"pero el que se mantenga firme hasta el fin será salvo"* (Mateo 24:13)

545. En la Biblia las predicciones no tienen como fin la vana especulación sino nuestra cabal preparación para el inminente futuro.

#MENSAJES DE DIOS

546. Los sentimientos cuentan, pero no son lo fundamental. En el cristianismo lo fundamental son los deberes y no los sentimientos.

*"»Aprendan de la higuera esta lección: Tan pronto como se ponen tiernas sus ramas y brotan sus hojas, ustedes saben que el verano está cerca. Igualmente, cuando vean todas estas cosas, sepan que el tiempo está cerca, a las puertas. Les aseguro que no pasará esta generación hasta que todas estas cosas sucedan. El cielo y la tierra pasarán, pero mis palabras jamás pasarán. »Pero en cuanto al día y la hora, nadie lo sabe, ni siquiera los ángeles en el cielo, ni el Hijo, sino sólo el Padre. La venida del Hijo del hombre será como en tiempos de Noé. Porque en los días antes del diluvio comían, bebían y se casaban y daban en casamiento, hasta el día en que Noé entró en el arca; y no supieron nada de lo que sucedería hasta que llegó el diluvio y se los llevó a todos. Así será en la venida del Hijo del hombre. Estarán dos hombres en el campo: uno será llevado y el otro será dejado. Dos mujeres estarán moliendo: una será llevada y la otra será dejada. »Por lo tanto, manténganse despiertos, porque no saben qué día vendrá su Señor. Pero entiendan esto: Si un dueño de casa supiera a qué hora de la noche va a llegar el ladrón, se mantendría despierto para no dejarlo forzar la entrada. Por eso también ustedes deben estar preparados, porque el Hijo del hombre vendrá cuando menos lo esperen. »¿Quién es el siervo fiel y prudente a quien su señor ha dejado encargado de los sirvientes para darles la comida a su debido tiempo? Dichoso el siervo cuando su señor, al regresar, lo encuentra cumpliendo con su deber. Les aseguro que lo pondrá a cargo de todos sus bienes. Pero ¿qué tal si ese siervo malo se pone a pensar: "Mi señor se está demorando", y luego comienza a golpear a sus compañeros, y a comer y beber con los borrachos? El día en que el siervo menos lo espere y a la hora menos pensada el señor volverá. Lo castigará severamente y le impondrá la condena que reciben los hipócritas. Y habrá llanto y rechinar de dientes"* (Mateo 24:32-51)

547. El talento está repartido de manera desigual, pero no las oportunidades para trabajarlo y hacerlo fructificar.

*"»El reino de los cielos será también como un hombre que, al emprender un viaje, llamó a sus siervos y les encargó sus bienes. A uno le dio cinco mil monedas de oro, a otro dos mil y a otro sólo*

*mil, a cada uno según su capacidad. Luego se fue de viaje...
Llamó a diez de sus siervos y entregó a cada cual una buena
cantidad de dinero. Les instruyó: 'Hagan negocio con este
dinero hasta que yo vuelva.'"* (Mateo 25:14-15; Lucas 19:13)

548. Si rechazan a Cristo, al final tanto el de izquierda como el de derecha por igual serán colocados a la izquierda con las cabras.

*"Pondrá las ovejas a su derecha, y las cabras
a su izquierda"* (Mateo 25:33)

549. No podemos eludir nuestro deber lavándonos las manos como Pilato sino asumirlo sacudiendo el polvo de nuestros pies.

*"Cuando Pilato vio que no conseguía nada, sino que más
bien se estaba formando un tumulto, pidió agua y se lavó las
manos delante de la gente. –Soy inocente de la sangre de
este hombre –dijo–. ¡Allá ustedes!... Si no los reciben bien, al
salir de ese pueblo, sacúdanse el polvo de los pies como un
testimonio contra sus habitantes.»"* (Mateo 27:24; Lucas 9:5)

550. Barrabás nos representa a nosotros, reos culpables de muerte a quienes Cristo sustituyó en el patíbulo para poder liberarnos.

*"–¿A cuál de los dos quieren que les suelte? –preguntó el
gobernador. –A Barrabás. –¿Y qué voy a hacer con Jesús, al
que llaman Cristo? –¡Crucifícalo! –respondieron todos. –¿Por
qué? ¿Qué crimen ha cometido? Pero ellos gritaban aún más
fuerte: –¡Crucifícalo! Cuando Pilato vio que no conseguía nada,
sino que más bien se estaba formando un tumulto, pidió agua
y se lavó las manos delante de la gente. –Soy inocente de la
sangre de este hombre –dijo–. ¡Allá ustedes! –¡Que su sangre
caiga sobre nosotros y sobre nuestros hijos! –contestó todo el
pueblo. Entonces les soltó a Barrabás; pero a Jesús lo mandó
azotar, y lo entregó para que lo crucificaran"* (Mateo 27:21-26)

551. No necesitamos más señales pues la tumba está vacía. Cualquier explicación para ella distinta a la resurrección no se sostiene.

*"No está aquí, pues ha resucitado, tal como dijo. Vengan
a ver el lugar donde lo pusieron"* (Mateo 28:6)

552. La ascensión de Cristo a la diestra del Padre hace que Él sea contemporáneo de todos nosotros sin restricción de tiempo ni lugar.

*"enseñándoles a obedecer todo lo que les he mandado a ustedes. Y les aseguro que estaré con ustedes siempre, hasta el fin del mundo"* (Mateo 28:20)

# #MARCOS

553. Cristo no tiene que fundar su autoridad en nadie más que en sí mismo, a diferencia de los demás maestros a través de la historia.

> *"La gente se asombraba de su enseñanza, porque la impartía como quien tiene autoridad y no como los maestros de la ley"* (Marcos 1:22)

554. La santidad más que la omnipotencia es "la marca de fábrica" propia y exclusiva de Dios que lo distingue bien de los impostores.

> *"–¿Por qué te entrometes, Jesús de Nazaret? ¿Has venido a destruirnos? Yo sé quién eres tú: el Santo de Dios!"* (Marcos 1:24)

555. El ser humano termina contaminando todo lo que toca, pero lo que Dios toca resulta siempre santificado, incluyendo al ser humano.

556. Dios no solamente puede, sino que también quiere. Así, pues, si afirmamos su poder, debemos también creer en su buena voluntad.

> *"Movido a compasión, Jesús extendió la mano y tocó al hombre, diciéndole: –Sí quiero. ¡Queda limpio!"* (Marcos 1:41)

557. No todos los que razonan llegan a ser razonables, pues siempre es posible razonar mal y sacar conclusiones equivocadas.

> *"En ese mismo instante supo Jesús en su espíritu que esto era lo que estaban pensando. –¿Por qué razonan así? –les dijo–... A pesar de haber conocido a Dios, no lo glorificaron como a Dios ni le dieron gracias, sino que se*

*extraviaron en sus inútiles razonamientos, y se les oscureció*
*su insensato corazón"* (Marcos 2:8; Romanos 1:21)

558. La religiosidad y el moralismo son únicamente poses para poder desentenderse de Dios y del prójimo con la conciencia tranquila.

> *"Un sábado, al cruzar Jesús los sembrados, sus discípulos comenzaron a arrancar a su paso unas espigas de trigo. – Mira –le preguntaron los fariseos–, ¿por qué hacen ellos lo que está prohibido hacer en sábado? Él les contestó: –¿Nunca han leído lo que hizo David en aquella ocasión, cuando él y sus compañeros tuvieron hambre y pasaron necesidad? Entró en la casa de Dios cuando Abiatar era el sumo sacerdote, y comió los panes consagrados a Dios, que sólo a los sacerdotes les es permitido comer. Y dio también a sus compañeros. »El sábado se hizo para el hombre, y no el hombre para el sábado –añadió–"* (Marcos 2:23-27)

559. Gracias a que Dios ha demostrado muchas veces ser digno de confianza, confiar en Él aun en la adversidad es una sabia decisión.

560. Si el miedo nos lleva a conservar la vida a costa de la fe o la verdad, conservaremos una vida vacía que no vale la pena vivirse.

> *"Sin hacer caso de la noticia, Jesús le dijo al jefe de la sinagoga: –No tengas miedo; cree nada más"* (Marcos 5:36)

561. El ser humano puede asombrar a Dios de dos maneras: gratamente mediante la fe y tristemente mediante la incredulidad.

> *"Y él se quedó asombrado por la incredulidad de ellos... Al oírlo, Jesús se asombró de él y, volviéndose a la multitud que lo seguía, comentó: –Les digo que ni siquiera en Israel he encontrado una fe tan grande"* (Marcos 6:6, Lucas 7:9)

562. El tradicionalismo es la pérdida de todo lo bueno que hay en la tradición al convertirla en un alud de reglas sin fundamento.

> *"En vano me adoran; sus enseñanzas no son más que reglas humanas.' Ustedes han desechado los mandamientos divinos y se aferran a las tradiciones humanas"* (Marcos 7:7-8)

563. Quienes apelan a tecnicismos basados en la tradición no desean establecer justicia sino servir a sus oscuros intereses personales.

> *"Y añadió: –¡Qué buena manera tienen ustedes de dejar a un lado los mandamientos de Dios para mantener sus propias tradiciones!"* (Marcos 7:9)

564. El Señor suspiró en su paso por este mundo y lo sigue haciendo hoy día descorazonado sobre todo por nuestra dureza de corazón.

> *"Llegaron los fariseos y comenzaron a discutir con Jesús. Para ponerlo a prueba, le pidieron una señal del cielo. Él lanzó un profundo suspiro y dijo: «¿Por qué pide esta generación una señal milagrosa? Les aseguro que no se le dará ninguna señal.»"* (Marcos 8:11-12)

565. No es mal negocio sacrificar la caricatura de vida a la que aspiramos para obtener finalmente la vida verdadera que Cristo otorga.

> *"Porque el que quiera salvar su vida, la perderá; pero el que pierda su vida por mi causa y por el evangelio, la salvará"* (Marcos 8:35)

566. El creyente auténtico no es aquel que comprende para llegar luego a creer sino el que cree primero para llegar luego a comprender.

> *"–¡Sí creo! –exclamó de inmediato el padre del muchacho–. ¡Ayúdame en mi poca fe!"* (Marcos 9:24)

567. El sectarismo que presume que sólo nosotros o nuestro grupo tiene la verdad está condenado expresamente por el Señor Jesús.

568. En cuanto a la fe el que no está con Cristo está contra Él. Pero en otros asuntos a veces los que no están contra él están con él.

> *"–Maestro –dijo Juan–, vimos a uno que expulsaba demonios en tu nombre y se lo impedimos porque no es de los nuestros. –No se lo impidan –replicó Jesús–. Nadie que haga un milagro en mi nombre puede a la vez hablar mal de mí. El que no está contra nosotros está a favor de nosotros"* (Marcos 9:38-40)

569. La tendencia a verle doble intención a todo es la malicia que nos impide ser como niños que aceptan sin reservas el evangelio.

> *"Cuando Jesús se dio cuenta, se indignó y les dijo: «Dejen que los niños vengan a mí, y no se lo impidan, porque el reino de Dios es de quienes son como ellos. Les aseguro que el que no reciba el reino de Dios como un niño, de ninguna manera entrará en él.»"* (Marcos 10:14-15)

570. El evangelio demanda renuncia y abnegación pero promete también una ganancia muy superior a todo aquello a lo que se renuncia.

571. Todo lo que eventualmente tengamos que sacrificar por causa de Cristo en este mundo nos será devuelto por Él cien veces más.

> *"–Les aseguro –respondió Jesús– que todo el que por mi causa y la del evangelio haya dejado casa, hermanos, hermanas, madre, padre, hijos o terrenos, recibirá cien veces más ahora en este tiempo (casas, hermanos, hermanas, madres, hijos y terrenos, aunque con persecuciones); y en la edad venidera, la vida eterna. Pero muchos de los primeros serán últimos, y los últimos, primeros."* (Marcos 10:29-31)

572. Redimidos por Cristo, tanto el de izquierda como el de derecha tienen privilegiado lugar en el reino de Dios junto a Cristo.

> *"Se le acercaron Jacobo y Juan, hijos de Zebedeo. –Maestro –le dijeron–, queremos que nos concedas lo que te vamos a pedir. –¿Qué quieren que haga por ustedes? –Concédenos que en tu glorioso reino uno de nosotros se siente a tu derecha y el otro a tu izquierda. –No saben lo que están pidiendo –les replicó Jesús–. ¿Pueden acaso beber el trago amargo de la copa que yo bebo, o pasar por la prueba del bautismo con el que voy a ser probado? –Sí, podemos. –Ustedes beberán de la copa que yo bebo –les respondió Jesús– y pasarán por la prueba del bautismo con el que voy a ser probado, pero el sentarse a mi derecha o a mi izquierda no me corresponde a mí concederlo. Eso ya está decidido"* (Marcos 10:35-40)

573. Si vamos a devolverle a la fe su debido lugar, no puede ser una fe ambigua sino una fe concreta depositada sin reservas en Dios.

> *"–Tengan fe en Dios –respondió Jesús–"* (Marcos 11:22)

574. La duda en la mente no es grave siempre y cuando no comprometa la fe de corazón que nos capacita para superar los obstáculos.

> *"Les aseguro que si alguno le dice a este monte: 'Quítate de ahí y tírate al mar', creyendo, sin abrigar la menor duda de que lo que dice sucederá, lo obtendrá"* (Marcos 11:23)

575. El perdón es algo que se pide, pero también se da. Con todo, para poder recibirlo debemos estar antes dispuestos a otorgarlo.

> *"Y cuando estén orando, si tienen algo contra alguien, perdónenlo, para que también su Padre que está en el cielo les perdone a ustedes sus pecados"* (Marcos 11:25-26)

576. Cuando vivimos una vida superficial, vivimos engañados ocupados en frivolidades, sin llegar a descubrir lo que es más importante.

> *"–El más importante es: 'Oye, Israel. El Señor nuestro Dios es el único Señor –contestó Jesús–"* (Marcos 12:29)

577. El amor a Dios juzga y perfecciona los demás amores que Él mismo hace posibles en la vida de todo ser humano en el mundo.

> *"Ama al Señor tu Dios con todo tu corazón, con toda tu alma, con toda tu mente y con todas tus fuerzas.' El segundo es: 'Ama a tu prójimo como a ti mismo.' No hay otro mandamiento más importante que éstos"* (Marcos 12:30-31)

578. Lo urgente y lo importante convergen en aquellas acciones para las cuales no tendremos nuevas oportunidades de llevarlas a cabo.

> *"–Déjenla en paz –dijo Jesús–. ¿Por qué la molestan? Ella ha hecho una obra hermosa conmigo. A los pobres siempre los tendrán con ustedes, y podrán ayudarlos cuando quieran; pero a mí no me van a tener siempre"* (Marcos 14:6-7)

579. Los sentimientos pueden confundirnos, pero aun así son parte de la dotación que Dios nos da para aprender por la experiencia.

*"Se llevó a Pedro, a Jacobo y a Juan, y comenzó a sentir temor y tristeza. «Es tal la angustia que me invade que me siento morir –les dijo–. Quédense aquí y vigilen.»"* (Marcos 14:33-34)

580. La hora más productiva del día es sin duda aquella en la que permanecemos sin hacer nada más que velar en oración ante Dios.

*"Luego volvió a sus discípulos y los encontró dormidos. «Simón –le dijo a Pedro–, ¿estás dormido? ¿No pudiste mantenerte despierto ni una hora? Vigilen y oren para que no caigan en tentación. El espíritu está dispuesto, pero el cuerpo es débil.»"* (Marcos 14:37-38)

581. Si no se acogen a Cristo arrepentidos, tanto los capitalistas de derecha como los comunistas de izquierda son ambos culpables.

*"Con él crucificaron a dos bandidos, uno a su derecha y otro a su izquierda"* (Marcos 15:27)

# #Lucas

582. Los milagros son una posibilidad abierta a la fe, pero sin llegar a ser algo cotidiano pues perderían su carácter extraordinario.

> *"Porque para Dios no hay nada imposible"* (Lucas 1:37)

583. La virgen María es bienaventurada más por su obediencia y completa rendición a Dios que por ser la madre de Jesucristo.

> *"–Aquí tienes a la sierva del Señor –contestó María–. Que él haga conmigo como me has dicho. Con esto, el ángel la dejó... Mientras Jesús decía estas cosas, una mujer de entre la multitud exclamó: –¡Dichosa la mujer que te dio a luz y te amamantó! –Dichosos más bien –contestó Jesús– los que oyen la palabra de Dios y la obedecen"* (Lucas 1:38; 11:27-28)

584. Actuar en obediencia a la Palabra de Cristo nos permite tener éxito justo allí dónde habíamos fracasado antes una y otra vez.

> *"–Maestro, hemos estado trabajando duro toda la noche y no hemos pescado nada –le contestó Simón–. Pero como tú me lo mandas, echaré las redes. Así lo hicieron, y recogieron una cantidad tan grande de peces que las redes se les rompían"* (Lucas 5:5-6)

585. La regla de oro no se trata de no hacer nada malo a los demás, sino justamente de hacer lo bueno a los que más podamos en la vida.

> *"Traten a los demás tal y como quieren que ellos los traten a ustedes"* (Lucas. 6:31)

586. Cada vez que nos sentemos en la silla del juez debemos recordar que al momento siguiente podemos estar en la silla del acusado.

> *"»No juzguen, y no se les juzgará. No condenen, y no se les condenará. Perdonen, y se les perdonará"* (Lucas 6:37)

587. Si no sacamos antes la viga de nuestro propio ojo nunca podremos ver bien para tratar de sacar la paja del ojo de los demás.

588. De nada sirve señalar al otro, pues Dios no se deja enredar en estos infantiles sofismas de distracción a la hora de juzgarnos.

> *"»¿Por qué te fijas en la astilla que tiene tu hermano en el ojo y no le das importancia a la viga que tienes en el tuyo? ¿Cómo puedes decirle a tu hermano: 'Hermano, déjame sacarte la astilla del ojo', cuando tú mismo no te das cuenta de la viga en el tuyo? ¡Hipócrita! Saca primero la viga de tu propio ojo, y entonces verás con claridad para sacar la astilla del ojo de tu hermano"* (Lucas 6:41-42)

589. La conversión es más que el acto por el cual llegamos a ser salvos por la fe en Cristo. Es un compromiso de servicio a su causa.

590. No podemos recibir a Cristo como Salvador si no estamos dispuestos también a recibirlo y reconocerlo sin reservas como Señor.

> *"»¿Por qué me llaman ustedes 'Señor, Señor', y no hacen lo que les digo?"* (Lucas 6:46)

591. Ver también numeral 561

592. Si la ciencia sin fe es coja y la fe sin ciencia es ciega; en el evangelio Jesucristo puede sanarlas y reconciliarlas entre sí.

> *"Entonces les respondió a los enviados: –Vayan y cuéntenle a Juan lo que han visto y oído: Los ciegos ven, los cojos andan, los que tienen lepra son sanados, los sordos oyen, los muertos resucitan y a los pobres se les anuncian las buenas nuevas"* (Lucas 7:22)

593. Aún el más grande y elogiado de los mortales de la historia no se compara con el más pequeño de los hijos de Dios en su reino.

*"Les digo que entre los mortales no ha habido nadie más grande que Juan; sin embargo, el más pequeño en el reino de Dios es más grande que él.»"* (Lucas 7:28)

594. La batalla que aún libramos contra el diablo es pelea de tigre con burro amarrado y el burro no somos nosotros precisamente.

*"Habiendo reunido a los doce, Jesús les dio poder y autoridad para expulsar a todos los demonios y para sanar enfermedades... Cuando los setenta y dos regresaron, dijeron contentos: –Señor, hasta los demonios se nos someten en tu nombre"* (Lucas 9:1; 10:17)

595. Ver también numeral 549

596. En esta existencia todos debemos llevar una cruz, ya sea que decidamos llevar la de Cristo con su ayuda o la del mundo sin ayuda.

*"Dirigiéndose a todos, declaró: –Si alguien quiere ser mi discípulo, que se niegue a sí mismo, lleve su cruz cada día y me siga"* (Lucas 9:23)

597. De nada sirve triunfar en todos los aspectos de la vida en el mundo si malogramos autodestructivamente nuestra relación con Dios.

*"¿De qué le sirve a uno ganar el mundo entero si se pierde o se destruye a sí mismo?"* (Lucas 9:25)

598. Los años de vida que Dios en Su gracia nos concede nos llevan al engaño de pensar que vivimos cuando estamos en realidad muertos.

*"–Deja que los muertos entierren a sus propios muertos, pero tú ve y proclama el reino de Dios –le replicó Jesús"* (Lucas 9:60)

599. Dios ha delegado en los creyentes prerrogativas y privilegios únicos que debemos corresponder portándonos a la altura de ellos.

*"Sí, les he dado autoridad a ustedes para pisotear serpientes y escorpiones y vencer todo el poder del enemigo; nada les podrá hacer daño"* (Lucas 10:19)

600. La revelación de Dios en Jesucristo es tan especial y única que cuando logramos comprenderla, hasta Dios se regocija por ello.

> *"En aquel momento Jesús, lleno de alegría por el Espíritu Santo, dijo: «Te alabo, Padre, Señor del cielo y de la tierra, porque habiendo escondido estas cosas de los sabios e instruidos, se las has revelado a los que son como niños. Sí, Padre, porque esa fue tu buena voluntad"* (Lucas 10:21)

601. Nos desentendemos del prójimo cuando sustituimos los nombres propios por generalizaciones como "la humanidad" o "la sociedad".

> *"Pero él quería justificarse, así que le preguntó a Jesús: –¿Y quién es mi prójimo?"* (Lucas 10:29)

602. Muchos acallan su conciencia lamentando los problemas de la humanidad para no tener que ayudar a ningún ser humano en particular.

> *"¿Cuál de estos tres piensas que demostró ser el prójimo del que cayó en manos de los ladrones?"* (Lucas 10:36)

603. Lo bueno no es necesariamente lo mejor. Por eso los cristianos debemos aprender a escoger lo mejor y no solamente lo bueno.

> *"–Marta, Marta –le contestó Jesús–, estás inquieta y preocupada por muchas cosas, pero sólo una es necesaria. María ha escogido la mejor, y nadie se la quitará"* (Lucas 10:41-42)

604. Al final de todo la vida humana es sólo una apuesta que se reduce a tomar la decisión de recoger con Dios o de esparcir sin Él.

> *"»El que no está de mi parte, está contra mí; y el que conmigo no recoge, esparce"* (Lucas 11:23)

605. Ver también numeral 534

606. La cobardía es peor acompañada de hipocresía porque aún para reconocerse cobarde se requiere algo de honesta valentía.

> *"Mientras tanto, se habían reunido millares de personas, tantas que se atropellaban unas a otras. Jesús comenzó*

*a hablar, dirigiéndose primero a sus discípulos: «Cuídense*
*de la levadura de los fariseos, o sea, de la hipocresía...*
*Pero los cobardes, los incrédulos, los abominables, los*
*asesinos, los que cometen inmoralidades sexuales, los que*
*practican artes mágicas, los idólatras y todos los mentirosos*
*recibirán como herencia el lago de fuego y azufre. Ésta es*
*la segunda muerte.»" (Lucas 12:1; Apocalipsis 21:8)*

607. Definitivamente, un buen criterio para evaluar si lo que hacemos es correcto es pensar en cómo reaccionaríamos si se hace público.

> *"No hay nada encubierto que no llegue a revelarse, ni nada*
> *escondido que no llegue a conocerse" (Lucas 12:2)*

608. En el evangelio la erudición que vale es la que lucha para que la revelación no permanezca oculta sino se dé a conocer a todos.

> *"Así que todo lo que ustedes han dicho en la oscuridad se*
> *dará a conocer a plena luz, y lo que han susurrado a puerta*
> *cerrada se proclamará desde las azoteas" (Lucas 12:3)*

609. Cuando el incrédulo pierde la vida, lo pierde todo. Mientras que cuando el creyente muere obtiene su mayor ganancia.

> *"»A ustedes, mis amigos, les digo que no teman a los que matan*
> *el cuerpo pero después no pueden hacer más... Mi ardiente anhelo*
> *y esperanza es que en nada seré avergonzado, sino que con*
> *toda libertad, ya sea que yo viva o muera, ahora como siempre,*
> *Cristo será exaltado en mi cuerpo. Porque para mí el vivir es*
> *Cristo y el morir es ganancia" (Lucas 12:4; Filipenses 1:20-21)*

610. El infierno, más que una metáfora, es una horrenda realidad escogida voluntariamente por quienes se resisten a Cristo sin remedio.

> *"Les voy a enseñar más bien a quién deben temer: teman*
> *al que, después de dar muerte, tiene poder para echarlos al*
> *infierno. Sí, les aseguro que a él deben temerle" (Lucas 12:5)*

611. No solo el comunismo, sino también el capitalismo es materialista pues ambos reducen al ser humano a meros cálculos económicos.

*"¡Tengan cuidado! –advirtió a la gente–. Absténganse*
*de toda avaricia; la vida de una persona no depende*
*de la abundancia de sus bienes"* (Lucas 12:15)

612. Cristo nos pide que renunciemos a nuestras ambiciones, no a nuestras aspiraciones subordinadas a los intereses del reino de Dios.

*"Ustedes, por el contrario, busquen el reino de Dios,*
*y estas cosas les serán añadidas"* (Lucas 12:31)

613. Ver también numeral 298

614. Cristo vino a traer fuego a la tierra, pero desea que arda más como pasión por Él y no como juicio divino ni como prueba de fe.

*"»He venido a traer fuego a la tierra, y ¡cómo quisiera*
*que ya estuviera ardiendo!"* (Lucas 12:49)

615. Antes de sospechar gratuitamente de las apariencias de todo lo que vemos, debemos interpretarlas correctamente como Dios manda.

*"¡Hipócritas! Ustedes saben interpretar la apariencia*
*de la tierra y del cielo. ¿Cómo es que no saben*
*interpretar el tiempo actual?"* (Lucas 12:56)

616. De nada sirve protestar contra el mal en el mundo si no admitimos que el problema comienza con todos y cada uno de nosotros.

*"En aquella ocasión algunos que habían llegado le contaron a*
*Jesús cómo Pilato había dado muerte a unos galileos cuando ellos*
*ofrecían sus sacrificios. Jesús les respondió: «¿Piensan ustedes*
*que esos galileos, por haber sufrido así, eran más pecadores que*
*todos los demás? ¡Les digo que no! De la misma manera, todos*
*ustedes perecerán, a menos que se arrepientan"* (Lucas 13:1-3)

617. Hay que combatir la levadura del mundo, pero al mismo tiempo hay que ser levadura del reino que fermenta el mundo.

*"Volvió a decir: –¿Con qué voy a comparar el reino de*
*Dios? Es como la levadura que una mujer tomó y mezcló*

*con una gran cantidad de harina, hasta que fermentó*
*toda la masa... Deshágase de la vieja levadura para*
*que sean masa nueva, panes sin levadura, como lo son*
*en realidad. Porque Cristo, nuestro Cordero pascual, ya*
*ha sido sacrificado"* (Lucas 13:20-21; 1 Corintios 5:7)

618. El cristianismo exalta la vida como algo sagrado, pero advirtiéndonos que existen cosas por las que vale la pena sacrificarla.

*"«Si alguno viene a mí y no sacrifica el amor a su*
*padre y a su madre, a su esposa y a sus hijos, a sus*
*hermanos y a sus hermanas, y aun a su propia vida,*
*no puede ser mi discípulo"* (Lucas 14:26)

619. Antes de obrar debemos reflexionar para que nuestros proyectos de vida no se frustren ni se derrumben como torres sin futuro.

*"»Supongamos que alguno de ustedes quiere construir*
*una torre. ¿Acaso no se sienta primero a calcular el costo,*
*para ver si tiene suficiente dinero para terminarla? Si echa*
*los cimientos y no puede terminarla, todos los que la vean*
*comenzarán a burlarse de él, y dirán: 'Este hombre ya no pudo*
*terminar lo que comenzó a construir.'"* (Lucas 14:28-30)

620. No son sólo los mal llamados desechables los que tocan fondo, sino todos los que obtienen algún tipo de éxito social sin Dios.

*"Poco después el hijo menor juntó todo lo que tenía y se fue*
*a un país lejano; allí vivió desenfrenadamente y derrochó su*
*herencia. »Cuando ya lo había gastado todo, sobrevino una gran*
*escasez en la región, y él comenzó a pasar necesidad. Así que*
*fue y consiguió empleo con un ciudadano de aquel país, quien lo*
*mandó a sus campos a cuidar cerdos. Tanta hambre tenía que*
*hubiera querido llenarse el estómago con la comida que daban*
*a los cerdos, pero aun así nadie le daba nada"* (Lucas 15:13-16)

621. Sólo maduraremos cuando reconozcamos que la "anticuada" instrucción del Padre que un día rechazamos es la auténtica sabiduría.

*"Por fin recapacitó y se dijo: '¡Cuántos jornaleros de mi padre*
*tienen comida de sobra, y yo aquí me muero de hambre! Tengo*

*que volver a mi padre y decirle: Papá, he pecado contra el cielo*
*y contra ti. Ya no merezco que se me llame tu hijo; trátame*
*como si fuera uno de tus jornaleros.'"* (Lucas 15:17-19)

622. Todos estamos recorriendo el itinerario del hijo perdido. Lamentablemente, no son tantos los que llegan hasta el final de él.

*"Así que emprendió el viaje y se fue a su padre. »Todavía estaba*
*lejos cuando su padre lo vio y se compadeció de él; salió corriendo*
*a su encuentro, lo abrazó y lo besó. El joven le dijo: 'Papá, he*
*pecado contra el cielo y contra ti. Ya no merezco que se me llame*
*tu hijo.' Pero el padre ordenó a sus siervos: '¡Pronto! Traigan la*
*mejor ropa para vestirlo. Pónganle también un anillo en el dedo*
*y sandalias en los pies. Traigan el ternero más gordo y mátenlo*
*para celebrar un banquete. Porque este hijo mío estaba muerto,*
*pero ahora ha vuelto a la vida; se había perdido, pero ya lo hemos*
*encontrado.' Así que empezaron a hacer fiesta"* (Lucas 15:20-24)

623. No hay milagro que valga para convencer a quien no esté dispuesto siquiera a escuchar con atención lo que la Biblia dice.

*"Pero Abraham le contestó: 'Ya tienen a Moisés y a los*
*profetas; ¡que les hagan caso a ellos!' 'No les harán*
*caso, padre Abraham –replicó el rico–; en cambio, si se*
*les presentara uno de entre los muertos, entonces sí se*
*arrepentirían' Abraham le dijo: 'Si no les hacen caso a Moisés*
*y a los profetas, tampoco se convencerán aunque alguien*
*se levante de entre los muertos.' »"* (Lucas 16:29-31)

624. No hay motivos de tropiezo en el cristianismo, la religión o Dios; sino en la cristiandad, la religión organizada y la iglesia.

*"Luego dijo Jesús a sus discípulos: –Los tropiezos son*
*inevitables, pero ¡ay de aquel que los ocasiona! Más le*
*valdría ser arrojado al mar con una piedra de molino*
*atada al cuello, que servir de tropiezo a uno solo de estos*
*pequeños. Así que, ¡cuídense! »Si tu hermano peca,*
*repréndelo; y si se arrepiente, perdónalo"* (Lucas 17:1-3)

625. Nos hemos convertido en sociedades de derecho en las cuales estamos muy prestos a exigir derechos al tiempo que eludimos deberes.

626. Debemos declarar humildes que somos sólo siervos inútiles para que la satisfacción del deber cumplido no se nos suba a la cabeza.

> *"Así también ustedes, cuando hayan hecho todo lo que se les ha mandado, deben decir: 'Somos siervos inútiles; no hemos hecho más que cumplir con nuestro deber.'"* (Lucas 17:10)

627. Sin fe la sanidad no servirá al final ni de consuelo, mientras que para el de fe agradecida aún la enfermedad será anecdótica.

628. En Cristo salvar y sanar van de la mano. Y aunque la sanidad no siempre esté garantizada la salvación si lo está por la fe en Él.

> *"Un día, siguiendo su viaje a Jerusalén, Jesús pasaba por Samaria y Galilea. Cuando estaba por entrar en un pueblo, salieron a su encuentro diez hombres enfermos de lepra. Como se habían quedado a cierta distancia, gritaron: –¡Jesús, Maestro, ten compasión de nosotros! Al verlos, les dijo: –Vayan a presentarse a los sacerdotes. Resultó que, mientras iban de camino, quedaron limpios. Uno de ellos, al verse ya sano, regresó alabando a Dios a grandes voces. Cayó rostro en tierra a los pies de Jesús y le dio las gracias, no obstante que era samaritano. –¿Acaso no quedaron limpios los diez? –preguntó Jesús–. ¿Dónde están los otros nueve? ¿No hubo ninguno que regresara a dar gloria a Dios, excepto este extranjero? Levántate y vete –le dijo al hombre–; tu fe te ha sanado"* (Lucas 17:11-19)

629. El reino de Dios ya se encuentra presente entre quienes reconocemos al Rey y sus legítimos y absolutos derechos sobre nosotros.

> *"No van a decir: '¡Mírenlo acá! ¡Mírenlo allá!' Dense cuenta de que el reino de Dios está entre ustedes"* (Lucas 17:21)

630. El potencial de la ciencia para el mal debe llevarnos a devolverle a la fe su lugar debido para que la ciencia no pierda su norte.

> *"Les digo que sí les hará justicia, y sin demora. No obstante, cuando venga el Hijo del hombre, ¿encontrará fe en la tierra?»"* (Lucas 18:8)

631. Ver también numeral 547

632. Los creyentes somos piedras vivas llamados a proclamar a Cristo de modo que mientras vivamos las piedras no tengan que gritar.

633. Cuando la iglesia guardó silencio y dudó de la Biblia fue la arqueología la que se levantó a gritar y reivindicar su veracidad.

> *"Pero él respondió: –Les aseguro que si ellos se callan, gritarán las piedras"* (Lucas 19:40)

634. Para que Dios llore solidario con nosotros cuando nosotros lloramos, nuestro llanto debe tener los mismos motivos que el Suyo.

> *"Cuando se acercaba a Jerusalén, Jesús vio la ciudad y lloró por ella. Dijo: –¡Cómo quisiera que hoy supieras lo que te puede traer paz! Pero eso ahora está oculto a tus ojos. Te sobrevendrán días en que tus enemigos levantarán un muro y te rodearán, y te encerrarán por todos lados. Te derribarán a ti y a tus hijos dentro de tus murallas. No dejarán ni una piedra sobre otra, porque no reconociste el tiempo en que Dios vino a salvarte"* (Lucas 19:41-44)

635. En el reino de Dios no habrá más estado conyugal porque la única relación conyugal necesaria será la de Cristo con su iglesia

> *"Pero en cuanto a los que sean dignos de tomar parte en el mundo venidero por la resurrección: ésos no se casarán ni serán dados en casamiento"* (Lucas 20:35)

636. La última palabra en todas nuestras oraciones debería ser siempre pedirle a Dios que sea Él quien pronuncie la última palabra.

> *"«Padre, si quieres, no me hagas beber este trago amargo; pero no se cumpla mi voluntad, sino la tuya.»"* (Lucas 22:42)

637. Todo pecado es un acto de traición a Dios que hace que el beso de Judas no sea sólo suyo sino también el de toda la humanidad.

> *"Todavía estaba hablando Jesús cuando se apareció una turba, y al frente iba uno de los doce, al que se llamaba Judas. Éste*

*se acercó a Jesús para besarlo, pero Jesús le preguntó: –Judas,*
*¿con un beso traicionas al Hijo del hombre?"* (Lucas 22:47-48)

638. Pedro negó al Señor diciendo "no lo conozco", "no lo soy" y "no sé", pues cuando no somos tampoco sabemos ni conocemos nada.

> *"Pero él lo negó. –Muchacha, yo no lo conozco. Poco después lo*
> *vio otro y afirmó: –Tú también eres uno de ellos. –¡No, hombre,*
> *no lo soy! –contestó Pedro. Como una hora más tarde, otro lo*
> *acusó: –Seguro que éste estaba con él; miren que es galileo.*
> *–¡Hombre, no sé de qué estás hablando! –replicó Pedro. En el*
> *mismo momento en que dijo eso, cantó el gallo"* (Lucas 22:57-60)

639. Cristo no rechaza al de izquierda o al de derecha. Él los invita a ambos por igual, pero uno de los dos suele rechazarlo.

640. Mientras nosotros luchamos por tratar de asegurar nuestro futuro, Dios ya se ocupó de asegurar nuestro presente en Cristo.

> *"Cuando llegaron al lugar llamado la Calavera, lo crucificaron allí,*
> *junto con los criminales, uno a su derecha y otro a su izquierda.*
> *–Padre –dijo Jesús–, perdónalos, porque no saben lo que hacen.*
> *Mientras tanto, echaban suertes para repartirse entre sí la ropa de*
> *Jesús. La gente, por su parte, se quedó allí observando, y aun los*
> *gobernantes estaban burlándose de él. –Salvó a otros –decían–;*
> *que se salve a sí mismo, si es el Cristo de Dios, el Escogido.*
> *También los soldados se acercaron para burlarse de él. Le*
> *ofrecieron vinagre y le dijeron: –Si eres el rey de los judíos, sálvate*
> *a ti mismo. Resulta que había sobre él un letrero, que decía:*
> *«Éste es el Rey de los judíos.» Uno de los criminales allí colgados*
> *empezó a insultarlo: –¿No eres tú el Cristo? ¡Sálvate a ti mismo y*
> *a nosotros! Pero el otro criminal lo reprendió: –¿Ni siquiera temor*
> *de Dios tienes, aunque sufres la misma condena? En nuestro caso,*
> *el castigo es justo, pues sufrimos lo que merecen nuestros delitos;*
> *éste, en cambio, no ha hecho nada malo. Luego dijo: –Jesús,*
> *acuérdate de mí cuando vengas en tu reino. –Te aseguro que hoy*
> *estarás conmigo en el paraíso –le contestó Jesús"* (Lucas 23:33-43)

641. La cruz sigue desmontando nuestras prevenciones y sentando el precedente de que el amor sufrido es más fuerte que la fuerza.

**#MENSAJES** DE DIOS

642. El espectáculo en la iglesia es muy diferente al del mundo pues tiene como modelo lo hecho por Cristo en la cruz.

*"El centurión, al ver lo que había sucedido, alabó a Dios y dijo: –Verdaderamente este hombre era justo. Entonces los que se habían reunido para presenciar aquel espectáculo, al ver lo ocurrido, se fueron de allí golpeándose el pecho... Por lo que veo, a nosotros los apóstoles Dios nos ha hecho desfilar en el último lugar, como a los sentenciados a muerte. Hemos llegado a ser un espectáculo para todo el universo, tanto para los ángeles como para los hombres"* (Lucas 23:47-48; 1 Corintios 4:9)

643. Aunque ambos poseen la suficiente credibilidad, creemos en la Biblia porque hemos creído en Jesucristo y no lo contrario.

*"–¡Qué torpes son ustedes –les dijo–, y qué tardos de corazón para creer todo lo que han dicho los profetas! ¿Acaso no tenía que sufrir el Cristo estas cosas antes de entrar en su gloria? Entonces, comenzando por Moisés y por todos los profetas, les explicó lo que se refería a él en todas las Escrituras"* (Lucas 24:25-27)

644. Es conmovedor y consolador saber que las únicas cosas de creación humana que hay en el cielo son las cicatrices de Cristo.

*"Miren mis manos y mis pies. ¡Soy yo mismo! Tóquenme y vean; un espíritu no tiene carne ni huesos, como ven que los tengo yo. Dicho esto, les mostró las manos y los pies"* (Lucas 24:39-40)

# #Juan

645. El debate sobre la evolución puede ser una discusión entre creyentes que comparten su fe en Cristo como Redentor y como Creador.

646. A quienes no les inquieta el origen de la Biblia pero si el del ADN, deben tener en cuenta que ambos tienen la misma procedencia.

> *"En el principio ya existía el Verbo, y el Verbo estaba con Dios, y el Verbo era Dios. Él estaba con Dios en el principio. Por medio de él todas las cosas fueron creadas; sin él, nada de lo creado llegó a existir. En él estaba la vida, y la vida era la luz de la humanidad"* (Juan 1:1-4)

647. Los hijos de padres creyentes no son creyentes de manera automática y segura, pues Dios no tiene nietos, sino hijos únicamente.

> *"Mas a cuantos lo recibieron, a los que creen en su nombre, les dio el derecho de ser hijos de Dios"* (Juan 1:12)

648. La gloria de Dios se revela bien a través del velo de la humillación que caracterizó el paso por la tierra del Verbo hecho hombre.

> *"Y el Verbo se hizo hombre y habitó entre nosotros. Y hemos contemplado su gloria, la gloria que corresponde al Hijo unigénito del Padre, lleno de gracia y de verdad"* (Juan 1:14)

649. La fe consiste en rendirnos a la gracia de Jesucristo que está siempre dispuesto a añadir mayores cualidades a nuestro carácter.

*"De su plenitud todos hemos recibido*
*gracia sobre gracia"* (Juan 1:16)

650. Es un error hacer de Satanás, la carne y el mundo ineficaces chivos expiatorios en vez de acudir arrepentidos al Cordero de Dios.

> *"Al día siguiente Juan vio a Jesús que se acercaba*
> *a él, y dijo: «¡Aquí tienen al Cordero de Dios, que*
> *quita el pecado del mundo!"* (Juan 1:29)

651. Para conocernos bien a nosotros mismos debemos acudir a Jesucristo, quien conoce aún mejor que nosotros nuestro ser interior.

> *"En cambio Jesús no les creía porque los conocía a todos; no*
> *necesitaba que nadie le informara nada acerca de los demás,*
> *pues él conocía el interior del ser humano"* (Juan 2:24-25)

652. En la vida tenemos que enfrentar vientos en contra pero los cristianos podemos hacerlo con el viento del Espíritu a nuestro favor.

> *"El viento sopla por donde quiere, y lo oyes silbar,*
> *aunque ignoras de dónde viene y a dónde va. Lo mismo*
> *pasa con todo el que nace del Espíritu"* (Juan 3:8)

653. El amor de Dios por los hombres es tan grande que sólo puede ser descrito con superlativos, pues no hay nada que se le compare.

654. Abraham conoció en carne propia el alcance del amor de Dios por nosotros cuando obediente estuvo a punto de sacrificar a Isaac.

> *"»Porque tanto amó Dios al mundo, que dio a su*
> *Hijo unigénito, para que todo el que cree en él no se*
> *pierda, sino que tenga vida eterna"* (Juan 3:16)

655. La conciencia es la luz divina en el interior de todo ser humano que con sus juicios debería conducirnos arrepentidos a Cristo.

> *"Ésta es la causa de la condenación: que la luz vino al*
> *mundo, pero la humanidad prefirió las tinieblas a la luz,*
> *porque sus hechos eran perversos. Pues todo el que hace*

lo malo aborrece la luz, y no se acerca a ella por temor a
que sus obras queden al descubierto" (Juan 3:19-20)

656. La fuerza de la verdad no radica en decirla o escucharla meramente,
sino en vivirla y practicarla con convicción y constancia.

*"En cambio, el que practica la verdad se acerca a
la luz, para que se vea claramente que ha hecho
sus obras en obediencia a Dios"* (Juan 3:21)

657. La Biblia es el espejo que refleja la defectuosa imagen propia junto
con la perfecta imagen de Cristo a la que hay que ajustarnos.

*"A él le toca crecer, y a mí menguar "* (Juan 3:30)

658. En Dios no sólo satisfacemos nuestra sed sino que podemos hacerlo
hasta la saciedad pues Él no da nada con restricción.

*"El enviado de Dios comunica el mensaje divino, pues Dios
mismo le da su Espíritu sin restricción... En el último día, el más
solemne de la fiesta, Jesús se puso de pie y exclamó: –¡Si alguno
tiene sed, que venga a mí y beba! De aquel que cree en mí, como
dice la Escritura, brotarán ríos de agua viva. Con esto se refería
al Espíritu que habrían de recibir más tarde los que creyeran en
él. Hasta ese momento el Espíritu no había sido dado, porque
Jesús no había sido glorificado todavía"* (Juan 3:34; 7:37-39)

659. Nuestro problema no son los deseos, sino que los satisfagamos
pobremente con menos de lo que Dios nos ofrece para hacerlo.

*"–Todo el que beba de esta agua volverá a tener sed –respondió
Jesús–, pero el que beba del agua que yo le daré, no volverá a
tener sed jamás, sino que dentro de él esa agua se convertirá
en un manantial del que brotará vida eterna"* (Juan 4:13-14)

660. Siempre adoramos a algo o a alguien, con conciencia o sin ella. Así
que lo mejor es que en conciencia adoremos al Dios verdadero.

*"Ahora ustedes adoran lo que no conocen; nosotros adoramos lo que
conocemos, porque la salvación proviene de los judíos"* (Juan 4:22)

661. La negativa a aceptar a Cristo como el Mesías despeja las sospechas sobre la fidelidad de los judíos al transmitir las Escrituras.

> *"Ustedes estudian con diligencia las Escrituras porque piensan que en ellas hallan la vida eterna. ¡Y son ellas las que dan testimonio en mi favor!"* (Juan 5:39)

662. Obtener un milagro a la carta es la mejor manera de convertirse en un creyente censurablemente superficial, inmaduro e interesado.

> *"–Ciertamente les aseguro que ustedes me buscan, no porque han visto señales sino porque comieron pan hasta llenarse"* (Juan 6:26)

663. Es optimismo ingenuo pensar que podemos cambiar favorablemente el rumbo de nuestras vidas sin la decisiva intervención de Dios.

> *"Nadie puede venir a mí si no lo atrae el Padre que me envió, y yo lo resucitaré en el día final"* (Juan 6:44)

664. Debemos procurar no escandalizar sin necesidad a nadie, pero sin privar al evangelio de su bendito escándalo, que es su gloria.

> *"Al escucharlo, muchos de sus discípulos exclamaron: «Esta enseñanza es muy difícil; ¿quién puede aceptarla?» Jesús, muy consciente de que sus discípulos murmuraban por lo que había dicho, les reprochó: –¿Esto les causa tropiezo?"* (Juan 6:60-61)

665. Venir a Cristo con humilde fe es una decisión que tomamos porque antes de ello Dios ya nos había concedido el poder de hacerlo.

> *"–Por esto les dije que nadie puede venir a mí, a menos que se lo haya concedido el Padre"* (Juan 6:65)

666. Sin Cristo todas las opciones son válidas por igual. Pero con Cristo únicamente una, pues todas las demás languidecen ante Él.

667. Nadie más que Cristo tiene palabras de vida eterna, pues nadie más que Él ha regresado victorioso de la muerte para contarlo.

> *"–¿También ustedes quieren marcharse? –Señor – contestó Simón Pedro–, ¿a quién iremos? Tú tienes*

*palabras de vida eterna. Y nosotros hemos creído, y*
*sabemos que tú eres el Santo de Dios"* (Juan 6:67-69)

668. En última instancia, la fe no surge ni depende de saber todo lo que hay que saber, sino de querer hacer lo que hay que hacer.

*"El que esté dispuesto a hacer la voluntad de Dios*
*reconocerá si mi enseñanza proviene de Dios o si*
*yo hablo por mi propia cuenta"* (Juan 7:17)

669. Para poder perdonar a otros ayuda ir más allá de las apariencias tratando de comprender sus motivos y de conocer su historia.

*"No juzguen por las apariencias; juzguen con justicia"* (Juan 7:24)

670. Cristo no solo ilumina nuestro intelecto brindándonos entendimiento, sino que también resuelve con poder nuestros predicamentos.

671. Aunque nuestra luz no sea propia, podemos alumbrar y brillar en la medida en que reflejemos con éxito la luz que proviene de Dios.

672. Cristo no es sólo la Verdad final que suscita nuestra fascinación, sino la Luz que nos permite descubrir todas las demás verdades.

*"Una vez más Jesús se dirigió a la gente, y les dijo: –*
*Yo soy la luz del mundo. El que me sigue no andará en*
*tinieblas, sino que tendrá la luz de la vida"* (Juan 8:12)

673. Con Cristo es todo o nada pues si le negamos su identidad todas sus enseñanzas y acciones se quedan sin piso por grandes que sean.

674. La vigencia de las acciones y palabras de Cristo está ligada a su identidad. Si se niega esta última las primeras quedan sin piso.

*"Por eso les he dicho que morirán en sus pecados, pues si no creen*
*que yo soy el que afirmo ser, en sus pecados morirán"* (Juan 8:24)

675. Generalizar es necesario pero sin hacer de la excepción regla ni prejuzgar poniéndole de entrada un rótulo a todo caso particular.

*"Ustedes juzgan según criterios humanos; yo,*
*en cambio, no juzgo a nadie"* (Juan 8:15)

#MENSAJES DE DIOS

676. La verdadera libertad es ser liberado del pecado para permanecer voluntaria y obedientemente al servicio de Dios y su justicia.

> *"y conocerán la verdad, y la verdad los hará libres. –Nosotros somos descendientes de Abraham –le contestaron–, y nunca hemos sido esclavos de nadie. ¿Cómo puedes decir que seremos liberados? –Ciertamente les aseguro que todo el que peca es esclavo del pecado– respondió Jesús–. Ahora bien, el esclavo no se queda para siempre en la familia; pero el hijo sí se queda en ella para siempre. Así que si el Hijo los libera, serán ustedes verdaderamente libres"* (Juan 8:32-36)

677. Le hacemos el juego al diablo no solamente cuando mentimos con plena conciencia sino también cuando le creemos todas sus mentiras.

> *"Ustedes son de su padre, el diablo, cuyos deseos quieren cumplir. Desde el principio éste ha sido un asesino, y no se mantiene en la verdad, porque no hay verdad en él. Cuando miente, expresa su propia naturaleza, porque es un mentiroso. ¡Es el padre de la mentira!"* (Juan 8:44)

678. El tiempo es irrelevante para justificar la autoridad de Cristo porque cuando Él habla no habla la antigüedad; habla la eternidad.

679. Dios no existe. Decir que Él "existe" es rebajarlo a la categoría de criatura. Por eso, Dios no "existe", Él simplemente "es".

> *"–Ciertamente les aseguro que, antes de que Abraham naciera, ¡yo soy!"* (Juan 8:58)

680. Quienes pretenden ver suelen ser ciegos perdidos, mientras que los que reconocen humildes su ceguera son quienes llegan a ver.

> *"Entonces Jesús dijo: –Yo he venido a este mundo para juzgarlo, para que los ciegos vean, y los que ven se queden ciegos. Algunos fariseos que estaban con él, al oírlo hablar así, le preguntaron: –¿Qué? ¿Acaso también nosotros somos ciegos? Jesús les contestó: –Si fueran ciegos, no serían culpables de pecado, pero como afirman que ven, su pecado permanece"* (Juan 9:39-41)

681. Si no se dice que Cristo vivió 500 años después de Buda sino que Buda vivió 500 años antes de Cristo, ¿quién será más importante?

> *"Todos los que vinieron antes de mí eran unos ladrones y unos bandidos, pero las ovejas no les hicieron caso"* (Juan 10:8)

682. El cristiano tiene amplia movilidad, pero sin perder nunca de vista la puerta como punto de referencia que le evite extraviarse.

683. Es muy posible que haya personas que se salven al margen de la iglesia cristiana, pero definitivamente no al margen de Cristo.

> *"Yo soy la puerta; el que entre por esta puerta, que soy yo, será salvo. Se moverá con entera libertad, y hallará pastos"* (Juan 10:9)

684. La diligente perseverancia del diablo en hacer su destructiva labor debería ser imitada por los creyentes a favor del evangelio.

> *"El ladrón no viene más que a robar, matar y destruir; yo he venido para que tengan vida, y la tengan en abundancia"* (Juan 10:10)

685. Es muy posible que quienes niegan los milagros lleguen a creer, no gracias a los milagros sino al sencillo poder de la verdad.

> *"Mucha gente acudía a él, y decía: «Aunque Juan nunca hizo ninguna señal milagrosa, todo lo que dijo acerca de este hombre era verdad.» Y muchos en aquel lugar creyeron en Jesús"* (Juan 10:41-42)

686. No estamos solos pues hasta que el llanto y el dolor desaparezcan, Dios llora con nosotros cuando nosotros lo hacemos.

> *"Jesús lloró... Él les enjugará toda lágrima de los ojos. Ya no habrá muerte, ni llanto, ni lamento ni dolor, porque las primeras cosas han dejado de existir.»"* (Juan 11:35; Apocalipsis 21:4)

687. Pocos son los que logran ver para poder creer, pero todos podemos creer primero para descubrir que sólo entonces podremos ver.

> *"–¿No te dije que si crees verás la gloria de Dios? –le contestó Jesús"* (Juan 11:40)

688. A la hora de decidir qué hacer es necesario que elijamos primero aquellas cosas para las cuales no tendremos nuevas oportunidades.

*"A los pobres siempre los tendrán con ustedes, pero a mí no siempre me tendrán"* (Juan 12:8)

689. Si les fuera posible hacerlo, los que no quieren creer eliminarían incluso de manera criminal toda evidencia a favor de la fe.

*"Mientras tanto, muchos de los judíos se enteraron de que Jesús estaba allí, y fueron a ver no sólo a Jesús sino también a Lázaro, a quien Jesús había resucitado. Entonces los jefes de los sacerdotes resolvieron matar también a Lázaro"* (Juan 12:9-11)

690. El reino de Dios no ejerce coerción ni coacción, sino atracción que logra nuestra rendición mediante la sangre del propio rey.

*"Pero yo, cuando sea levantado de la tierra, atraeré a todos a mí mismo. Con esto daba Jesús a entender de qué manera iba a morir"* (Juan 12:32-33)

691. En la conversión Su sangre borra nuestra culpa, pero es en la confesión diaria que Cristo limpia las manchas de nuestro pecado.

*"Sabía Jesús que el Padre había puesto todas las cosas bajo su dominio, y que había salido de Dios y a él volvía; así que se levantó de la mesa, se quitó el manto y se ató una toalla a la cintura. Luego echó agua en un recipiente y comenzó a lavarles los pies a sus discípulos y a secárselos con la toalla que llevaba a la cintura. Cuando llegó a Simón Pedro, éste le dijo: –¿Y tú, Señor, me vas a lavar los pies a mí? –Ahora no entiendes lo que estoy haciendo –le respondió Jesús–, pero lo entenderás más tarde. –¡No! –protestó Pedro–. ¡Jamás me lavarás los pies! –Si no te los lavo, no tendrás parte conmigo. –Entonces, Señor, ¡no sólo los pies sino también las manos y la cabeza! –El que ya se ha bañado no necesita lavarse más que los pies –le contestó Jesús–; pues ya todo su cuerpo está limpio. Y ustedes ya están limpios, aunque no todos"* (Juan 13:3-10)

692. La verdad no es algo que se descubre después de una calificada y ardua dedicación, sino Alguien que se revela a nuestro corazón.

693. La tentación de dejar el camino para tomar atajos en la vida lo único que logra es llevarnos a un lugar al que no queríamos ir.

> *"–Yo soy el camino, la verdad y la vida –le contestó Jesús–. Nadie llega al Padre sino por mí"* (Juan 14:6)

694. Todo creyente que cultive una relación personal con Cristo deberá por ende suscribir y sostener la doctrina de la Trinidad.

> *"Créanme cuando les digo que yo estoy en el Padre y que el Padre está en mí; o al menos créanme por las obras mismas. Ciertamente les aseguro que el que cree en mí las obras que yo hago también él las hará, y aun las hará mayores, porque yo vuelvo al Padre. Cualquier cosa que ustedes pidan en mi nombre, yo la haré; así será glorificado el Padre en el Hijo. Lo que pidan en mi nombre, yo lo haré. »Si ustedes me aman, obedecerán mis mandamientos. Y yo le pediré al Padre, y él les dará otro Consolador para que los acompañe siempre: el Espíritu de verdad, a quien el mundo no puede aceptar porque no lo ve ni lo conoce. Pero ustedes sí lo conocen, porque vive con ustedes y estará en ustedes"* (Juan 14:11-17)

695. La prueba final de que Cristo vive no es histórica sino existencial, cuando Cristo en persona acude a quienes lo invocamos.

696. La unidad en la iglesia nos permite descubrir a Cristo presente también en cristianos de confesiones diferentes a la nuestra.

> *"No los voy a dejar huérfanos; volveré a ustedes. Dentro de poco el mundo ya no me verá más, pero ustedes sí me verán. Y porque yo vivo, también ustedes vivirán. En aquel día ustedes se darán cuenta de que yo estoy en mi Padre, y ustedes en mí, y yo en ustedes"* (Juan 14:18-20)

697. Para hacer lo correcto debemos estar motivados por el amor a Dios, obedecer el mandamiento de Dios y hacerlo todo para su gloria.

> *"¿Quién es el que me ama? El que hace suyos mis mandamientos y los obedece. Y al que me ama, mi Padre lo amará, y yo también lo amaré y me manifestaré a él"* (Juan 14:21)

**#MENSAJES** DE DIOS

698. El amor hace surgir la obediencia de forma natural. Por eso nuestra obediencia a Dios debe surgir siempre de nuestro amor por Él.

> *"Le contestó Jesús: El que me ama, obedecerá mi palabra, y mi Padre lo amará, y haremos nuestra vivienda en él"* (Juan 14:23)

699. La paz del mundo es una calma tensa entre las hostilidades, la del reino de Dios es la fraternidad que elimina las hostilidades.

> *"La paz les dejo; mi paz les doy. Yo no se la doy a ustedes como la da el mundo. No se angustien ni se acobarden"* (Juan 14:27)

700. Sin Cristo todo aquello en lo que nos sentimos muy capaces no es más que una fachada engañosa que encubre nuestra impotencia.

701. Es posible que separados de Cristo demos algún fruto, pero no es posible que lo hagamos en abundancia ni de forma permanente

> *"»Yo soy la vid y ustedes son las ramas. El que permanece en mí, como yo en él, dará mucho fruto; separados de mí no pueden ustedes hacer nada. El que no permanece en mí es desechado y se seca, como las ramas que se recogen, se arrojan al fuego y se queman"* (Juan 15:5-6)

702. El amor de Dios por nosotros incluye el compromiso inquebrantable de amarnos "a pesar de" y asimismo espera que lo imitemos.

> *"Y éste es mi mandamiento: que se amen los unos a los otros, como yo los he amado"* (Juan 15:12)

703. El hecho de que Cristo haya muerto por nosotros Sus enemigos, nos califica ahora como Sus amigos al lado de Abraham.

> *"Nadie tiene amor más grande que el dar la vida por sus amigos. Ustedes son mis amigos si hacen lo que yo les mando. Ya no los llamo siervos, porque el siervo no está al tanto de lo que hace su amo; los he llamado amigos, porque todo lo que a mi Padre le oí decir se lo he dado a conocer a ustedes... Así se cumplió la Escritura que dice: «Le creyó Abraham a Dios, y esto se le tomó en cuenta como justicia», y fue llamado amigo de Dios."* (Juan 15:13-15; Santiago 2:23)

704. La iglesia no es una democracia porque en ella es Dios quien escoge y no nosotros, que sólo aceptamos agradecidos su elección.

> *"No me escogieron ustedes a mí, sino que yo los escogí a ustedes y los comisioné para que vayan y den fruto, un fruto que perdure. Así el Padre les dará todo lo que le pidan en mi nombre"* (Juan 15:16)

705. Dios se revela lo justo como para no imponerse sobre nuestra voluntad pero también lo suficiente como para dejarnos sin excusa.

> *"Si yo no hubiera venido ni les hubiera hablado, no serían culpables de pecado. Pero ahora no tienen excusa por su pecado"* (Juan 15:22)

706. Aunque deseemos la presencia física de Cristo nos conviene más Su ausencia para que el Espíritu Santo haga su trabajo en nosotros.

> *"Pero les digo la verdad: Les conviene que me vaya porque, si no lo hago, el Consolador no vendrá a ustedes; en cambio, si me voy, se lo enviaré a ustedes"* (Juan 16:7)

707. El Espíritu Santo convence, guía, da seguridad final y mora en persona en cada creyente en Cristo.

> *"Y cuando él venga, convencerá al mundo de su error en cuanto al pecado, a la justicia y al juicio; en cuanto al pecado, porque no creen en mí; en cuanto a la justicia, porque voy al Padre y ustedes ya no podrán verme; y en cuanto al juicio, porque el príncipe de este mundo ya ha sido juzgado... Porque todos los que son guiados por el Espíritu de Dios son hijos de Dios... En él también ustedes son edificados juntamente para ser morada de Dios por su Espíritu"* (Juan 16:8-11; Romanos 8:14, 16; Efesios 2:22)

708. Dios tan sólo "es". Pero en Cristo decidió también "existir" para vencer en persona todas nuestras aflicciones existenciales.

> *"Yo les he dicho estas cosas para que en mí hallen paz. En este mundo afrontarán aflicciones, pero ¡anímense! Yo he vencido al mundo"* (Juan 16:33)

709. Hay un único Dios verdadero revelado en Jesucristo a disgusto de eso que llaman "pensamiento políticamente correcto" que lo niega.

> *"Y ésta es la vida eterna: que te conozcan a ti, el único Dios verdadero, y a Jesucristo, a quien tú has enviado"* (Juan 17:3)

710. El cristiano debe adaptarse al mundo, pues está en el mundo; pero no debe acostumbrarse a él, pues no pertenece al mundo.

> *"Ya no voy a estar por más tiempo en el mundo, pero ellos están todavía en el mundo, y yo vuelvo a ti. »Padre santo, protégelos con el poder de tu nombre, el nombre que me diste, para que sean uno, lo mismo que nosotros... Ellos no son del mundo, como tampoco lo soy yo"* (Juan 17:11, 16)

711. Muchas de las batallas que la iglesia ha perdido ha sido por abandonar el mundo, dejándoselo así servido en bandeja al enemigo.

> *"No te pido que los quites del mundo, sino que los protejas del maligno"* (Juan 17:15)

712. La unidad no es algo por alcanzar, sino algo que Cristo ya alcanzó y que la iglesia debe tan sólo manifestar de forma visible.

> *"»No ruego sólo por éstos. Ruego también por los que han de creer en mí por el mensaje de ellos, para que todos sean uno. Padre, así como tú estás en mí y yo en ti, permite que ellos también estén en nosotros, para que el mundo crea que tú me has enviado. Yo les he dado la gloria que me diste, para que sean uno, así como nosotros somos uno: yo en ellos y tú en mí. Permite que alcancen la perfección en la unidad, y así el mundo reconozca que tú me enviaste y que los has amado a ellos tal como me has amado a mí"* (Juan 17:20-23)

713. Las democracias se pervierten cuando las convicciones del gobernante se sacrifican a favor de su popularidad en las encuestas.

> *"Pilato volvió a salir. –Aquí lo tienen —dijo a los judíos–. Lo he sacado para que sepan que no lo encuentro culpable de nada... Entonces Pilato se lo entregó para que lo crucificaran, y los soldados se lo llevaron"* (Juan 19:4, 16)

714. Jesucristo es Dios y hombre, pero no un simple hombre entre muchos, sino el hombre por excelencia a quien debemos conformarnos.

> *"Cuando salió Jesús, llevaba puestos la corona de espinas y el manto de color púrpura. –¡Aquí tienen al hombre! –les dijo Pilato"* (Juan 19:5)

715. El testimonio de quienes vieron a Cristo resucitado basta para que nosotros podamos también llegar a verlo gracias a la fe.

> *"Tomás, al que apodaban el Gemelo, y que era uno de los doce, no estaba con los discípulos cuando llegó Jesús. Así que los otros discípulos le dijeron: –¡Hemos visto al Señor! –Mientras no vea yo la marca de los clavos en sus manos, y meta mi dedo en las marcas y mi mano en su costado, no lo creeré –repuso Tomás. Una semana más tarde estaban los discípulos de nuevo en la casa, y Tomás estaba con ellos. Aunque las puertas estaban cerradas, Jesús entró y, poniéndose en medio de ellos, los saludó. –¡La paz sea con ustedes! Luego le dijo a Tomás: –Pon tu dedo aquí y mira mis manos. Acerca tu mano y métela en mi costado. Y no seas incrédulo, sino hombre de fe. –¡Señor mío y Dios mío! –exclamó Tomás. –Porque me has visto, has creído –le dijo Jesús–; dichosos los que no han visto y sin embargo creen"* (Juan 20:24-29)

716. Es posible que, como metáforas, los milagros nos enseñen lecciones, pero eso no significa que no hayan sucedido literalmente.

> *"Jesús hizo muchas otras señales milagrosas en presencia de sus discípulos, las cuales no están registradas en este libro. Pero éstas se han escrito para que ustedes crean que Jesús es el Cristo, el Hijo de Dios, y para que al creer en su nombre tengan vida"* (Juan 20:30-31)

717. Los evangelios no registran los milagros de Cristo en su totalidad, pero sí con la suficiencia necesaria para poder creer en Él.

> *"Jesús hizo también muchas otras cosas, tantas que, si se escribiera cada una de ellas, pienso que los libros escritos no cabrían en el mundo entero"* (Juan 21:25)

# #HECHOS DE LOS APÓSTOLES

718. El poder que el Espíritu Santo nos confiere para testificar de Cristo debe comenzar en casa antes de pretender llegar más lejos.

> *"Pero cuando venga el Espíritu Santo sobre ustedes, recibirán poder y serán mis testigos tanto en Jerusalén como en toda Judea y Samaria, y hasta los confines de la tierra"* (Hechos 1:8)

719. En estricto rigor hoy no puede haber apóstoles, pues el apóstol debía haber acompañado a Cristo y haberlo visto resucitado.

> *"Por tanto, es preciso que se una a nosotros un testigo de la resurrección, uno de los que nos acompañaban todo el tiempo que el Señor Jesús vivió entre nosotros, desde que Juan bautizaba hasta el día en que Jesús fue llevado de entre nosotros.»"* (Hechos 1:21-22)

720. La voz del pueblo no es la voz de Dios y la iglesia no es, pues, una democracia sino una teocracia en la que es Dios quien elige.

> *"Y oraron así: «Señor, tú que conoces el corazón de todos, muéstranos a cuál de estos dos has elegido"* (Hechos 1:24)

721. Cuando se mencionan los apóstoles, el énfasis está en la enseñanza de todos ellos en conjunto y no de uno de ellos en particular.

> *"Se mantenían firmes en la enseñanza de los apóstoles, en la comunión, en el partimiento del pan y en la oración"* (Hechos 2:42)

722. Más que intentar explicar e incluso justificar la maldad humana, lo que deberíamos hacer es confesarla y arrepentirnos de ella.

723. No hay vacaciones que se comparen con lo que obtenemos cuando nos volvemos a Dios con verdadero arrepentimiento y fe.

> *"Por tanto, para que sean borrados sus pecados, arrepiéntanse y vuélvanse a Dios, a fin de que vengan tiempos de descanso de parte del Señor... Por consiguiente, queda todavía un reposo especial para el pueblo de Dios; porque el que entra en el reposo de Dios descansa también de sus obras, así como Dios descansó de las suyas. Esforcémonos, pues, por entrar en ese reposo, para que nadie caiga al seguir aquel ejemplo de desobediencia"* (Hechos 3:19; Hebreos 4:9-11)

724. La responsabilidad del predicador no es prometer milagros sino proclamar la palabra de Dios y dejar los milagros en Sus manos.

> *"Ahora, Señor, toma en cuenta sus amenazas y concede a tus siervos el proclamar tu palabra sin temor alguno. Por eso, extiende tu mano para sanar y hacer señales y prodigios mediante el nombre de tu santo siervo Jesús.»"* (Hechos 4:29-30)

725. Hay cristianos a quienes les gusta actuar por lo que sienten sin tener que razonar. Pero la iglesia primitiva sentía y pensaba.

726. La comunión cristiana fomenta una solidaridad tal que la pobreza ya no se combate con propiedades sino con la fraternidad.

> *"Todos los creyentes eran de un solo sentir y pensar. Nadie consideraba suya ninguna de sus posesiones, sino que las compartían. Los apóstoles, a su vez, con gran poder seguían dando testimonio de la resurrección del Señor Jesús. La gracia de Dios se derramaba abundantemente sobre todos ellos, pues no había ningún necesitado en la comunidad. Quienes poseían casas o terrenos los vendían, llevaban el dinero de las ventas y lo entregaban a los apóstoles para que se distribuyera a cada uno según su necesidad"* (Hechos 4:32-35)

727. Si se convierten en norma, los detalles que acompañan la narración bíblica dan lugar a prácticas mágicas y supersticiosas.

*"Era tal la multitud de hombres y mujeres, que hasta sacaban a los enfermos a las plazas y los ponían en colchonetas y camillas para que, al pasar Pedro, por lo menos su sombra cayera sobre alguno de ellos... a tal grado que a los enfermos les llevaban pañuelos y delantales que habían tocado el cuerpo de Pablo, y quedaban sanos de sus enfermedades, y los espíritus malignos salían de ellos"* (Hechos 5:15; 19:12)

728. Nuestro aprecio y lealtad a nuestros maestros y autoridades no puede estar por encima de nuestra lealtad a Dios y a la verdad.

*"–¡Es necesario obedecer a Dios antes que a los hombres! – respondieron Pedro y los demás apóstoles–"* (Hechos 5:29)

729. El fanático piensa que la mejor defensa es el ataque, pero el creyente maduro entiende que el mejor ataque es la defensa.

*"–¿Son ciertas estas acusaciones? –le preguntó el sumo sacerdote. Él contestó: –Hermanos y padres, ¡escúchenme! El Dios de la gloria se apareció a nuestro padre Abraham cuando éste aún vivía en Mesopotamia, antes de radicarse en Jarán... Al oír esto, rechinando los dientes montaron en cólera contra él. Pero Esteban, lleno del Espíritu Santo, fijó la mirada en el cielo y vio la gloria de Dios, y a Jesús de pie a la derecha de Dios. –¡Veo el cielo abierto –exclamó–, y al Hijo del hombre de pie a la derecha de Dios! Entonces ellos, gritando a voz en cuello, se taparon los oídos y todos a una se abalanzaron sobre él, lo sacaron a empellones fuera de la ciudad y comenzaron a apedrearlo. Los acusadores le encargaron sus mantos a un joven llamado Saulo"* (Hechos 7:1-2, 54-58)

730. Si somos honestos deberíamos admitir que aunque tal vez vivamos mejor que nuestros padres en realidad no somos mejores que ellos.

*"»¡Tercos, duros de corazón y torpes de oídos! Ustedes son iguales que sus antepasados: ¡Siempre resisten al Espíritu Santo!"* (Hechos 7:51)

731. El creyente que está dispuesto a morir por lo que cree es más convincente que el fanático que está dispuesto a matar por ello.

*"Mientras lo apedreaban, Esteban oraba. –Señor Jesús –decía–, recibe mi espíritu. Luego cayó de rodillas y gritó: –¡Señor, no les tomes en cuenta este pecado! Cuando hubo dicho esto, murió. Y Saulo estaba allí, aprobando la muerte de Esteban. Aquel día se desató una gran persecución contra la iglesia en Jerusalén, y todos, excepto los apóstoles, se dispersaron por las regiones de Judea y Samaria"* (Hechos 7:59-8:1)

732. En relación con nuestro destino eterno es más importante obtener la visión espiritual de Cristo que conservar la vista física.

*"En el viaje sucedió que, al acercarse a Damasco, una luz del cielo relampagueó de repente a su alrededor. Él cayó al suelo y oyó una voz que le decía: –Saulo, Saulo, ¿por qué me persigues? –¿Quién eres, Señor? –preguntó. –Yo soy Jesús, a quien tú persigues –le contestó la voz–. Levántate y entra en la ciudad, que allí se te dirá lo que tienes que hacer. Los hombres que viajaban con Saulo se detuvieron atónitos, porque oían la voz pero no veían a nadie. Saulo se levantó del suelo, pero cuando abrió los ojos no podía ver, así que lo tomaron de la mano y lo llevaron a Damasco. Estuvo ciego tres días, sin comer ni beber nada"* (Hechos 9:3-9, 17)

733. El hecho de que Dios nos elija sin mérito de nuestra parte no debe hacernos olvidar que Él no ejerce nunca favoritismos injustos.

*"Pedro tomó la palabra, y dijo: –Ahora comprendo que en realidad para Dios no hay favoritismos"* (Hechos 10:34)

734. El evangelio no discrimina a los temerosos de Dios de todos los pueblos y naciones del mundo al margen de su raza o su cultura.

*"sino que en toda nación él ve con agrado a los que le temen y actúan con justicia"* (Hechos 10:35)

735. Los líderes de la iglesia deben decidir orando y argumentando bajo la guía del Espíritu y no por consulta popular.

*"En la iglesia de Antioquía eran profetas y maestros Bernabé; Simeón, apodado el Negro; Lucio de Cirene; Manaén, que se había criado con Herodes el tetrarca; y Saulo. Mientras ayunaban*

*y participaban en el culto al Señor, el Espíritu Santo dijo: «Apártenme ahora a Bernabé y a Saulo para el trabajo al que los he llamado.» Así que después de ayunar, orar e imponerles las manos, los despidieron... Algunos que habían llegado de Judea a Antioquía se pusieron a enseñar a los hermanos: «A menos que ustedes se circunciden, conforme a la tradición de Moisés, no pueden ser salvos.» Esto provocó un altercado y un serio debate de Pablo y Bernabé con ellos. Entonces se decidió que Pablo y Bernabé, y algunos otros creyentes, subieran a Jerusalén para tratar este asunto con los apóstoles y los ancianos. Enviados por la iglesia, al pasar por Fenicia y Samaria contaron cómo se habían convertido los gentiles. Estas noticias llenaron de alegría a todos los creyentes. Al llegar a Jerusalén, fueron muy bien recibidos tanto por la iglesia como por los apóstoles y los ancianos, a quienes informaron de todo lo que Dios había hecho por medio de ellos. Entonces intervinieron algunos creyentes que pertenecían a la secta de los fariseos y afirmaron: –Es necesario circuncidar a los gentiles y exigirles que obedezcan la ley de Moisés. Los apóstoles y los ancianos se reunieron para examinar este asunto. Después de una larga discusión, Pedro tomó la palabra: –Hermanos, ustedes saben que desde un principio Dios me escogió de entre ustedes para que por mi boca los gentiles oyeran el mensaje del evangelio y creyeran. Dios, que conoce el corazón humano, mostró que los aceptaba dándoles el Espíritu Santo, lo mismo que a nosotros. Sin hacer distinción alguna entre nosotros y ellos, purificó sus corazones por la fe. Entonces, ¿por qué tratan ahora de provocar a Dios poniendo sobre el cuello de esos discípulos un yugo que ni nosotros ni nuestros antepasados hemos podido soportar? ¡No puede ser! Más bien, como ellos, creemos que somos salvos por la gracia de nuestro Señor Jesús. Toda la asamblea guardó silencio para escuchar a Bernabé y a Pablo, que les contaron las señales y prodigios que Dios había hecho por medio de ellos entre los gentiles. Cuando terminaron, Jacobo tomó la palabra y dijo: –Hermanos, escúchenme. Simón nos ha expuesto cómo Dios desde el principio tuvo a bien escoger de entre los gentiles un pueblo para honra de su nombre. Con esto concuerdan las palabras de los profetas, tal como está escrito: »'Después de esto volveré y reedificaré la choza caída de David. Reedificaré sus ruinas, y la restauraré, para que busque al Señor el resto de la humanidad, todas las naciones que llevan mi nombre. Así dice el Señor, que hace estas cosas' conocidas desde tiempos antiguos. »Por lo tanto, yo considero que debemos dejar de ponerles trabas a los gentiles que se convierten a Dios. Más bien debemos escribirles que se abstengan de lo contaminado por los ídolos, de la inmoralidad sexual, de la carne de animales estrangulados y de sangre"* (Hechos 13:1-3; 15:1-20)

736. Ser alguien conforme al corazón de Dios no significa ser impecable, pues de ser así ni el rey David merecería este calificativo.

*"Tras destituir a Saúl, les puso por rey a David, de quien dio este testimonio: 'He encontrado en David, hijo de Isaí, un hombre conforme a mi corazón; él realizará todo lo que yo quiero.'"* (Hechos 13:22)

737. Los milagros, más que espectáculos sobrenaturales para nuestro beneficio personal, son señales que confirman la revelación divina.

*"En todo caso, Pablo y Bernabé pasaron allí bastante tiempo, hablando valientemente en el nombre del Señor, quien confirmaba el mensaje de su gracia, haciendo señales y prodigios por medio de ellos"* (Hechos 14:3)

738. Así como los cristianos de ayer combatieron las mitologías antiguas, los cristianos de hoy debemos combatir los nuevos mitos.

*"Al ver lo que Pablo había hecho, la gente comenzó a gritar en el idioma de Licaonia: –¡Los dioses han tomado forma humana y han venido a visitarnos! A Bernabé lo llamaban Zeus, y a Pablo, Hermes, porque era el que dirigía la palabra. El sacerdote de Zeus, el dios cuyo templo estaba a las afueras de la ciudad, llevó toros y guirnaldas a las puertas y, con toda la multitud, quería ofrecerles sacrificios. Al enterarse de esto los apóstoles Bernabé y Pablo, se rasgaron las vestiduras y se lanzaron por entre la multitud, gritando: –Señores, ¿por qué hacen esto? Nosotros también somos hombres mortales como ustedes. Las buenas nuevas que les anunciamos es que dejen estas cosas sin valor y se vuelvan al Dios viviente, que hizo el cielo, la tierra, el mar y todo lo que hay en ellos"* (Hechos 14:11-15)

739. Las pruebas exigen dominio del procedimiento, los testimonios confianza en el testigo. Por eso Dios da testimonios y no pruebas.

740. Aunque dé esa impresión, la verdad es que Dios ya ha hablado lo suficiente como para que creamos en Él aun cuando parezca callar.

> *"Sin embargo, no ha dejado de dar testimonio de sí mismo haciendo el bien, dándoles lluvias del cielo y estaciones fructíferas, proporcionándoles comida y alegría de corazón"* (Hechos 14:17)

741. Los desacuerdos no son malos si aprendemos a manejarlos constructivamente para poder dejarlos atrás con provecho.

> *"Resulta que Bernabé quería llevar con ellos a Juan Marcos, pero a Pablo no le pareció prudente llevarlo, porque los había abandonado en Panfilia y no había seguido con ellos en el trabajo. Se produjo entre ellos un conflicto tan serio que acabaron por separarse. Bernabé se llevó a Marcos y se embarcó rumbo a Chipre, mientras que Pablo escogió a Silas. Después de que los hermanos lo encomendaron a la gracia del Señor, Pablo partió... Sólo Lucas está conmigo. Recoge a Marcos y tráelo contigo, porque me es de ayuda en mi ministerio"* (Hechos 15:37-40; 2 Timoteo 4:11)

742. La profecía no es sinónimo de predicción. Por el contrario, la predicción no suele ser a veces más que censurable adivinación

> *"Una vez, cuando íbamos al lugar de oración, nos salió al encuentro una joven esclava que tenía un espíritu de adivinación. Con sus poderes ganaba mucho dinero para sus amos. Nos seguía a Pablo y a nosotros, gritando: –Estos hombres son siervos del Dios Altísimo, y les anuncian a ustedes el camino de salvación. Así continuó durante muchos días. Por fin Pablo se molestó tanto que se volvió y reprendió al espíritu: –¡En el nombre de Jesucristo, te ordeno que salgas de ella! Y en aquel mismo momento el espíritu la dejó"* (Hechos 16:16-18)

743. La alabanza sincera nunca deja las cosas igual sino que transforma de manera favorable e insospechada nuestras circunstancias.

> *"Después de darles muchos golpes, los echaron en la cárcel, y ordenaron al carcelero que los custodiara con la mayor*

*seguridad. Al recibir tal orden, éste los metió en el calabozo interior y les sujetó los pies en el cepo. A eso de la medianoche, Pablo y Silas se pusieron a orar y a cantar himnos a Dios, y los otros presos los escuchaban. De repente se produjo un terremoto tan fuerte que la cárcel se estremeció hasta sus cimientos. Al instante se abrieron todas las puertas y a los presos se les soltaron las cadenas"* (Hechos 16:23-26)

744. Marx se equivocó en el método, pero no en su intención de cambio. Y los cristianos deben ser siempre fermento de cambio social.

*"Pero como no los encontraron, arrastraron a Jasón y a algunos otros hermanos ante las autoridades de la ciudad, gritando: «¡Estos que han trastornado el mundo entero han venido también acá"* (Hechos 17:6)

745. El escepticismo de los que examinan sin prejuicios aquello en lo que se les pide creer es elogiado y recomendado en la Biblia.

*"Éstos eran de sentimientos más nobles que los de Tesalónica, de modo que recibieron el mensaje con toda avidez y todos los días examinaban las Escrituras para ver si era verdad lo que se les anunciaba Muchos de los judíos creyeron, y también un buen número de griegos, incluso mujeres distinguidas y no pocos hombres"* (Hechos 17:11-12)

746. En la doctrina y práctica cristianas es diferente innovar que renovar. La renovación es de Dios, la innovación es del diablo.

747. El esnobismo acecha al creyente cuando en su afán de ser original deja de ser fiel, sacrificando la verdad en aras de la novedad.

*"Es que todos los atenienses y los extranjeros que vivían allí se pasaban el tiempo sin hacer otra cosa más que escuchar y comentar las últimas novedades"* (Hechos 17:21)

748. El genoma humano prueba que la raza no existe y que al final todos somos iguales, como lo reveló la Biblia desde el comienzo.

749. La comunión cristiana no puede hacernos olvidar el vínculo que también nos une y obliga con los demás, aunque sean incrédulos.

*"De un solo hombre hizo todas las naciones para que
habitaran toda la tierra; y determinó los períodos de su
historia y las fronteras de sus territorios"* (Hechos 17:26)

750. No encontramos a Dios gracias a una intensa y heroica búsqueda sino cuando descubrimos que Él siempre ha estado con nosotros.

*"Esto lo hizo Dios para que todos lo busquen y, aunque
sea a tientas, lo encuentren. En verdad, él no está
lejos de ninguno de nosotros"* (Hechos 17:27)

751. Tenemos una innegable relación biológica con los demás seres vivos, pero eso no significa que hayamos descendido de ellos.

752. Es sorprendente e inconcebible que Dios permita aún a quienes reniegan de Él seguir viviendo, moviéndose y existiendo en Él.

*"'puesto que en él vivimos, nos movemos y existimos'. Como
algunos de sus propios poetas griegos han dicho: 'De él
somos descendientes.' »Por tanto, siendo descendientes de
Dios, no debemos pensar que la divinidad sea como el oro, la
plata o la piedra: escultura hecha como resultado del ingenio
y de la destreza del ser humano"* (Hechos 17:28-29)

753. Debemos aceptar que hay asuntos en la vida que no podemos ignorar impunemente ni excusarnos con el pretexto de "yo no sabía".

*"Pues bien, Dios pasó por alto aquellos tiempos de
tal ignorancia, pero ahora manda a todos, en todas
partes, que se arrepientan"* (Hechos 17:30)

754. Al invocar el nombre de Cristo no debemos olvidar que éste no es una fórmula mágica automática sino un recurso para creyentes.

*"Algunos judíos que andaban expulsando espíritus malignos
intentaron invocar sobre los endemoniados el nombre del
Señor Jesús. Decían: «¡En el nombre de Jesús, a quien Pablo
predica, les ordeno que salgan!» Esto lo hacían siete hijos de
un tal Esceva, que era uno de los jefes de los sacerdotes judíos.
Un día el espíritu maligno les replicó: «Conozco a Jesús, y sé
quién es Pablo, pero ustedes ¿quiénes son?» Y abalanzándose*

*sobre ellos, el hombre que tenía el espíritu maligno los dominó a todos. Los maltrató con tanta violencia que huyeron de la casa desnudos y heridos. Cuando se enteraron los judíos y los griegos que vivían en Éfeso, el temor se apoderó de todos ellos, y el nombre del Señor Jesús era glorificado"* (Hechos 19:13-17)

755. Aunque la ciencia logre explicar algo de las dinámicas sociales y psicológicas del mal, eso no nos exime de tener que confesarlo.

*"Muchos de los que habían creído llegaban ahora y confesaban públicamente sus prácticas malvadas"* (Hechos 19:18)

756. El fanático convierte un aspecto legítimo de la doctrina en el único que ve, proclama y defiende en perjuicio de todos los demás.

*"porque sin vacilar les he proclamado todo el propósito de Dios"* (Hechos 20:27)

757. Quienes leen en serio la Biblia no tienen excusa si son embaucados por los logreros del evangelio, pues están bien advertidos.

*"Sé que después de mi partida entrarán en medio de ustedes lobos feroces que procurarán acabar con el rebaño. Aun de entre ustedes mismos se levantarán algunos que enseñarán falsedades para arrastrar a los discípulos que los sigan. Así que estén alerta. Recuerden que día y noche, durante tres años, no he dejado de amonestar con lágrimas a cada uno en particular"* (Hechos 20:29-31)

758. El cristiano fiel es el que no sólo testifica de Cristo con palabras y actos, sino el que lo hace hasta morir si es necesario.

*"–¿Por qué lloran? ¡Me parten el alma! –respondió Pablo–. Por el nombre del Señor Jesús estoy dispuesto no sólo a ser atado sino también a morir en Jerusalén"* (Hechos 21:13)

759. Al final el bien gana. Por eso debemos pedir que se haga la voluntad de Dios con rendida confianza y no con resignada impotencia.

*"Como no se dejaba convencer, desistimos exclamando: –¡Que se haga la voluntad del Señor!"* (Hechos 21:14)

760. No debemos esperar tener el valor de morir por nuestras convicciones si no hemos tenido el valor de vivir para defenderlas.

> *"«Padres y hermanos, escuchen ahora mi defensa.»...*
> *Cuando el gobernador, con un gesto, le concedió la*
> *palabra, Pablo respondió: –Sé que desde hace muchos*
> *años usted ha sido juez de esta nación; así que de buena*
> *gana presento mi defensa"*(Hechos 22:1; 24:10)

761. La intranquilidad de conciencia puede ser una clara advertencia de que estamos pasando por alto algo importante en nuestra vida.

> *"En todo esto procuro conservar siempre limpia mi conciencia*
> *delante de Dios y de los hombres"* (Hechos 24:16)

762. El problema no es falta de evidencia a favor de la fe sino una mala actitud al evaluarla que obra al final en perjuicio propio.

> *"Todos caímos al suelo, y yo oí una voz que me decía en*
> *arameo: 'Saulo, Saulo, ¿por qué me persigues? ¿Qué sacas*
> *con darte cabezazos contra la pared?'"* (Hechos 26:14)

763. Las buenas obras sólo adquieren valor al ocupar su lugar como fruto del arrepentimiento y la conversión y no al margen de ellos.

> *"Al contrario, comenzando con los que estaban en Damasco,*
> *siguiendo con los que estaban en Jerusalén y en toda*
> *Judea, y luego con los gentiles, a todos les prediqué que se*
> *arrepintieran y se convirtieran a Dios, y que demostraran su*
> *arrepentimiento con sus buenas obras"* (Hechos 26:20)

# #ROMANOS

764. Para vivir en armonía con el orden del universo debemos responder favorablemente la orden que Dios nos da de obedecer a la fe.

> *"Por medio de él, y en honor a su nombre, recibimos el don apostólico para persuadir a todas las naciones que obedezcan a la fe"* (Romanos 1:5)

765. Comunicar las buenas nuevas es una deuda que la iglesia tiene con todos los pueblos sin importar su origen ni condición cultural.

> *"Estoy en deuda con todos, sean cultos o incultos, instruidos o ignorantes"* (Romanos 1:14)

766. Dios nunca ha rechazado a su pueblo Israel pues en el evangelio ellos siguen teniendo la primera opción, pero ya no la única.

767. El poder del evangelio alcanza a todo grupo humano, pero debe alcanzar primero a nuestro propio grupo antes que al grupo ajeno.

> *"A la verdad, no me avergüenzo del evangelio, pues es poder de Dios para la salvación de todos los que creen: de los judíos primeramente, pero también de los gentiles"* (Romanos 1:16)

768. Las evidencias a favor de la existencia de Dios son sólidas aunque al final ninguna sirva para dejarla establecida sin discusión.

> *"Me explico: lo que se puede conocer acerca de Dios es evidente para ellos, pues él mismo se lo ha revelado"* (Romanos 1:19)

769. La fe no es irracional, pues la realidad del Dios invisible se deduce razonablemente de lo que podemos ver a nuestro alrededor.

770. Sin el evangelio la revelación de Dios en el universo y la naturaleza sólo sirve para dejarnos a todos sin excusa y nada más.

> *"Porque desde la creación del mundo las cualidades invisibles de Dios, es decir, su eterno poder y su naturaleza divina, se perciben claramente a través de lo que él creó, de modo que nadie tiene excusa"* (Romanos 1:20)

771. Ver también numeral 557

772. La pérdida de la capacidad de maravillarnos ante la creación de Dios es la que marca la diferencia entre el sabio y el necio.

> *"Aunque afirmaban ser sabios, se volvieron necios"* (Romanos 1:22)

773. La indiferencia hacia Dios y la permanencia complaciente en el pecado conduce cuesta abajo de forma gradual pero segura.

> *"Por eso Dios los entregó a los malos deseos de sus corazones, que conducen a la impureza sexual, de modo que degradaron sus cuerpos los unos con los otros... Por tanto, Dios los entregó a pasiones vergonzosas. En efecto, las mujeres cambiaron las relaciones naturales por las que van contra la naturaleza. Así mismo los hombres dejaron las relaciones naturales con la mujer y se encendieron en pasiones lujuriosas los unos con los otros. Hombres con hombres cometieron actos indecentes, y en sí mismos recibieron el castigo que merecía su perversión. Además, como estimaron que no valía la pena tomar en cuenta el conocimiento de Dios, él a su vez los entregó a la depravación mental, para que hicieran lo que no debían hacer"* (Romanos 1:24, 26-28)

774. Dios es paciente pero no indiferente. Su paciencia quiere otorgarnos tiempo para arrepentirnos, pero aún ésta tiene un límite.

> *"¿No ves que desprecias las riquezas de la bondad de Dios, de su tolerancia y de su paciencia, al no reconocer*

*que su bondad quiere llevarte al arrepentimiento? Pero*
*por tu obstinación y por tu corazón empedernido sigues*
*acumulando castigo contra ti mismo para el día de la ira,*
*cuando Dios revelará su justo juicio"* (Romanos 2:4-5)

775. Si Dios existe se vuelve obvio comprender de dónde surge la moral, pero si no existe con mayor razón ¡la moral es un milagro!

*"De hecho, cuando los gentiles, que no tienen la ley, cumplen*
*por naturaleza lo que la ley exige, ellos son ley para sí*
*mismos, aunque no tengan la ley. Éstos muestran que llevan*
*escrito en el corazón lo que la ley exige, como lo atestigua su*
*conciencia, pues sus propios pensamientos algunas veces los*
*acusan y otras veces los excusan. Así sucederá el día en que,*
*por medio de Jesucristo, Dios juzgará los secretos de toda*
*persona, como lo declara mi evangelio"* (Romanos 2:14-16)

776. El mayor impedimento de muchos para ser cristianos es que, por el hecho de ser moralistas religiosos, piensan que ya lo son.

777. Es lamentable, pero el evangelio sufre grandes reveses no por cuenta de sus detractores sino por causa de la misma iglesia.

778. Es paradójico pero, si la iglesia no está a la altura de su llamado, los primeros en hacérselo saber serán los inconversos.

779. Obedecer la instrucción de circuncidarse o bautizarse no sirve de nada si no estamos dispuestos a seguir obedeciendo después.

*"Ahora bien, tú que llevas el nombre de judío; que dependes*
*de la ley y te jactas de tu relación con Dios; que conoces su*
*voluntad y sabes discernir lo que es mejor porque eres instruido*
*por la ley; que estás convencido de ser guía de los ciegos y luz*
*de los que están en la oscuridad, instructor de los ignorantes,*
*maestro de los sencillos, pues tienes en la ley la esencia misma*
*del conocimiento y de la verdad; en fin, tú que enseñas a otros,*
*¿no te enseñas a ti mismo? Tú que predicas contra el robo, ¿robas?*
*Tú que dices que no se debe cometer adulterio, ¿adulteras?*
*Tú que aborreces a los ídolos, ¿robas de sus templos? Tú que*
*te jactas de la ley, ¿deshonras a Dios quebrantando la ley? Así*
*está escrito: «Por causa de ustedes se blasfema el nombre de*
*Dios entre los gentiles.» La circuncisión tiene valor si observas*

*la ley; pero si la quebrantas, vienes a ser como un incircunciso.
Por lo tanto, si los gentiles cumplen los requisitos de la ley,
¿no se les considerará como si estuvieran circuncidados? El
que no está físicamente circuncidado, pero obedece la ley, te
condenará a ti que, a pesar de tener el mandamiento escrito y
la circuncisión, quebrantas la ley. Lo exterior no hace a nadie
judío, ni consiste la circuncisión en una señal en el cuerpo. El
verdadero judío lo es interiormente; y la circuncisión es la del
corazón, la que realiza el Espíritu, no el mandamiento escrito. Al
que es judío así, lo alaba Dios y no la gente"* (Romanos 2:17-29)

780. Si hay algo que asombra y conmueve especialmente de Dios es que ni siquiera nuestra infidelidad anula su declarada fidelidad.

781. Dios es veraz y por eso llama siempre a las cosas por su nombre, a diferencia de nosotros con nuestros eufemismos mentirosos.

> *"Pero entonces, si a algunos les faltó la fe, ¿acaso su falta
> de fe anula la fidelidad de Dios? ¡De ninguna manera!
> Dios es siempre veraz, aunque el hombre sea mentiroso.
> Así está escrito: «Por eso, eres justo en tu sentencia, y
> triunfarás cuando te juzguen.»"* (Romanos 3:3-4)

782. Los ateos argumentan contra Dios protestando por la existencia del mal sin notar que ellos mismos también contribuyen a este mal.

> *"¿A qué conclusión llegamos? ¿Acaso los judíos somos mejores?
> ¡De ninguna manera! Ya hemos demostrado que tanto los
> judíos como los gentiles están bajo el pecado"* (Romanos 3:9)

783. No nacemos puros en una sociedad que nos corrompe, sino que somos nosotros mismos, uno a uno, quienes corrompemos a la sociedad.

> *"Todos se han descarriado, a una se han corrompido. No hay
> nadie que haga lo bueno; ¡no hay uno solo!»"* (Romanos 3:12)

784. Si existe un tiempo para callar es cuando comparecemos ante Dios y sentimos el impulso de justificarnos con una sarta de excusas.

*"Ahora bien, sabemos que todo lo que dice la ley, lo dice a quienes están sujetos a ella, para que todo el mundo se calle la boca y quede convicto delante de Dios"* (Romanos 3:19)

785. En lo que tiene que ver con el problema del mal y nuestra participación personal en él, nadie puede arrojar la primera piedra.

*"pues todos han pecado y están privados de la gloria de Dios"* (Romanos 3:23)

786. Ver también numeral 466

787. Abraham tuvo momentos de duda durante su vida, pero no fueron tan graves como para dejar de ser considerado el padre de la fe.

*"Su fe no flaqueó, aunque reconocía que su cuerpo estaba como muerto, pues ya tenía unos cien años, y que también estaba muerta la matriz de Sara. Ante la promesa de Dios no vaciló como un incrédulo, sino que se reafirmó en su fe y dio gloria a Dios, plenamente convencido de que Dios tenía poder para cumplir lo que había prometido"* (Romanos 4:19-21)

788. Ver también numeral 348

789. Para poder disfrutar de la paz de Dios primero hay que ponerse en paz con Dios por medio de la fe en Cristo que nos justifica.

*"En consecuencia, ya que hemos sido justificados mediante la fe, tenemos paz con Dios por medio de nuestro Señor Jesucristo"* (Romanos 5:1)

790. El acceso, confianza y familiaridad en el trato que Dios nos brinda en Cristo no debe hacernos olvidar con Quien estamos tratando.

*"También por medio de él, y mediante la fe, tenemos acceso a esta gracia en la cual nos mantenemos firmes. Así que nos regocijamos en la esperanza de alcanzar la gloria de Dios"* (Romanos 5:2)

791. Cristo no dio su vida por Sus amigos, lo hizo por Sus enemigos lo cual hace aún más extraordinario y conmovedor Su sacrificio.

*"A la verdad, como éramos incapaces de salvarnos, en el tiempo señalado Cristo murió por los malvados. Difícilmente habrá quien muera por un justo, aunque tal vez haya quien se atreva a morir por una persona buena. Pero Dios demuestra su amor por nosotros en esto: en que cuando todavía éramos pecadores, Cristo murió por nosotros"* (Romanos 5:6-8)

792. Hasta su regreso Cristo ha decidido eliminar a sus enemigos convirtiéndolos en amigos, marcando el ejemplo para los creyentes.

*"Porque si, cuando éramos enemigos de Dios, fuimos reconciliados con él mediante la muerte de su Hijo, ¡con cuánta más razón, habiendo sido reconciliados, seremos salvados por su vida!"* (Romanos 5:10)

793. Si aceptamos que Cristo cargó con nuestros pecados, deberíamos aceptar que nosotros también hemos cargado con el de Adán y Eva.

*"Por medio de un solo hombre el pecado entró en el mundo, y por medio del pecado entró la muerte; fue así como la muerte pasó a toda la humanidad, porque todos pecaron"* (Romanos 5:12)

794. Si Cristo es un personaje histórico, Adán también lo es. Y así como él fracasó por todos, Cristo también venció por todos.

*"Pero la transgresión de Adán no puede compararse con la gracia de Dios. Pues si por la transgresión de un solo hombre murieron todos, ¡cuánto más el don que vino por la gracia de un solo hombre, Jesucristo, abundó para todos! Tampoco se puede comparar la dádiva de Dios con las consecuencias del pecado de Adán. El juicio que lleva a la condenación fue resultado de un solo pecado, pero la dádiva que lleva a la justificación tiene que ver con una multitud de transgresiones. Pues si por la transgresión de un solo hombre reinó la muerte, con mayor razón los que reciben en abundancia la gracia y el don de la justicia reinarán en vida por medio de un solo hombre, Jesucristo. Por tanto, así como una sola transgresión causó la condenación de todos, también un solo acto de justicia produjo la justificación que da vida a todos. Porque así como por la desobediencia de uno solo muchos fueron*

*constituidos pecadores, también por la obediencia de uno*
*solo muchos serán constituidos justos"* (Romanos 5:15-19)

795. La salvación no se pierde puesto que los efectos del pecado de Adán no se comparan con los beneficios de la gracia de Cristo.

> *"En lo que atañe a la ley, ésta intervino para que*
> *aumentara la transgresión. Pero allí donde abundó el*
> *pecado, sobreabundó la gracia"* (Romanos 5:20)

796. Cristo nos reveló en sí mismo la paradoja de que para vencer a la muerte lo único que tenemos que hacer es morir de verdad.

797. La muerte vale la pena cuando se trata de morir al pecado: la única forma de renacer a la vida verdadera que Cristo nos otorga.

> *"¿Qué concluiremos? ¿Vamos a persistir en el pecado, para*
> *que la gracia abunde? ¡De ninguna manera! Nosotros, que*
> *hemos muerto al pecado, ¿cómo podemos seguir viviendo*
> *en él? ¿Acaso no saben ustedes que todos los que fuimos*
> *bautizados para unirnos con Cristo Jesús, en realidad fuimos*
> *bautizados para participar en su muerte? Por tanto, mediante*
> *el bautismo fuimos sepultados con él en su muerte, a fin de*
> *que, así como Cristo resucitó por el poder del Padre, también*
> *nosotros llevemos una vida nueva. En efecto, si hemos estado*
> *unidos con él en su muerte, sin duda también estaremos*
> *unidos con él en su resurrección. Sabemos que nuestra vieja*
> *naturaleza fue crucificada con él para que nuestro cuerpo*
> *pecaminoso perdiera su poder, de modo que ya no siguiéramos*
> *siendo esclavos del pecado; porque el que muere queda*
> *liberado del pecado. Ahora bien, si hemos muerto con Cristo,*
> *confiamos que también viviremos con él. Pues sabemos que*
> *Cristo, por haber sido levantado de entre los muertos, ya no*
> *puede volver a morir; la muerte ya no tiene dominio sobre*
> *él. En cuanto a su muerte, murió al pecado una vez y para*
> *siempre; en cuanto a su vida, vive para Dios. De la misma*
> *manera, también ustedes considérense muertos al pecado,*
> *pero vivos para Dios en Cristo Jesús"* (Romanos 6:1-11)

798. Tal vez sea cierto que errar es humano y perdonar es divino, pero no podemos convertir lo último en un pretexto para lo primero.

*"Entonces, ¿qué? ¿Vamos a pecar porque no estamos ya bajo la ley sino bajo la gracia? ¡De ninguna manera!"* (Romanos 6:15)

799. Sólo somos libres para escoger nuestras cadenas. Pero es muy diferente el esclavo que puede elegir a su amo del que no puede.

*"¿Acaso no saben ustedes que, cuando se entregan a alguien para obedecerlo, son esclavos de aquel a quien obedecen? Claro que lo son, ya sea del pecado que lleva a la muerte, o de la obediencia que lleva a la justicia. Pero gracias a Dios que, aunque antes eran esclavos del pecado, ya se han sometido de corazón a la enseñanza que les fue transmitida. En efecto, habiendo sido liberados del pecado, ahora son ustedes esclavos de la justicia"* (Romanos 6:16-18)

800. En relación con los demás, la vida es un derecho. En relación con Dios, un don que no podemos exigir ni disponer de él al antojo.

*"Porque la paga del pecado es muerte, mientras que la dádiva de Dios es vida eterna en Cristo Jesús, nuestro Señor"* (Romanos 6:23)

801. Aunque la ley sea buena nos deja en mala situación pues no nos da el poder para obedecerla que sólo el Espíritu puede otorgarnos.

*"Pero ahora, al morir a lo que nos tenía subyugados, hemos quedado libres de la ley, a fin de servir a Dios con el nuevo poder que nos da el Espíritu, y no por medio del antiguo mandamiento escrito"* (Romanos 7:6)

802. Lo que nos esclaviza y mantiene postrados no son las estructuras sociales, políticas o económicas injustas, sino nuestro pecado.

*"Sabemos, en efecto, que la ley es espiritual. Pero yo soy meramente humano, y estoy vendido como esclavo al pecado"* (Romanos 7:14)

803. No podemos culpar de todo lo malo a Satanás y al mundo pues nuestra carne les hace el juego y nos deja sin excusas ante Dios.

*"Yo sé que en mí, es decir, en mi naturaleza pecaminosa, nada bueno habita. Aunque deseo hacer lo bueno, no soy capaz de hacerlo"* (Romanos 7:18)

804. Reconocer que se ha tocado fondo con el pecado es estar muy cerca de la cima del arrepentimiento, el perdón y la salvación.

*"Así que descubro esta ley: que cuando quiero hacer el bien, me acompaña el mal. Porque en lo íntimo de mi ser me deleito en la ley de Dios; pero me doy cuenta de que en los miembros de mi cuerpo hay otra ley, que es la ley del pecado. Esta ley lucha contra la ley de mi mente, y me tiene cautivo. ¡Soy un pobre miserable! ¿Quién me librará de este cuerpo mortal? ¡Gracias a Dios por medio de Jesucristo nuestro Señor!..."* (Romanos 7:21-25)

805. Quien está unido a Cristo no puede ser separado de Él ni tampoco ser condenado por causa de nada ni nadie en el mundo.

*"Por lo tanto, ya no hay ninguna condenación para los que están unidos a Cristo Jesús... ¿Quién condenará? Cristo Jesús es el que murió, e incluso resucitó, y está a la derecha de Dios e intercede por nosotros... Pues estoy convencido de que ni la muerte ni la vida, ni los ángeles ni los demonios, ni lo presente ni lo por venir, ni los poderes, ni lo alto ni lo profundo, ni cosa alguna en toda la creación, podrá apartarnos del amor que Dios nos ha manifestado en Cristo Jesús nuestro Señor"* (Romanos 8:1, 34, 38-39)

806. Tratar de cumplir la ley según la carne conduce al fracaso, mientras que al hacerlo según el Espíritu el éxito está asegurado.

*"a fin de que las justas demandas de la ley se cumplieran en nosotros, que no vivimos según la naturaleza pecaminosa sino según el Espíritu. Los que viven conforme a la naturaleza pecaminosa fijan la mente en los deseos de tal naturaleza; en cambio, los que viven conforme al Espíritu fijan la mente en los deseos del Espíritu. La mentalidad pecaminosa es muerte, mientras que la mentalidad que proviene del Espíritu es vida y paz. La mentalidad pecaminosa es enemiga de Dios, pues no se somete a la ley de Dios, ni es capaz de hacerlo. Los que viven según la naturaleza pecaminosa no pueden agradar a Dios. Sin embargo,*

*ustedes no viven según la naturaleza pecaminosa sino según el Espíritu, si es que el Espíritu de Dios vive en ustedes. Y si alguno no tiene el Espíritu de Cristo, no es de Cristo. Pero si Cristo está en ustedes, el cuerpo está muerto a causa del pecado, pero el Espíritu que está en ustedes es vida a causa de la justicia. Y si el Espíritu de aquel que levantó a Jesús de entre los muertos vive en ustedes, el mismo que levantó a Cristo de entre los muertos también dará vida a sus cuerpos mortales por medio de su Espíritu, que vive en ustedes. Por tanto, hermanos, tenemos una obligación, pero no es la de vivir conforme a la naturaleza pecaminosa. Porque si ustedes viven conforme a ella, morirán; pero si por medio del Espíritu dan muerte a los malos hábitos del cuerpo, vivirán"* (Romanos 8:4-13)

807. No se trata tan sólo de que el incrédulo no quiera obedecer la voluntad de Dios. Se trata de que aún queriendo hacerlo, no puede.

> *"La mentalidad pecaminosa es enemiga de Dios, pues no se somete a la ley de Dios, ni es capaz de hacerlo"* (Romanos 8:7)

808. Ver también numeral 707

809. El valor consiste en superar el miedo propio del instinto de conservación cuando hay en juego valores superiores a la vida misma.

> *"Y ustedes no recibieron un espíritu que de nuevo los esclavice al miedo, sino el Espíritu que los adopta como hijos y les permite clamar: «¡Abba! ¡Padre!»"* (Romanos 8:15)

810. La duración del sufrimiento nunca se compara con la de la gloria, lo cual hace que el primero sea sólo parte del anecdotario.

> *"Y si somos hijos, somos herederos; herederos de Dios y coherederos con Cristo, pues si ahora sufrimos con él, también tendremos parte con él en su gloria. De hecho, considero que en nada se comparan los sufrimientos actuales con la gloria que habrá de revelarse en nosotros"* (Romanos 8:17-18)

811. Muchos desastres naturales atribuidos al calentamiento global no son nuestra culpa directa sino consecuencias de la caída.

*"La creación aguarda con ansiedad la revelación de los hijos de Dios, porque fue sometida a la frustración. Esto no sucedió por su propia voluntad, sino por la del que así lo dispuso... Sabemos que toda la creación todavía gime a una, como si tuviera dolores de parto"* (Romanos 8:19-20, 22)

812. Afortunadamente Dios no responde nuestras oraciones en los términos en que las formulamos, sino en los términos del Espíritu.

*"Así mismo, en nuestra debilidad el Espíritu acude a ayudarnos. No sabemos qué pedir, pero el Espíritu mismo intercede por nosotros con gemidos que no pueden expresarse con palabras. Y Dios, que examina los corazones, sabe cuál es la intención del Espíritu, porque el Espíritu intercede por los creyentes conforme a la voluntad de Dios"* (Romanos 8:26-27)

813. Dios aborrece el mal y no es su autor, pero por lo pronto lo vence no eliminándolo, sino disponiéndolo para el bien de los suyos.

*"Ahora bien, sabemos que Dios dispone todas las cosas para el bien de quienes lo aman, los que han sido llamados de acuerdo con su propósito"* (Romanos 8:28)

814. Las promesas de protección divina no nos autorizan a meternos en la boca del lobo de manera irreflexiva, imprudente y temeraria.

*"¿Qué diremos frente a esto? Si Dios está de nuestra parte, ¿quién puede estar en contra nuestra?"* (Romanos 8:31)

815. Si siendo sus enemigos Cristo entregó su vida por nosotros, ¿qué nos hace pensar que siendo ya sus amigos se volverá mezquino?.

*"El que no escatimó ni a su propio Hijo, sino que lo entregó por todos nosotros, ¿cómo no habrá de darnos generosamente, junto con él, todas las cosas?"* (Romanos 8:32)

816. El cristiano no puede excusarse culpando a Satanás, el mundo o la carne, pues Cristo ya los derrotó a los tres a nuestro favor.

*"Sin embargo, en todo esto somos más que vencedores por medio de aquel que nos amó"* (Romanos 8:37)

817. El cristianismo supera al judaísmo en que ahora todos podemos adorar a Jesucristo sin renunciar a nuestra cultura.

> *"el pueblo de Israel. De ellos son la adopción como hijos, la gloria divina, los pactos, la ley, y el privilegio de adorar a Dios y contar con sus promesas. De ellos son los patriarcas, y de ellos, según la naturaleza humana, nació Cristo, quien es Dios sobre todas las cosas. ¡Alabado sea por siempre! Amén... Después de esto miré, y apareció una multitud tomada de todas las naciones, tribus, pueblos y lenguas; era tan grande que nadie podía contarla. Estaban de pie delante del trono y del Cordero, vestidos de túnicas blancas y con ramas de palma en la mano. Gritaban a gran voz: «¡La salvación viene de nuestro Dios, que está sentado en el trono, y del Cordero!»"* (Romanos 9:4-5; Apocalipsis 7:9-10)

818. Quien se endurece creciente y obstinadamente contra Dios no puede quejarse si Él decide endurecerlo más de forma definitiva.

> *Porque la Escritura le dice al faraón: «Te he levantado precisamente para mostrar en ti mi poder, y para que mi nombre sea proclamado por toda la tierra.» Así que Dios tiene misericordia de quien él quiere tenerla, y endurece a quien él quiere endurecer"* (Romanos 9:17-18)

819. Cuando oramos y conversamos con Dios debemos hacerlo renunciando a nuestro deseo natural de salir ganadores de las discusiones.

> *"Respondo: ¿Quién eres tú para pedirle cuentas a Dios? «¿Acaso le dirá la olla de barro al que la modeló: '¿Por qué me hiciste así?'»"* (Romanos 9:20)

820. La diferencia entre las vasijas no está en la materia prima, sino en la docilidad con la que se dejan moldear por el Artista.

> *"¿No tiene derecho el alfarero de hacer del mismo barro unas vasijas para usos especiales y otras para fines ordinarios? ¿Y qué si Dios, queriendo mostrar su ira y dar a conocer su poder, soportó con mucha paciencia a los que eran objeto de su castigo y estaban destinados a la destrucción? ¿Qué si lo hizo para*

*dar a conocer sus gloriosas riquezas a los que eran objeto de su misericordia, y a quienes de antemano preparó para esa gloria? Ésos somos nosotros, a quienes Dios llamó no sólo de entre los judíos sino también de entre los gentiles"* (Romanos 9:21-24)

821. El evangelio es motivo de escándalo y tropiezo para los moralistas de ayer y hoy, pues deja expuestas sus poses hipócritas.

*"¿Por qué no? Porque no la buscaron mediante la fe sino mediante las obras, como si fuera posible alcanzarla así. Por eso tropezaron con la «piedra de tropiezo», como está escrito: «Miren que pongo en Sión una piedra de tropiezo y una roca que hace caer; pero el que confíe en él no será defraudado.»"* (Romanos 9:32-33)

822. Por buscar a Dios en las alturas o en las profundidades no hemos notado que siempre ha estado más cerca de lo que pensamos.

823. Al hacerse hombre, Cristo comenzó a traer el cielo a la tierra, por lo que ya no tenemos que ascender para alcanzar el cielo.

824. Toda emoción o vivencia sobrenatural en la conversión constituye una ganancia que no añade ni quita nada de lo esencial a ella.

*"Pero la justicia que se basa en la fe afirma: «No digas en tu corazón: '¿Quién subirá al cielo?' (es decir, para hacer bajar a Cristo), o '¿Quién bajará al abismo' » (es decir para hacer subir a Cristo de entre los muertos). ¿Qué afirma entonces? «La palabra está cerca de ti; la tienes en la boca y en el corazón.» Ésta es la palabra de fe que predicamos: que si confiesas con tu boca que Jesús es el Señor, y crees en tu corazón que Dios lo levantó de entre los muertos, serás salvo"* (Romanos 10:6-9)

825. Dios no es una fuerza a la que recurrimos con una fórmula mágica, sino un Ser personal que puede ser invocado por Su nombre.

*"porque «todo el que invoque el nombre del Señor será salvo»"* (Romanos 10:13)

826. Si la iglesia no se examina y corrige a sí misma, los inconversos lo harán entonces providencialmente y de manera dolorosa.

827. Dios mismo ha determinado que la gente del mundo posea un fino olfato para percibir las culpas de una iglesia autocomplaciente.

> *"Pero insisto: ¿Acaso no entendió Israel? En primer lugar, Moisés dice: «Yo haré que ustedes sientan envidia de los que no son nación; voy a irritarlos con una nación insensata.»"* (Romanos 10:19)

828. La existencia de Israel como nación es una señal no sólo de que Dios es real sino de que el llamamiento de Dios es irrevocable.

> *"porque las dádivas de Dios son irrevocables, como lo es también su llamamiento"* (Romanos 11:29)

829. No es lo mismo lo sencillo que lo simple. La Biblia es sencilla pero profunda, mientras que lo simple suele ser superficial.

> *"¡Qué profundas son las riquezas de la sabiduría y del conocimiento de Dios! ¡Qué indescifrables sus juicios e impenetrables sus caminos! «¿Quién ha conocido la mente del Señor, o quién ha sido su consejero?»"* (Romanos 11:33-34)

830. Ver también numeral 161

831. Aunque necesario a veces, es inusual que Cristo nos pida morir por Él. Lo que nos pide más bien es que vivamos por Él y para Él.

> *"Por lo tanto, hermanos, tomando en cuenta la misericordia de Dios, les ruego que cada uno de ustedes, en adoración espiritual, ofrezca su cuerpo como sacrificio vivo, santo y agradable a Dios"* (Romanos 12:1)

832. Los moralistas siguen sin pensarlo las buenas costumbres. Los cristianos reflexionan y se comportan según su renovada conciencia.

> *"No se amolden al mundo actual, sino sean transformados mediante la renovación de su mente. Así podrán comprobar cuál es la voluntad de Dios, buena, agradable y perfecta"* (Romanos 12:2)

833. La satisfacción no surge de los muchos proyectos realizados, sino de los pocos que se ajustan a nuestro llamado y medida de fe.

834. Por estar sobrestimando con orgullo lo que en verdad no somos terminamos subestimando lo que estamos llamados a ser en Cristo.

*"Por la gracia que se me ha dado, les digo a todos ustedes: Nadie tenga un concepto de sí más alto que el que debe tener, sino más bien piense de sí mismo con moderación, según la medida de fe que Dios le haya dado"* (Romanos 12:3)

835. Los cristianos no debemos ser personas censurablemente pasionales, pero si crecientemente apasionadas por la causa de Cristo.

*"Nunca dejen de ser diligentes; antes bien, sirvan al Señor con el fervor que da el Espíritu"* (Romanos 12:11)

836. Cuando renunciamos a tomar venganza no estamos legitimando la impunidad sino apelando a la superioridad de la justicia divina.

837. Dios no desea que tomemos la ley en nuestra mano para que el castigo se deba a Su justicia y no a nuestra sed de venganza.

*"No tomen venganza, hermanos míos, sino dejen el castigo en las manos de Dios, porque está escrito: «Mía es la venganza; yo pagaré», dice el Señor... pues está al servicio de Dios para tu bien. Pero si haces lo malo, entonces debes tener miedo. No en vano lleva la espada, pues está al servicio de Dios para impartir justicia y castigar al malhechor"* (Romanos 12:19; 13:4)

838. Es preciso tratar bien y dignamente a nuestros enemigos si deseamos mantener abierta para ellos la posibilidad de arrepentirse.

*"Antes bien, «Si tu enemigo tiene hambre, dale de comer; si tiene sed, dale de beber. Actuando así, harás que se avergüence de su conducta.»"* (Romanos 12:20)

839. El uso que le demos a los avances culturales es lo que les otorga su carácter y nos permite contrarrestar sus malas aplicaciones.

*"No te dejes vencer por el mal; al contrario, vence el mal con el bien"* (Romanos 12:21)

840. En la iglesia aún los creyentes más modestos y menos presentables tienen su lugar y como tales deben recibir respeto y honra.

> *"Paguen a cada uno lo que le corresponda: si deben impuestos, paguen los impuestos; si deben contribuciones, paguen las contribuciones; al que deban respeto, muéstrenle respeto; al que deban honor, ríndanle honor"* (Romanos 13:7)

841. El amor no es un sentimiento sino más bien un deber o deuda continua que debemos pagar ya sea que lo sintamos o no.

> *"No tengan deudas pendientes con nadie, a no ser la de amarse unos a otros. De hecho, quien ama al prójimo ha cumplido la ley. Porque los mandamientos que dicen: «No cometas adulterio», «No mates», «No robes», «No codicies», y todos los demás mandamientos, se resumen en este precepto: «Ama a tu prójimo como a ti mismo.» El amor no perjudica al prójimo. Así que el amor es el cumplimiento de la ley"* (Romanos 13:8-10)

842. La discreción, la sobriedad y la sencillez son obligaciones que la fe le impone al creyente si de vivir decentemente se trata.

> *"Vivamos decentemente, como a la luz del día, no en orgías y borracheras, ni en inmoralidad sexual y libertinaje, ni en disensiones y envidias"* (Romanos 13:13)

843. No debemos hacer pasar las opiniones teológicas de nuestro grupo o denominación por dogmas revelados de obligatoria aceptación.

> *"Reciban al que es débil en la fe, pero no para entrar en discusiones"* (Romanos 14:1)

844. "Dios ha muerto" dijo Nietzsche. Pero la Biblia añade que también resucitó para ser Señor de todos: muertos y vivos por igual.

> *"Para esto mismo murió Cristo, y volvió a vivir, para ser Señor tanto de los que han muerto como de los que aún viven"* (Romanos 14:9)

845. La ciencia y la teología no deben menospreciarse ni juzgarse mutuamente sino hacer causa común en su búsqueda de la verdad.

> *"Tú, entonces, ¿por qué juzgas a tu hermano? O tú, ¿por qué lo menosprecias? ¡Todos tendremos que comparecer ante el tribunal de Dios!... Así que cada uno de nosotros tendrá que dar cuentas de sí a Dios"* (Romanos 14:10, 12)

846. No sirve de nada reconocer en Cristo al más grande hombre que ha existido si no doblamos también nuestra rodilla ante su nombre

> *"Está escrito: «Tan cierto como que yo vivo –dice el Señor–, ante mí se doblará toda rodilla y toda lengua confesará a Dios.»"* (Romanos 14:11)

847. El Reino de Dios es el sistema de gobierno perfecto. Debemos recrearlo reconociendo lo imperfecto de nuestros mejores esfuerzos.

> *"porque el reino de Dios no es cuestión de comidas o bebidas sino de justicia, paz y alegría en el Espíritu Santo"* (Romanos 14:17)

848. La flexibilidad sólo es una virtud cuando se tienen convicciones que no dependen de la presión que ejerza la opinión pública.

> *"Así que la convicción que tengas tú al respecto, manténla como algo entre Dios y tú. Dichoso aquel a quien su conciencia no lo acusa por lo que hace. Pero el que tiene dudas en cuanto a lo que come, se condena; porque no lo hace por convicción. Y todo lo que no se hace por convicción es pecado"* (Romanos 14:22-23)

849. La perseverancia del creyente no es una virtud heroica sino más bien una facultad que Dios brinda a todos a los que ha salvado.

> *"Que el Dios que infunde aliento y perseverancia les conceda vivir juntos en armonía, conforme al ejemplo de Cristo Jesús"* (Romanos 15:5)

850. Cristo nos acepta tal como somos pero no para dejarnos seguir siendo así, sino para llevarnos a ser mejores personas cada día.

*"Por tanto, acéptense mutuamente, así como Cristo los
aceptó a ustedes para gloria de Dios"* (Romanos 15:7)

851. Ver también numeral 60

852. Quienes promueven falsas jerarquías con base en la distinción entre ministros y laicos son culpables de dividir a la iglesia.

*"Les ruego, hermanos, que se cuiden de los que causan
divisiones y dificultades, y van en contra de lo que a ustedes
se les ha enseñado. Apártense de ellos"* (Romanos 16:17)

853. Las sospechas de muchos inconversos hacia el evangelio obedecen a la malicia del que se las imagina porque también las hace.

*"Es cierto que ustedes viven en obediencia, lo que es bien
conocido de todos y me alegra mucho; pero quiero que sean
sagaces para el bien e inocentes para el mal"* (Romanos 16:19)

854. A pesar de los estragos que aún causa, el diablo es tan sólo un enemigo ya derrotado que se resiste a reconocer su derrota.

*"Muy pronto el Dios de paz aplastará a Satanás
bajo los pies de ustedes. Que la gracia de nuestro
Señor Jesús sea con ustedes"* (Romanos 16:20)

# #1 Corintios

855. La cruz de Cristo hoy tanto como ayer sigue siendo brújula que guía y ancla que afirma las vidas de quienes se acogen a ella.

> *"Pues Cristo no me envió a bautizar sino a predicar el evangelio, y eso sin discursos de sabiduría humana, para que la cruz de Cristo no perdiera su eficacia"* (1 Corintios 1:17)

856. El evangelio es una locura tan genial y sublime que contrasta y sobresale por encima de la más excelsa sabiduría humana.

857. Quienes creen en vida extraterrestre inteligente se contradicen cuando se cierran a Dios, la Vida Inteligente por excelencia.

858. Aún la más aparentemente insignificante obra de Dios en la naturaleza supera los más grandes logros culturales del ser humano.

859. Toda la erudición y conocimiento mundanos no pueden rivalizar ni admitir comparación con la "locura" del evangelio de Cristo.

> *"Me explico: El mensaje de la cruz es una locura para los que se pierden; en cambio, para los que se salvan, es decir, para nosotros, este mensaje es el poder de Dios. Pues está escrito: «Destruiré la sabiduría de los sabios; frustraré la inteligencia de los inteligentes.» ¿Dónde está el sabio? ¿Dónde el erudito? ¿Dónde el filósofo de esta época? ¿No ha convertido Dios en locura la sabiduría de este mundo?... Pues la locura de Dios es más sabia que la sabiduría humana, y la debilidad de Dios es más fuerte que la fuerza humana"* (1 Corintios 1:18-20, 25)

860. En contra de las conspiraciones de los poderosos del mundo Dios opone la sutil y eficaz conspiración de lo "insignificante".

> *"Pero Dios escogió lo insensato del mundo para avergonzar a los sabios, y escogió lo débil del mundo para avergonzar a los poderosos. También escogió Dios lo más bajo y despreciado, y lo que no es nada, para anular lo que es"* (1 Corintios 1:27-28)

861. Conocer lo que el futuro nos depara no es en verdad deseable. Es mejor dejar que Dios nos sorprenda como sólo Él sabe hacerlo.

> *"Sin embargo, como está escrito: «Ningún ojo ha visto, ningún oído ha escuchado, ninguna mente humana ha concebido lo que Dios ha preparado para quienes lo aman.»"* (1 Corintios 2:9)

862. La revelación del Espíritu no se puede probar objetivamente, pero se puede experimentar subjetivamente en nuestro trato con Él.

> *"Ahora bien, Dios nos ha revelado esto por medio de su Espíritu, pues el Espíritu lo examina todo, hasta las profundidades de Dios"* (1 Corintios 2:10)

863. El evangelio no puede ser comprendido y aceptado con nuestra limitada y tendenciosa mente sin la iluminación del Espíritu Santo.

> *"El que no tiene el Espíritu no acepta lo que procede del Espíritu de Dios, pues para él es locura. No puede entenderlo, porque hay que discernirlo espiritualmente"* (1 Corintios 2:14)

864. Los creyentes no podemos descubrir que tenemos la mente de Cristo sin maravillarnos, conmovernos y temblar ante esta verdad.

> *"«¿quién ha conocido la mente del Señor para que pueda instruirlo?» Nosotros, por nuestra parte, tenemos la mente de Cristo"* (1 Corintios 2:16)

865. Es una lástima que en la iglesia abunden los creyentes "carnales", pues por naturaleza el cristiano debería ser espiritual.

> *"Yo, hermanos, no pude dirigirme a ustedes como a espirituales sino como a inmaduros, apenas niños en*

*Cristo. Les di leche porque no podían asimilar alimento sólido, ni pueden todavía, pues aún son inmaduros. Mientras haya entre ustedes celos y contiendas, ¿no serán inmaduros? ¿Acaso no se están comportando según criterios meramente humanos?"* (1 Corintios 3:1-3)

866. Dios puede hacerlo mucho mejor sin nosotros, pero aún así decidió contar con nosotros invitándonos a ser sus colaboradores.

867. Es cierto que nadie es indispensable para Dios. Pero al mismo tiempo todos somos también necesarios e insustituibles para Él.

*"En efecto, nosotros somos colaboradores al servicio de Dios; y ustedes son el campo de cultivo de Dios, son el edificio de Dios. Según la gracia que Dios me ha dado, yo, como maestro constructor, eché los cimientos, y otro construye sobre ellos. Pero cada uno tenga cuidado de cómo construye, porque nadie puede poner un fundamento diferente del que ya está puesto, que es Jesucristo. Si alguien construye sobre este fundamento, ya sea con oro, plata y piedras preciosas, o con madera, heno y paja, su obra se mostrará tal cual es, pues el día del juicio la dejará al descubierto. El fuego la dará a conocer, y pondrá a prueba la calidad del trabajo de cada uno. Si lo que alguien ha construido permanece, recibirá su recompensa"* (1 Corintios 3:9-14)

868. Los creyentes debemos esmerarnos por cuidar nuestro cuerpo y honrar a Dios con él como templos del Espíritu que somos.

*"¿No saben que ustedes son templo de Dios y que el Espíritu de Dios habita en ustedes?... ¿Acaso no saben que su cuerpo es templo del Espíritu Santo, quien está en ustedes y al que han recibido de parte de Dios? Ustedes no son sus propios dueños; fueron comprados por un precio. Por tanto, honren con su cuerpo a Dios"* (1 Corintios 3:16; 6:19-20)

869. La erudición cerrada que no se divulga ni comparte con los demás no es más que orgullosa sabiduría mundana y esotérica.

*"Que nadie se engañe. Si alguno de ustedes se cree sabio según las normas de esta época, hágase ignorante para así llegar a ser sabio. Porque a los ojos de Dios la sabiduría de*

*este mundo es locura. Como está escrito: «Él atrapa a los
sabios en su propia astucia»; y también dice: «El Señor conoce
los pensamientos de los sabios y sabe que son absurdos.»
Por lo tanto, ¡que nadie base su orgullo en el hombre! Al
fin y al cabo, todo es de ustedes"* (1 Corintios 3:18-21)

870. Aunque nuestros anónimos logros pasen desapercibidos en este
mundo, podemos estar seguros de que Dios no los pasará por alto.

871. Decir la verdad puede ser a veces irresponsable en la medida en que
implique un juicio que no nos corresponde a nosotros emitir.

*"Por lo tanto, no juzguen nada antes de tiempo; esperen
hasta que venga el Señor. Él sacará a la luz lo que está oculto
en la oscuridad y pondrá al descubierto las intenciones
de cada corazón. Entonces cada uno recibirá de Dios
la alabanza que le corresponda"* (1 Corintios 4:5)

872. En relación con los demás seres humanos podemos hablar de
derechos, pero en relación con Dios sólo podemos hablar de dones.

*"¿Quién te distingue de los demás? ¿Qué tienes que
no hayas recibido? Y si lo recibiste, ¿por qué presumes
como si no te lo hubieran dado?"* (1 Corintios 4:7)

873. Ver también numeral 642

874. Distinguir entre pecado mortal y venial es trivializar el pecado para
poder justificarlo como una pequeñez inocua y tolerable.

*"Hacen mal en jactarse. ¿No se dan cuenta de que un poco de
levadura hace fermentar toda la masa?"* (1 Corintios 5:6)

875. Ver también numeral 617

876. Cuando la iglesia pretende aislarse por completo del mundo no sólo
peca por desobediencia, sino peca también por ingenuidad.

877. No podemos evitar que la iglesia esté en el mundo. Lo que si
debemos hacer es no permitir que el mundo esté en la iglesia.

878. El hecho de que la iglesia deba permanecer en el mundo significa
que debemos estar todos juntos pero de ningún modo revueltos.

*"Por carta ya les he dicho que no se relacionen con personas inmorales. Por supuesto, no me refería a la gente inmoral de este mundo, ni a los avaros, estafadores o idólatras. En tal caso, tendrían ustedes que salirse de este mundo. Pero en esta carta quiero aclararles que no deben relacionarse con nadie que, llamándose hermano, sea inmoral o avaro, idólatra, calumniador, borracho o estafador. Con tal persona ni siquiera deben juntarse para comer"* (1 Corintios 5:9-11)

879. Si existe algún ámbito en el que un mal arreglo sea preferible a un buen pleito ese es el ámbito de los creyentes en la iglesia.

*"En realidad, ya es una grave falla el solo hecho de que haya pleitos entre ustedes. ¿No sería mejor soportar la injusticia? ¿No sería mejor dejar que los defrauden?"* (1 Corintios 6:7)

880. Aunque el contacto humano contamina lo santo, el Dios Santo, al contrario, puede santificar todo lo previamente contaminado.

*"Y eso eran algunos de ustedes. Pero ya han sido lavados, ya han sido santificados, ya han sido justificados en el nombre del Señor Jesucristo y por el Espíritu de nuestro Dios"* (1 Corintios 6:11)

881. En el momento en que algo que está permitido comienza a dominar nuestra vida, se convierte en algo prohibido para nosotros.

*"«Todo me está permitido», pero no todo es para mi bien. «Todo me está permitido», pero no dejaré que nada me domine"* (1 Corintios 6:12)

882. Sólo Dios puede llevar a cabo una unión tal con el creyente que éste último no se ve anulado ni pierde su individualidad en Él.

*"Pero el que se une al Señor se hace uno con él en espíritu"* (1 Corintios 6:17)

883. El buen matrimonio se diferencia del malo en que en éste ambos reclaman sus derechos, mientras que en aquel cumplen sus deberes.

*"El hombre debe cumplir su deber conyugal con su esposa,*
*e igualmente la mujer con su esposo"* (1 Corintios 7:3)

884. Si fuimos ya redimidos por la sangre de Cristo no debemos ponerle a nuestra vida un precio que el mundo está dispuesto a pagar.

*"Ustedes fueron comprados por un precio; no se*
*vuelvan esclavos de nadie"* (1 Corintios 7:23)

885. El cristiano debe vivir siempre de cara a un mundo en continua crisis en el que queda poco tiempo para actuar como se debe.

*"Pienso que, a causa de la crisis actual, es bueno que cada*
*persona se quede como está... Lo que quiero decir, hermanos, es*
*que nos queda poco tiempo. De aquí en adelante los que tienen*
*esposa deben vivir como si no la tuvieran"* (1 Corintios 7:26, 29)

886. La erudición mundana promueve la jactancia y la vanidad mientras que la verdadera sabiduría es humilde y reconoce sus límites.

*"En cuanto a lo sacrificado a los ídolos, es cierto que*
*todos tenemos conocimiento. El conocimiento envanece,*
*mientras que el amor edifica. El que cree que sabe algo,*
*todavía no sabe como debiera saber"* (1 Corintios 8:1-2)

887. No podemos conocer a Dios pretendiendo meramente estudiarlo de lejos, sino que hay que amarlo en una estrecha relación personal.

*"Pero el que ama a Dios es conocido por él"* (1 Corintios 8:3)

888. El cristianismo promueve un ateísmo que niega y combate a los dioses de las mitologías paganas y a los ídolos en la iglesia.

*"De modo que, en cuanto a comer lo sacrificado a los ídolos,*
*sabemos que un ídolo no es absolutamente nada, y que hay*
*un solo Dios. Pues aunque haya los así llamados dioses, ya sea*
*en el cielo o en la tierra (y por cierto que hay muchos «dioses»*
*y muchos «señores»), para nosotros no hay más que un solo*
*Dios, el Padre, de quien todo procede y para el cual vivimos; y*

*no hay más que un solo Señor, es decir, Jesucristo, por quien*
*todo existe y por medio del cual vivimos"* (1 Corintios 8:4-6)

889. En el atletismo todos se entrenan pero sólo uno gana. En la fe en cambio todos los que se entrenan al final ganan por igual.

*"¿No saben que en una carrera todos los corredores*
*compiten, pero sólo uno obtiene el premio? Corran, pues,*
*de tal modo que lo obtengan. Todos los deportistas se*
*entrenan con mucha disciplina. Ellos lo hacen para obtener*
*un premio que se echa a perder; nosotros, en cambio, por*
*uno que dura para siempre"* (1 Corintios 9:24-25)

890. La carrera de la fe no la gana quien llega primero sino todo el que la termina pues aquí no hay tiempos que descalifiquen.

*"Así que yo no corro como quien no tiene meta; no lucho*
*como quien da golpes al aire. Más bien, golpeo mi cuerpo y*
*lo domino, no sea que, después de haber predicado a otros,*
*yo mismo quede descalificado"* (1 Corintios 9:26-27)

891. La Biblia es obscena y primitiva, pero no a causa de Dios, sino de muchas de las historias humanas que se censuran en ella.

*"Todo eso sucedió para servirnos de ejemplo, a fin de que no*
*nos apasionemos por lo malo, como lo hicieron ellos. No sean*
*idólatras, como lo fueron algunos de ellos, según está escrito: «Se*
*sentó el pueblo a comer y a beber, y se entregó al desenfreno.» No*
*cometamos inmoralidad sexual, como algunos lo hicieron, por lo*
*que en un sólo día perecieron veintitrés mil. Tampoco pongamos a*
*prueba al Señor, como lo hicieron algunos y murieron víctimas de*
*las serpientes. Ni murmuren contra Dios, como lo hicieron algunos*
*y sucumbieron a manos del ángel destructor"* (1 Corintios 10:6-10)

892. El mal ejemplo también es útil en la Biblia para disuadirnos de obrar de la misma forma a la luz de sus funestos resultados.

893. Llevar tiempo en el evangelio no indica madurez cristiana cuando da lugar a actitudes de sobrada y orgullosa autosuficiencia.

894. ¡Cuidado con la autosuficiencia! pues como dicen los chinos "Jamás se desvía uno tanto del camino como cuando cree conocerlo"

> *"Todo eso les sucedió para servir de ejemplo, y quedó escrito para advertencia nuestra, pues a nosotros nos ha llegado el fin de los tiempos. Por lo tanto, si alguien piensa que está firme, tenga cuidado de no caer"* (1 Corintios 10:11-12)

895. La tentación está a diario a las puertas de nuestra vida, pero Dios provee siempre una salida para no tener que dejarla entrar.

> *"Ustedes no han sufrido ninguna tentación que no sea común al género humano. Pero Dios es fiel, y no permitirá que ustedes sean tentados más allá de lo que puedan aguantar. Más bien, cuando llegue la tentación, él les dará también una salida a fin de que puedan resistir"* (1 Corintios 10:13)

896. El cristiano no se limita a hacer lo que está permitido, sino que evalúa también si es provechoso y realmente constructivo.

> *"«Todo está permitido», pero no todo es provechoso. «Todo está permitido», pero no todo es constructivo"* (1 Corintios 10:23)

897. La finalidad práctica de la vida cristiana consiste en convertirnos nosotros mismos en ejemplos que los demás puedan imitar.

> *"Imítenme a mí, como yo imito a Cristo"* (1 Corintios 11:1)

898. La dependencia mutua entre el hombre y la mujer no le permite a ninguno de los dos reclamar superioridad sobre el otro.

> *"Sin embargo, en el Señor, ni la mujer existe aparte del hombre ni el hombre aparte de la mujer. Porque así como la mujer procede del hombre, también el hombre nace de la mujer; pero todo proviene de Dios"* (1 Corintios 11:11-12)

899. La oración es uno de los recursos para examinarse y disponerse ante Dios a corregir por las buenas todo lo que necesite serlo.

> *"Si nos examináramos a nosotros mismos, no se nos juzgaría"* (1 Corintios 11:31)

900. El justo juicio de Dios sobre los suyos no es algo definitivo, sino una manera más de reforzar y confirmar nuestra redención.

> *"pero si nos juzga el Señor, nos disciplina para que no seamos condenados con el mundo"* (1 Corintios 11:32)

901. Cristo es la cabeza de la iglesia como cuerpo, pero el Espíritu Santo es Quien nos faculta para ser miembros de este cuerpo.

> *"Todos fuimos bautizados por un solo Espíritu para constituir un solo cuerpo –ya seamos judíos o gentiles, esclavos o libres–, y a todos se nos dio a beber de un mismo Espíritu"* (1 Corintios 12:13)

902. A veces los creyentes que parecen más "insignificantes" son los que hacen los aportes más significativos a la obra de Dios.

> *"Al contrario, los miembros del cuerpo que parecen más débiles son indispensables, y a los que nos parecen menos honrosos los tratamos con honra especial. Y se les trata con especial modestia a los miembros que nos parecen menos presentables, mientras que los más presentables no requieren trato especial. Así Dios ha dispuesto los miembros de nuestro cuerpo, dando mayor honra a los que menos tenían, a fin de que no haya división en el cuerpo, sino que sus miembros se preocupen por igual unos por otros"* (1 Corintios 12:22-25)

903. Ni la indiferencia hacia el que sufre ni la envidia hacia el que triunfa van bien con la solidaridad de cuerpo en la iglesia.

> *"Si uno de los miembros sufre, los demás comparten su sufrimiento; y si uno de ellos recibe honor, los demás se alegran con él"* (1 Corintios 12:26)

904. El sacrificio sólo es verdadero sacrificio cuando está motivado por el amor. De lo contrario no es más que ostentación egoísta.

> *"Si reparto entre los pobres todo lo que poseo, y si entrego mi cuerpo para que lo consuman las llamas, pero no tengo amor, nada gano con eso"* (1 Corintios 13:3)

905. El amor y el servicio generosos son la mejor credencial del creyente y la motivación correcta de toda evangelización eficaz.

> *"El amor es paciente, es bondadoso. El amor no es envidioso ni jactancioso ni orgulloso. No se comporta con rudeza, no es egoísta, no se enoja fácilmente, no guarda rencor. El amor no se deleita en la maldad sino que se regocija con la verdad. Todo lo disculpa, todo lo cree, todo lo espera, todo lo soporta"* (1 Corintios 13:4-7)

906. La imperfección es un estímulo para crecer, mejorar y madurar y experimentar así la satisfacción de las metas cumplidas.

> *"Porque conocemos y profetizamos de manera imperfecta; pero cuando llegue lo perfecto, lo imperfecto desaparecerá"* (1 Corintios 13:9-10)

907. La fe del cristiano maduro se distingue porque logra dejar atrás los aspectos censurables de nuestra infancia espiritual.

> *"Cuando yo era niño, hablaba como niño, pensaba como niño, razonaba como niño; cuando llegué a ser adulto, dejé atrás las cosas de niño"* (1 Corintios 13:11)

908. Ver a Dios será un día una realidad para todos los creyentes que alcanzarán así el propósito y la meta final de sus vidas.

> *"Ahora vemos de manera indirecta y velada, como en un espejo; pero entonces veremos cara a cara. Ahora conozco de manera imperfecta, pero entonces conoceré tal y como soy conocido"* (1 Corintios 13:12)

909. La fe y la esperanza permanecen a la espera de ser satisfechas, pero cuando lo sean su satisfacción será eterna en el amor.

> *"Ahora, pues, permanecen estas tres virtudes: la fe, la esperanza y el amor. Pero la más excelente de ellas es el amor"* (1 Corintios 13:13)

910. Los niños son elogiados en la Biblia al punto de disculpar su inmadurez. Pero en un adulto ésta ya no puede ser disculpada.

> *"Hermanos, no sean niños en su modo de pensar.*
> *Sean niños en cuanto a la malicia, pero adultos*
> *en su modo de pensar"* (1 Corintios 14:20)

911. El orden no garantiza la vitalidad espiritual, pero el desorden mucho menos pues Dios siempre promueve el orden y la paz.

> *"porque Dios no es un Dios de desorden sino de paz.*
> *Como es costumbre en las congregaciones de los*
> *creyentes... Pero todo debe hacerse de una manera*
> *apropiada y con orden"* (1 Corintios 14:33, 40)

912. Nuestras vilezas e insignificancia brindan el contraste para apreciar mejor lo que la gracia de Dios ha logrado en nosotros.

> *"Admito que yo soy el más insignificante de los apóstoles y que*
> *ni siquiera merezco ser llamado apóstol, porque perseguí a la*
> *iglesia de Dios. Pero por la gracia de Dios soy lo que soy, y la*
> *gracia que él me concedió no fue infructuosa. Al contrario, he*
> *trabajado con más tesón que todos ellos, aunque no yo sino*
> *la gracia de Dios que está conmigo"* (1 Corintios 15:9-10)

913. El domingo de pascua demostró que la meta de la vida humana no es la muerte, como muchos lo creen, sino la resurrección.

> *"Ahora bien, si se predica que Cristo ha sido levantado de*
> *entre los muertos, ¿cómo dicen algunos de ustedes que no hay*
> *resurrección? Si no hay resurrección, entonces ni siquiera Cristo*
> *ha resucitado. Y si Cristo no ha resucitado, nuestra predicación*
> *no sirve para nada, como tampoco la fe de ustedes. Aún más,*
> *resultaríamos falsos testigos de Dios por haber testificado que*
> *Dios resucitó a Cristo, lo cual no habría sucedido, si en verdad*
> *los muertos no resucitan. Porque si los muertos no resucitan,*
> *tampoco Cristo ha resucitado. Y si Cristo no ha resucitado, la*
> *fe de ustedes es ilusoria y todavía están en sus pecados. En*
> *este caso, también están perdidos los que murieron en Cristo.*
> *Si la esperanza que tenemos en Cristo fuera sólo para esta*
> *vida, seríamos los más desdichados de todos los mortales. Lo*

*cierto es que Cristo ha sido levantado de entre los muertos,*
*como primicias de los que murieron"* (1 Corintios 15:12-20)

914. El evangelio no niega como tal la vida humana inmersa en la cotidianidad, sino que niega que ésta sea todo lo que existe.

> *"Si la esperanza que tenemos en Cristo fuera sólo*
> *para esta vida, seríamos los más desdichados de*
> *todos los mortales"* (1 Corintios 15:19)

915. La esperanza cristiana no se halla en una destrucción de las cosas actuales, sino en una sublime transformación de ellas.

> *"Fíjense bien en el misterio que les voy a revelar: No todos*
> *moriremos, pero todos seremos transformados, en un instante, en*
> *un abrir y cerrar de ojos, al toque final de la trompeta. Pues sonará*
> *la trompeta y los muertos resucitarán con un cuerpo incorruptible,*
> *y nosotros seremos transformados"* (1 Corintios 15:51-52)

916. Al final Dios eliminará no sólo la corrupción moral de nuestra voluntad, sino también la corrupción física de nuestro cuerpo.

> *"Porque lo corruptible tiene que revestirse de lo incorruptible,*
> *y lo mortal, de inmortalidad"* (1 Corintios 15:53)

# #2 Corintios

917. La gracia de Dios es tal que no sólo paga nuestra deuda sino que Él decide volverse deudor nuestro por medio de sus promesas.

> *"Todas las promesas que ha hecho Dios son «sí» en Cristo. Así que por medio de Cristo respondemos «amén» para la gloria de Dios"* (2 Corintios 1:20)

918. Ver también numeral 60

919. El cristiano tiene la facultad de esparcir el aroma evocador de un carácter santo sin necesidad de que medien las palabras.

> *"Sin embargo, gracias a Dios que en Cristo siempre nos lleva triunfantes y, por medio de nosotros, esparce por todas partes la fragancia de su conocimiento. Porque para Dios nosotros somos el aroma de Cristo entre los que se salvan y entre los que se pierden. Para éstos somos olor de muerte que los lleva a la muerte; para aquéllos, olor de vida que los lleva a la vida. ¿Y quién es competente para semejante tarea?"* (2 Corintios 2:14-16)

920. El creyente sencillo sin habilidades intelectuales para la defensa de su fe siempre puede compensarlo exhibiendo buenas obras.

> *"¿Acaso comenzamos otra vez a recomendarnos a nosotros mismos? ¿O acaso tenemos que presentarles o pedirles a ustedes cartas de recomendación, como hacen algunos? Ustedes mismos son nuestra carta, escrita en nuestro corazón, conocida y leída por todos. Es evidente que ustedes son una carta de Cristo, expedida por nosotros, escrita no con tinta*

*sino con el Espíritu del Dios viviente; no en tablas de piedra*
*sino en tablas de carne, en los corazones"* (2 Corintios 3:1-3)

921. El Espíritu es el único capaz de imprimir a la doctrina una vitalidad tal que impida que ésta se quede sólo en el frío papel.

*"Él nos ha capacitado para ser servidores de un nuevo pacto, no el de la letra sino el del Espíritu; porque la letra mata, pero el Espíritu da vida"* (2 Corintios 3:6)

922. La fe implica confiar en las promesas de Dios actuando obedientes con la certeza de ver la realización de nuestra esperanza.

*"Así que, como tenemos tal esperanza, actuamos con plena confianza"* (2 Corintios 3:12)

923. La acción del Espíritu Santo es tan libre y contagiosa que únicamente bajo su influencia disfrutaremos de verdadera libertad.

*"Ahora bien, el Señor es el Espíritu; y donde está el Espíritu del Señor, allí hay libertad"* (2 Corintios 3:17)

924. La gloria verdadera que perdura por sobre todo, es la que se obtiene en el camino de Cristo de la humillación y el servicio.

*"Así, todos nosotros, que con el rostro descubierto reflejamos como en un espejo la gloria del Señor, somos transformados a su semejanza con más y más gloria por la acción del Señor, que es el Espíritu"* (2 Corintios 3:18)

925. Somos tan sólo barro, pero en las manos de Dios podemos llegar adquirir formas tan útiles y hermosas como para contener tesoros.

*"Pero tenemos este tesoro en vasijas de barro para que se vea que tan sublime poder viene de Dios y no de nosotros"* (2 Corintios 4:7)

926. Los cristianos hemos sido regenerados, pero no podemos olvidar que si lo regenerado no se renueva a diario, termina degenerado.

*"Por tanto, no nos desanimamos. Al contrario, aunque*
*por fuera nos vamos desgastando, por dentro nos*
*vamos renovando día tras día"* (2 Corintios 4:16)

927. La gloria que disfrutaremos se comienza a revelar aquí gracias a las gloriosas consolaciones que Dios nos da en el sufrimiento.

*"Pues los sufrimientos ligeros y efímeros que ahora*
*padecemos producen una gloria eterna que vale muchísimo*
*más que todo sufrimiento"* (2 Corintios 4:17)

928. Los ojos de la fe nos permiten ver realidades que de otro modo nunca veríamos, pero que son las verdaderamente determinantes.

*"Así que no nos fijamos en lo visible sino en lo*
*invisible, ya que lo que se ve es pasajero, mientras*
*que lo que no se ve es eterno"* (2 Corintios 4:18)

929. Los creyentes vivimos suspirando por la redención, pero no con resignado conformismo, sino con confiada y paciente esperanza.

*"De hecho, sabemos que si esta tienda de campaña en que*
*vivimos se deshace, tenemos de Dios un edificio, una casa eterna*
*en el cielo, no construida por manos humanas. Mientras tanto*
*suspiramos, anhelando ser revestidos de nuestra morada celestial,*
*porque cuando seamos revestidos, no se nos hallará desnudos.*
*Realmente, vivimos en esta tienda de campaña, suspirando y*
*agobiados, pues no deseamos ser desvestidos sino revestidos,*
*para que lo mortal sea absorbido por la vida"* (2 Corintios 5:1-4)

930. Dios no quiso que su existencia pudiera probarse con certeza pues de ser así la fe pasaría de ser una decisión a una obligación.

*"Vivimos por fe, no por vista"* (2 Corintios 5:7)

931. No son los argumentos los que derriban la animosidad, las prevenciones y los prejuicios en contra del evangelio, sino el amor.

*"El amor de Cristo nos obliga, porque estamos*
*convencidos de que uno murió por todos, y por*
*consiguiente todos murieron"* (2 Corintios 5:14)

932. Saber de Cristo siguiendo los criterios de la historia no hace a nadie cristiano, sino conocer a Cristo resucitado en persona.

> *"Así que de ahora en adelante no consideramos a nadie según criterios meramente humanos. Aunque antes conocimos a Cristo de esta manera, ya no lo conocemos así"* (2 Corintios 5:16)

933. En el evangelio las razones que explicarían nuestra forma de ser no pueden ya usarse como justificaciones para seguir siéndolo.

> *"Por lo tanto, si alguno está en Cristo, es una nueva creación. ¡Lo viejo ha pasado, ha llegado ya lo nuevo!"* (2 Corintios 5:17)

934. La reconciliación que Cristo nos ofrece pasa no sólo por Su perdón, sino por el que nosotros también otorgamos a los demás.

935. El creyente tiene doble ciudadanía: celestial y terrenal. Pero la celestial prevalece y lo convierte en un embajador de Cristo.

936. Somos ciudadanos del cielo pero mientras permanezcamos en la tierra debemos ser buenos embajadores de nuestra patria celestial.

> *"Todo esto proviene de Dios, quien por medio de Cristo nos reconcilió consigo mismo y nos dio el ministerio de la reconciliación: esto es, que en Cristo, Dios estaba reconciliando al mundo consigo mismo, no tomándole en cuenta sus pecados y encargándonos a nosotros el mensaje de la reconciliación. Así que somos embajadores de Cristo, como si Dios los exhortara a ustedes por medio de nosotros: «En nombre de Cristo les rogamos que se reconcilien con Dios.» Al que no cometió pecado alguno, por nosotros Dios lo trató como pecador, para que en él recibiéramos la justicia de Dios"* (2 Corintios 5:18-21)

937. Para creer nunca es demasiado pronto sino más bien demasiado tarde. Por eso el momento propicio no es ayer ni mañana sino hoy.

> *"Porque él dice: «En el momento propicio te escuché, y en el día de salvación te ayudé.» Les digo que éste es el momento propicio de Dios; ¡hoy es el día de salvación!"* (2 Corintios 6:2)

938. Aún bien intencionado, el consejo de quienes recorren un camino distinto al nuestro es al final inútil y hasta peligroso.

939. Es cierto que, por ahora, creyentes e incrédulos nos encontramos juntos, pero eso no nos obliga a tener que estar revueltos.

> *"No formen yunta con los incrédulos. ¿Qué tienen en común la justicia y la maldad? ¿O qué comunión puede tener la luz con la oscuridad? ¿Qué armonía tiene Cristo con el diablo? ¿Qué tiene en común un creyente con un incrédulo?"* (2 Corintios 6:14-15)

940. Todos los creyentes son templos, pero algunos deciden serlo de los ídolos y no del Dios viviente que los constituyó como tales.

> *"¿En qué concuerdan el templo de Dios y los ídolos? Porque nosotros somos templo del Dios viviente. Como él ha dicho: «Viviré con ellos y caminaré entre ellos. Yo seré su Dios, y ellos serán mi pueblo.»..."* (2 Corintios 6:16)

941. Ver también numeral 260

942. Aunque tener todo en común no haya sido la práctica más conveniente, sus motivos mantienen toda su validez en la iglesia hoy.

> *"No se trata de que otros encuentren alivio mientras que ustedes sufren escasez; es más bien cuestión de igualdad. En las circunstancias actuales la abundancia de ustedes suplirá lo que ellos necesitan, para que a su vez la abundancia de ellos supla lo que ustedes necesitan. Así habrá igualdad, como está escrito: «Ni al que recogió mucho le sobraba, ni al que recogió poco le faltaba.»"* (2 Corintios 8:13-15)

943. La iglesia no debe dejarse sitiar y arrinconar por el enemigo, sino salir a derribar sus puertas y conquistar sus fortalezas.

> *"Las armas con que luchamos no son del mundo, sino que tienen el poder divino para derribar fortalezas"* (2 Corintios 10:4)

944. Pensar es bueno. Lo malo es no alinear y someter nuestro pensamiento a la siempre razonable voluntad divina revelada en Cristo.

> *"Destruimos argumentos y toda altivez que se levanta contra el conocimiento de Dios, y llevamos cautivo todo pensamiento para que se someta a Cristo"* (2 Corintios 10:5)

945. No somos nosotros los llamados a exaltar nuestros logros pues en último término es Dios quien promociona a quien Él quiere.

> *"Porque no es aprobado el que se recomienda a sí mismo sino aquel a quien recomienda el Señor"* (2 Corintios 10:18)

946. La "apostolmanía" actual en la iglesia genera una "apostolitis" tal que no ve las advertencias bíblicas del caso.

> *"Tales individuos son falsos apóstoles, obreros estafadores, que se disfrazan de apóstoles de Cristo... Conozco tus obras, tu duro trabajo y tu perseverancia. Sé que no puedes soportar a los malvados, y que has puesto a prueba a los que dicen ser apóstoles pero no lo son; y has descubierto que son falsos"* (2 Corintios 11:13; Apocalipsis 2:2)

947. Todo el que logre cultivar una relación directa con un ángel, puede estar seguro de que no es de Dios y lo están engañando.

> *"Y no es de extrañar, ya que Satanás mismo se disfraza de ángel de luz"* (2 Corintios 11:14)

948. La apariencia de piedad es la más insidiosa y condenable manera en la que se encubren y camuflan los servidores de Satanás.

> *"Por eso no es de sorprenderse que sus servidores se disfracen de servidores de la justicia. Su fin corresponderá con lo que merecen sus acciones"* (2 Corintios 11:15)

949. El primer cielo es la atmósfera. El segundo, el espacio sideral. Pero el tercero es el auténtico y anhelado paraíso de Dios.

> *"Conozco a un seguidor de Cristo que hace catorce años fue llevado al tercer cielo (no sé si en el cuerpo o fuera del cuerpo; Dios lo sabe). Y sé que este hombre (no sé si en el cuerpo o aparte del cuerpo; Dios lo sabe) fue llevado al paraíso y escuchó cosas indecibles que a los humanos no se nos permite expresar"* (2 Corintios 12:2-4)

950. Debemos aprovechar el debate con creyentes de otras religiones para verificar que tan cristianos somos nosotros en realidad.

> *"Examínense para ver si están en la fe; pruébense a sí mismos. ¿No se dan cuenta de que Cristo Jesús está en ustedes? ¡A menos que fracasen en la prueba!"* (2 Corintios 13:5)

951. Aún los inconversos defienden a veces los intereses de Dios aunque lo hagan en perjuicio propio a causa de su negativa a creer.

952. Los intentos de sus detractores por dejar sin fundamento al cristianismo son tan inconsistentes que logran el efecto contrario.

> *"Pues nada podemos hacer contra la verdad, sino a favor de la verdad"* (2 Corintios 13:8)

# #GÁLATAS

953. Bíblicamente hablando, en la llamada "sucesión apostólica" el mensaje siempre tendrá prioridad aún por encima del mensajero.

> *"Pero aun si alguno de nosotros o un ángel del cielo les predicara un evangelio distinto del que les hemos predicado, ¡que caiga bajo maldición! Como ya lo hemos dicho, ahora lo repito: si alguien les anda predicando un evangelio distinto del que recibieron, ¡que caiga bajo maldición!"* (Gálatas 1:8-9)

954. Es mejor ir solitario en contra de la multitud pero con el respaldo de Dios que contar con el apoyo de las extraviadas mayorías.

> *"¿Qué busco con esto: ganarme la aprobación humana o la de Dios? ¿Piensan que procuro agradar a los demás? Si yo buscara agradar a otros, no sería siervo de Cristo"* (Gálatas 1:10)

955. El destino de una nación depende de que sus miembros adquieran comprometida conciencia de su llamado providencial particular.

> *"Sin embargo, Dios me había apartado desde el vientre de mi madre y me llamó por su gracia. Cuando él tuvo a bien revelarme a su Hijo para que yo lo predicara entre los gentiles, no consulté con nadie"* (Gálatas 1:15-16)

956. Quien realmente ostenta autoridad no tiene que andar anunciándolo, sino que todos a su alrededor lo reconocen naturalmente.

> *Fui en obediencia a una revelación, y me reuní en privado con los que eran reconocidos como dirigentes, y les expliqué el evangelio*

*que predico entre los gentiles, para que todo mi esfuerzo no fuera en vano... En cuanto a los que eran reconocidos como personas importantes –aunque no me interesa lo que fueran, porque Dios no juzga por las apariencias–, no me impusieron nada nuevo. Al contrario, reconocieron que a mí se me había encomendado predicar el evangelio a los gentiles, de la misma manera que se le había encomendado a Pedro predicarlo a los judíos. El mismo Dios que facultó a Pedro como apóstol de los judíos me facultó también a mí como apóstol de los gentiles. En efecto, Jacobo, Pedro y Juan, que eran considerados columnas, al reconocer la gracia que yo había recibido, nos dieron la mano a Bernabé y a mí en señal de compañerismo, de modo que nosotros fuéramos a los gentiles y ellos a los judíos"* (Gálatas 2:2, 6-9)

957. El problema con el legalista no es el legalismo que practica en su propia vida, sino su obsesión por imponérselo a los demás.

> *"El problema era que algunos falsos hermanos se habían infiltrado entre nosotros para coartar la libertad que tenemos en Cristo Jesús a fin de esclavizarnos. Ni por un momento accedimos a someternos a ellos, pues queríamos que se preservara entre ustedes la integridad del evangelio"* (Gálatas 2:4-5)

958. Los creyentes debemos estar revisando con la ayuda del Espíritu los puntos ciegos que podamos tener en nuestra visión de fe.

> *"En efecto, Jacobo, Pedro y Juan, que eran considerados columnas, al reconocer la gracia que yo había recibido, nos dieron la mano a Bernabé y a mí en señal de compañerismo, de modo que nosotros fuéramos a los gentiles y ellos a los judíos. Sólo nos pidieron que nos acordáramos de los pobres, y eso es precisamente lo que he venido haciendo con esmero"* (Gálatas 2:9-10)

959. Los desacuerdos no deben verse como amenazas contra la unidad sino como ocasiones para establecer mejor la verdad al respecto.

> *"Pues bien, cuando Pedro fue a Antioquía, le eché en cara su comportamiento condenable. Antes que llegaran algunos de parte de Jacobo, Pedro solía comer con los gentiles. Pero cuando aquéllos llegaron, comenzó a retraerse y a separarse de los*

*gentiles por temor a los partidarios de la circuncisión. Entonces
los demás judíos se unieron a Pedro en su hipocresía, y hasta
el mismo Bernabé se dejó arrastrar por esa conducta hipócrita.
Cuando vi que no actuaban rectamente, como corresponde a la
integridad del evangelio, le dije a Pedro delante de todos: «Si
tú, que eres judío, vives como si no lo fueras, ¿por qué obligas
a los gentiles a practicar el judaísmo? »Nosotros somos judíos
de nacimiento y no 'pecadores paganos'"* (Gálatas 2:11-15)

960. Las buenas obras sólo son buenas como resultado de la fe. De otro
modo son malas pues se vuelven un estorbo para llegar a la fe.

> *"Sin embargo, al reconocer que nadie es justificado por
> las obras que demanda la ley sino por la fe en Jesucristo,
> también nosotros hemos puesto nuestra fe en Cristo Jesús,
> para ser justificados por la fe en él y no por las obras de la
> ley; porque por éstas nadie será justificado"* (Gálatas 2:16)

961. No existe nación, cultura o iglesia cristianas que nos otorguen el
rótulo de cristianos sin que tengamos que creer y convertirnos.

> *"Por lo tanto, sepan que los descendientes de Abraham
> son aquellos que viven por la fe"* (Gálatas 3:7)

962. La ley diagnostica nuestro pecado de modo que nadie pueda
excusarlo, pero el evangelio lo cura mediante el perdón de Cristo.

> *"Así que la ley vino a ser nuestro guía encargado de conducirnos
> a Cristo, para que fuéramos justificados por la fe"* (Gálatas 3:24)

963. Las discriminaciones injustas producto de convencionalismos
sociales quedan sin piso ni efecto alguno en la iglesia de Cristo.

> *"Ya no hay judío ni griego, esclavo ni libre, hombre ni mujer, sino
> que todos ustedes son uno solo en Cristo Jesús"* (Gálatas 3:28)

964. En el cristianismo lo que vale no es la fe solamente, y ni siquiera la fe
que hace buenas obras, sino la fe que las hace por amor.

*"En Cristo Jesús de nada vale estar o no estar circuncidados; lo que vale es la fe que actúa mediante el amor"* (Gálatas 5:6)

965. Descuidar conscientemente los detalles puede ser el poco de levadura que nos lleve finalmente a abandonar del todo el compromiso.

*"«Un poco de levadura fermenta toda la masa.»"* (Gálatas 5:9)

966. Cuando se obra con limpia conciencia mostrando en la conducta el fruto del Espíritu no hay que preocuparse por cumplir la ley.

*"En cambio, el fruto del Espíritu es amor, alegría, paz, paciencia, amabilidad, bondad, fidelidad, humildad y dominio propio. No hay ley que condene estas cosas"* (Gálatas 5:22-23)

967. Debemos ayudar a nuestro prójimo a llevar su carga, pero no tanto que lo eximamos de asumir su responsabilidad en el asunto.

968. Ver también numeral 315

*"Ayúdense unos a otros a llevar sus cargas, y así cumplirán la ley de Cristo... Que cada uno cargue con su propia responsabilidad"* (Gálatas 6:2, 5)

969. Dios no interviene activamente para castigar el pecado, sino que se hace a un lado para dejarnos cosechar lo que hemos sembrado.

*"No se engañen: de Dios nadie se burla. Cada uno cosecha lo que siembra. El que siembra para agradar a su naturaleza pecaminosa, de esa misma naturaleza cosechará destrucción; el que siembra para agradar al Espíritu, del Espíritu cosechará vida eterna"* (Gálatas 6:7-8)

970. Gracias a nuestra responsabilidad solidaria y comunitaria, toda acción individual llegará a afectar a la sociedad en su momento.

*"No nos cansemos de hacer el bien, porque a su debido tiempo cosecharemos si no nos damos por vencidos"* (Gálatas 6:9)

971. La comunión crea una especial solidaridad fraternal entre creyentes, pero sin olvidar que nuestro  prójimo puede ser cualquiera.

> *"Por lo tanto, siempre que tengamos la oportunidad, hagamos bien a todos, y en especial a los de la familia de la fe"* (Gálatas 6:10)

972. Las cicatrices son a veces una muestra de una vida vivida con todo el compromiso, pasión y  entrega que amerita una causa justa.

> *"Por lo demás, que nadie me cause más problemas, porque yo llevo en el cuerpo las cicatrices de Jesús"* (Gálatas 6:17)

# #EFESIOS

973. Dios asigna un propósito al universo, la Tierra y los grupos humanos; pero sobre todo a la iglesia y sus miembros individuales.

> *"nos predestinó para ser adoptados como hijos suyos por medio de Jesucristo, según el buen propósito de su voluntad... Él nos hizo conocer el misterio de su voluntad conforme al buen propósito que de antemano estableció en Cristo"* (Efesios 1:5, 9)

974. Ver también numeral 377

975. En la iglesia abundan los sermones llenos de exhortaciones pero escasean los sermones que contienen verdadera revelación de Dios.

> *"Pido que el Dios de nuestro Señor Jesucristo, el Padre glorioso, les dé el Espíritu de sabiduría y de revelación, para que lo conozcan mejor"* (Efesios 1:17)

976. Por sutil que pueda ser, no podemos subestimar el poder de Dios que actúa en nosotros pues fue capaz de resucitar a Cristo.

> *"y cuán incomparable es la grandeza de su poder a favor de los que creemos. Ese poder es la fuerza grandiosa y eficaz que Dios ejerció en Cristo cuando lo resucitó de entre los muertos y lo sentó a su derecha en las regiones celestiales"* (Efesios 1:19-20)

977. A pesar de la abismal diferencia entre criatura y Creador, la imagen de Dios que ostentamos hace posible nuestra unión con Cristo.

*"Y en unión con Cristo Jesús, Dios nos resucitó y nos hizo*
*sentar con él en las regiones celestiales"* (Efesios 2:6)

978. La fe es el milagro más grande y menos valorado, pues es un don de Dios. Así que, si puedes creer, dale gracias a Dios por ello.

*"Porque por gracia ustedes han sido salvados mediante la fe; esto*
*no procede de ustedes, sino que es el regalo de Dios"* (Efesios 2:8)

979. Dios es justo pues cuando Él le ordena algo a los suyos, con la misma orden les da el poder de obedecerla tal como Él lo quiere

*"Porque somos hechura de Dios, creados en Cristo Jesús*
*para buenas obras, las cuales Dios dispuso de antemano*
*a fin de que las pongamos en práctica"* (Efesios 2:10)

980. En la cruz murió el Dios al que sólo Israel tenía difícil acceso para que resucite el Dios al que todos tenemos libre acceso.

*"recuerden que en ese entonces ustedes estaban separados de*
*Cristo, excluidos de la ciudadanía de Israel y ajenos a los pactos*
*de la promesa, sin esperanza y sin Dios en el mundo. Pero ahora*
*en Cristo Jesús, a ustedes que antes estaban lejos, Dios los ha*
*acercado mediante la sangre de Cristo"* (Efesios 2:12-13)

981. Ver también numeral 707

982. Con la predicación cristiana la disculpa "yo no sabía" desaparece y queda expuesto el verdadero pretexto que es "yo no quería".

*"De este evangelio llegué a ser servidor como regalo que Dios,*
*por su gracia, me dio conforme a su poder eficaz. Aunque soy*
*el más insignificante de todos los santos, recibí esta gracia de*
*predicar a las naciones las incalculables riquezas de Cristo, y*
*de hacer entender a todos la realización del plan de Dios, el*
*misterio que desde los tiempos eternos se mantuvo oculto en*
*Dios, creador de todas las cosas. El fin de todo esto es que la*
*sabiduría de Dios, en toda su diversidad, se dé a conocer ahora,*
*por medio de la iglesia, a los poderes y autoridades en las*
*regiones celestiales, conforme a su eterno propósito realizado en*

*Cristo Jesús nuestro Señor. En él, mediante la fe, disfrutamos de libertad y confianza para acercarnos a Dios"* (Efesios 3:7-12)

983. Si los dramas de la vida nos llevan a doblar las rodillas ante Dios no serán ocasiones perdidas sino que habrán valido la pena.

> *"Por esta razón me arrodillo delante del Padre"* (Efesios 3:14)

984. Dios es invariable en su carácter que no cambia, pero imprevisible en sus actuaciones que siempre nos sorprenden.

985. La imaginación bien utilizada es un buen estímulo pero nunca es suficiente para vislumbrar la gloria que nos espera en Cristo.

> *"Al que puede hacer muchísimo más que todo lo que podamos imaginarnos o pedir, por el poder que obra eficazmente en nosotros... Toda buena dádiva y todo don perfecto descienden de lo alto, donde está el Padre que creó las lumbreras celestes, y que no cambia como los astros ni se mueve como las sombras"* (Efesios 3:20; Santiago 1:17)

986. Vivir de manera digna y con esperanza no es una mera posibilidad para el cristiano, sino una necesidad de su propio llamamiento.

987. Fuimos escogidos por Dios sin mérito alguno de nuestra parte, pero una vez escogidos debemos tratar de ser dignos de la elección.

> *"Por eso yo, que estoy preso por la causa del Señor, les ruego que vivan de una manera digna del llamamiento que han recibido, siempre humildes y amables, pacientes, tolerantes unos con otros en amor. Esfuércense por mantener la unidad del Espíritu mediante el vínculo de la paz. Hay un solo cuerpo y un solo Espíritu, así como también fueron llamados a una sola esperanza"* (Efesios 4:1-4)

988. La tolerancia cristiana debe estar basada en el amor y el respeto hacia los demás y no en la indiferencia y el desdén hacia ellos.

> *"siempre humildes y amables, pacientes, tolerantes unos con otros en amor"* (Efesios 4:2)

989. La unidad que Dios desea para su iglesia sólo se alcanza a partir de una verdad doctrinal básica vivida y reconocida por todos.

> *"Esfuércense por mantener la unidad del Espíritu mediante el vínculo de la paz. Hay un solo cuerpo y un solo Espíritu, así como también fueron llamados a una sola esperanza; un solo Señor, una sola fe, un solo bautismo; un solo Dios y Padre de todos, que está sobre todos y por medio de todos y en todos"* (Efesios 4:3-6)

990. Si la iglesia no se pone en la cresta de la ola del mover actual del Espíritu Santo, terminará entonces zarandeada por ella.

991. El evangelio confirma que el hombre es la medida de todas las cosas, pero no cualquier hombre sino únicamente Jesucristo hombre.

992. El escepticismo que cuestiona todo gratuitamente no es más que uno de esos vientos de enseñanza engañosa que soplan por doquier.

> *"De este modo, todos llegaremos a la unidad de la fe y del conocimiento del Hijo de Dios, a una humanidad perfecta que se conforme a la plena estatura de Cristo. Así ya no seremos niños, zarandeados por las olas y llevados de aquí para allá por todo viento de enseñanza y por la astucia y los artificios de quienes emplean artimañas engañosas. Más bien, al vivir la verdad con amor, creceremos hasta ser en todo como aquel que es la cabeza, es decir, Cristo"* (Efesios 4:13-15)

993. No podemos controlar todas nuestras circunstancias, pero siempre podemos controlar la actitud que vamos a asumir ante ellas.

994. Tener una mente renovada implica poder ver la mano de Dios en aquello en lo que antes estábamos tan ciegos que no podíamos verla.

> *"Con respecto a la vida que antes llevaban, se les enseñó que debían quitarse el ropaje de la vieja naturaleza, la cual está corrompida por los deseos engañosos; ser renovados en la actitud de su mente; y ponerse el ropaje de la nueva naturaleza, creada a imagen de Dios, en verdadera justicia y santidad"* (Efesios 4:22-24)

995. Todo el que tiene que jurar para que le crean está poniéndose en evidencia como un mentiroso cuya palabra carece de credibilidad.

*"Por lo tanto, dejando la mentira, hable cada uno*
*a su prójimo con la verdad, porque todos somos*
*miembros de un mismo cuerpo"* (Efesios 4:25)

996. Nuestra necesidad de aceptación sólo se alcanza en Dios y únicamente a través del sacrificio expiatorio de Cristo en la cruz.

*"y lleven una vida de amor, así como Cristo nos*
*amó y se entregó por nosotros como ofrenda y*
*sacrificio fragante para Dios"* (Efesios 5:2)

997. Si existe un tiempo para hablar es cuando estamos frente al mal para denunciarlo pues aquí si es cierto que el que calla otorga.

*"No tengan nada que ver con las obras infructuosas de la*
*oscuridad, sino más bien denúncienlas"* (Efesios 5:11)

998. La legítima defensa de la privacidad se comienza a tornar sospechosa cuando la invocamos para encubrir nuestros pecados ocultos.

999. Debemos convivir con la vergüenza, pues así estaremos reconociendo al menos que hay un mal del cual tenemos que avergonzarnos.

*"porque da vergüenza aun mencionar lo que los*
*desobedientes hacen en secreto"* (Efesios 5:12)

1000. El presente es eterno no porque pueda derrocharse impunemente, sino porque todo lo que hagamos hoy tiene consecuencias eternas.

*"aprovechando al máximo cada momento oportuno,*
*porque los días son malos"* (Efesios 5:16)

1001. Conducir el matrimonio como Dios manda es prepararnos bien para lo que nos espera en el reino de Dios en relación con Cristo.

1002. Nuestra compartida condición humana hace posible la unión hombre-mujer. Las diferencias de género hacen interesante la relación.

*"Esposas, sométanse a sus propios esposos como al Señor.*
*Porque el esposo es cabeza de su esposa, así como Cristo*

*es cabeza y salvador de la iglesia, la cual es su cuerpo. Así como la iglesia se somete a Cristo, también las esposas deben someterse a sus esposos en todo. Esposos, amen a sus esposas, así como Cristo amó a la iglesia y se entregó por ella para hacerla santa. Él la purificó, lavándola con agua mediante la palabra, para presentársela a sí mismo como una iglesia radiante, sin mancha ni arruga ni ninguna otra imperfección, sino santa e intachable. Así mismo el esposo debe amar a su esposa como a su propio cuerpo. El que ama a su esposa se ama a sí mismo, pues nadie ha odiado jamás a su propio cuerpo; al contrario, lo alimenta y lo cuida, así como Cristo hace con la iglesia, porque somos miembros de su cuerpo. «Por eso dejará el hombre a su padre y a su madre, y se unirá a su esposa, y los dos llegarán a ser un solo cuerpo.» Esto es un misterio profundo; yo me refiero a Cristo y a la iglesia"* (Efesios 5:22-32)

1003. El creyente fanático es el que lucha contra los títeres sin lograr nunca vislumbrar al titiritero que mueve los hilos realmente.

*"Porque nuestra lucha no es contra seres humanos, sino contra poderes, contra autoridades, contra potestades que dominan este mundo de tinieblas, contra fuerzas espirituales malignas en las regiones celestiales"* (Efesios 6:12)

1004. Es maravilloso sentirse inspirado para orar cada día, pero debemos orar también cuando no nos sintamos inspirados para hacerlo.

*"Oren en el Espíritu en todo momento, con peticiones y ruegos. Manténganse alerta y perseveren en oración por todos los santos"* (Efesios 6:18)

# #Filipenses

1005. El hecho de que Dios tenga siempre la iniciativa garantiza que lo que Él inició en nuestra vida tenga también el final esperado.

> *"Estoy convencido de esto: el que comenzó tan buena obra en ustedes la irá perfeccionando hasta el día de Cristo Jesús"* (Filipenses 1:6)

1006. Aun las mejores causas, como la evangelización, pueden tener malas motivaciones que las vician y descalifican delante de Dios.

> *"Es cierto que algunos predican a Cristo por envidia y rivalidad, pero otros lo hacen con buenas intenciones. Estos últimos lo hacen por amor, pues saben que he sido puesto para la defensa del evangelio. Aquéllos predican a Cristo por ambición personal y no por motivos puros, creyendo que así van a aumentar las angustias que sufro en mi prisión"* (Filipenses 1:15-17)

1007. Ver también numeral 609

1008. El egoísmo es el "ismo" más perjudicial de todos, hallándose en el extremo opuesto del altruismo promovido por el cristianismo.

1009. El amor propio nos sirve para combatir la baja auto estima, pero a su vez la humildad nos sirve también para combatir el orgullo.

> *"No hagan nada por egoísmo o vanidad; más bien, con humildad consideren a los demás como superiores a ustedes mismos. Cada uno debe velar no sólo por sus propios intereses sino también por los intereses de los demás"* (Filipenses 2:3-4)

1010. La historia ha demostrado que Cristo es el mejor estímulo para provocar en nosotros un cambio radical de nuestras malas actitudes.

*"La actitud de ustedes debe ser como la de Cristo Jesús"* (Filipenses 2:5)

1011. Sostener que Cristo fue un gran hombre sin afirmar también que Él es Dios es traicionar y no haber comprendido el evangelio.

*"quien, siendo por naturaleza Dios, no consideró el ser igual a Dios como algo a qué aferrarse. Por el contrario, se rebajó voluntariamente, tomando la naturaleza de siervo y haciéndose semejante a los seres humanos. Y al manifestarse como hombre, se humilló a sí mismo y se hizo obediente hasta la muerte, ¡y muerte de cruz! Por eso Dios lo exaltó hasta lo sumo y le otorgó el nombre que está sobre todo nombre, para que ante el nombre de Jesús se doble toda rodilla en el cielo y en la tierra y debajo de la tierra, y toda lengua confiese que Jesucristo es el Señor, para gloria de Dios Padre"* (Filipenses 2:6-11)

1012. Así nuestra salvación haya sido ya otorgada por Dios, debemos también llevarla a cabo con reverente entrega, pasión y compromiso.

*"Así que, mis queridos hermanos, como han obedecido siempre –no sólo en mi presencia sino mucho más ahora en mi ausencia– lleven a cabo su salvación con temor y temblor"* (Filipenses 2:12)

1013. Todo lo bueno que los cristianos queremos y podemos finalmente hacer no es un mérito nuestro sino el mérito de Dios en nosotros.

1014. Cristo resuelve de una vez por todas los dos problemas más fundamentales del hombre: la falta de voluntad y la carencia de poder

*"pues Dios es quien produce en ustedes tanto el querer como el hacer para que se cumpla su buena voluntad"* (Filipenses 2:13)

1015. La conversión nos confiere una grandeza que nos es al mismo tiempo impuesta, por lo que debemos también esforzarnos por lograrla.

*"para que sean intachables y puros, hijos de Dios sin culpa en medio de una generación torcida y depravada. En ella ustedes brillan como estrellas en el firmamento"* (Filipenses 2:15)

1016. La perfección es una meta imposible de alcanzar en esta vida, pero debemos mantenernos en pos de ella para lograr la excelencia.

*"No es que ya lo haya conseguido todo, o que ya sea perfecto. Sin embargo, sigo adelante esperando alcanzar aquello para lo cual Cristo Jesús me alcanzó a mí"* (Filipenses 3:12)

1017. La gente madura se distingue porque nunca piensa haber alcanzado la madurez suficiente que Dios espera y requiere de nosotros.

*"Hermanos, no pienso que yo mismo lo haya logrado ya. Más bien, una cosa hago: olvidando lo que queda atrás y esforzándome por alcanzar lo que está delante, sigo avanzando hacia la meta para ganar el premio que Dios ofrece mediante su llamamiento celestial en Cristo Jesús. Así que, ¡escuchen los perfectos! Todos debemos tener este modo de pensar. Y si en algo piensan de forma diferente, Dios les hará ver esto también"* (Filipenses 3:13-15)

1018. Tal vez estemos aún lejos de ser lo que llegaremos a ser, pero ya comenzamos a serlo y debemos mantenernos avanzando al respecto.

*"En todo caso, vivamos de acuerdo con lo que ya hemos alcanzado"* (Filipenses 3:16)

1019. El relativismo moral de nuestros días amenaza con sustituir la cruz por veletas en las torres de muchas de las iglesias de hoy.

*"Como les he dicho a menudo, y ahora lo repito hasta con lágrimas, muchos se comportan como enemigos de la cruz de Cristo"* (Filipenses 3:18)

1020. La ciencia y la teología deben ponerse de acuerdo en denunciar la mala ciencia y la mala teología que les dan mala prensa a ambas.

*"Ruego a Evodia y también a Síntique que se pongan*
*de acuerdo en el Señor"* (Filipenses 4:2)

1021. Pensar mal de de todo es hacer de abogado del diablo y dejar expuesto al ladrón que siempre juzga todo por su propia condición.

1022. A Dios no le interesa modificar nuestra conducta, sino renovar nuestro pensamiento para que nuestra conducta cambie naturalmente.

*"Por último, hermanos, consideren bien todo lo verdadero,*
*todo lo respetable, todo lo justo, todo lo puro, todo lo*
*amable, todo lo digno de admiración, en fin, todo lo que*
*sea excelente o merezca elogio"* (Filipenses 4:8)

1023. El ser humano sin Cristo no quiere ni puede, pero el ser humano con Cristo ya no sólo llega a querer, sino que también puede.

*"Todo lo puedo en Cristo que me fortalece"* (Filipenses 4:13)

1024.   Lo que define un acto como sacrificio no es perder la vida en el proceso, sino que esté motivado por amor generoso y servicial.

*"Ya he recibido todo lo que necesito y aún más; tengo*
*hasta de sobra ahora que he recibido de Epafrodito lo*
*que me enviaron. Es una ofrenda fragante, un sacrificio*
*que Dios acepta con agrado"* (Filipenses 4:18)

1025. La necesidad y la fe van juntas pues la única manera de tratar constructivamente con la necesidad es mediante una fe confiada.

*"Así que mi Dios les proveerá de todo lo que necesiten, conforme a*
*las gloriosas riquezas que tiene en Cristo Jesús"* (Filipenses 4:19)

# #COLOSENSES

1026. La vida es un espectáculo tan deslumbrante y cautivador que detrás de ella debe haber un Dios que la creó y que la sostiene.

> *"porque por medio de él fueron creadas todas las cosas en el cielo y en la tierra, visibles e invisibles, sean tronos, poderes, principados o autoridades: todo ha sido creado por medio de él y para él. Él es anterior a todas las cosas, que por medio de él forman un todo coherente"* (Colosenses 1:16-17)

1027. No hay medios naturales para lidiar con éxito con la maldad humana. El único ya probado es el sobrenatural misterio de Cristo.

> *"A éstos Dios se propuso dar a conocer cuál es la gloriosa riqueza de este misterio entre las naciones, que es Cristo en ustedes, la esperanza de gloria"* (Colosenses 1:27)

1028. Actuar correctamente se convierte en una costumbre para el creyente en la medida en que recibe de Dios más poder para lograrlo.

> *"Con este fin trabajo y lucho fortalecido por el poder de Cristo que obra en mí"* (Colosenses 1:29)

1029. Una vida en auténtico y cabal orden no surge de nada diferente a una fe firme en Jesucristo y en lo hecho por Él a nuestro favor.

> *"Aunque estoy físicamente ausente, los acompaño en espíritu, y me alegro al ver su buen orden y la firmeza de su fe en Cristo"* (Colosenses 2:5)

1030. La gratitud es por igual el origen del amor a Dios como uno de los mejores condimentos para mantenerlo vivo y activo.

> *"arraigados y edificados en él, confirmados en la fe como se les enseñó, y llenos de gratitud... Que gobierne en sus corazones la paz de Cristo, a la cual fueron llamados en un solo cuerpo. Y sean agradecidos. Que habite en ustedes la palabra de Cristo con toda su riqueza: instrúyanse y aconséjense unos a otros con toda sabiduría; canten salmos, himnos y canciones espirituales a Dios, con gratitud de corazón. Y todo lo que hagan, de palabra o de obra, háganlo en el nombre del Señor Jesús, dando gracias a Dios el Padre por medio de él"* (Colosenses 2:7; 3:15-17)

1031. Los primeros herejes negaban que Cristo fue hombre. Los de hoy niegan que es Dios. Pero Él es sin duda Dios y Hombre.

> *"Toda la plenitud de la divinidad habita en forma corporal en Cristo... Por tanto, ya que ellos son de carne y hueso, él también compartió esa naturaleza humana para anular, mediante la muerte, al que tiene el dominio de la muerte –es decir, al diablo–"* (Colosenses 2:9; Hebreos 2:14)

1032. Tanto los creyentes como la causa de Dios pueden experimentar derrotas, pero todas son estratégicas con miras al triunfo final.

> *"Desarmó a los poderes y a las potestades, y por medio de Cristo los humilló en público al exhibirlos en su desfile triunfal"* (Colosenses 2:15)

1033. El relato de quienes regresan de la muerte clínica muestra que este mundo no es todo lo que hay, ratificando la Biblia.

> *"Todo esto es una sombra de las cosas que están por venir; la realidad se halla en Cristo... Estos sacerdotes sirven en un santuario que es copia y sombra del que está en el cielo, tal como se le advirtió a Moisés cuando estaba a punto de construir el tabernáculo: «Asegúrate de hacerlo todo según el modelo que se te ha mostrado en la montaña.»"* (Colosenses 2:17; Hebreos 8:5)

1034. El gnosticismo daba culto a los ángeles, la nueva era a los extraterrestres, dos nombres diferentes para los mismos demonios.

*"No dejen que les prive de esta realidad ninguno de esos que se ufanan en fingir humildad y adoración de ángeles. Los tales hacen alarde de lo que no han visto..."* (Colosenses 2:18)

1035. El legalismo sólo es una fachada que legitima la hipocresía y destruye la autenticidad que debe caracterizar a los creyentes.

*"Estos preceptos, basados en reglas y enseñanzas humanas, se refieren a cosas que van a desaparecer con el uso. Tienen sin duda apariencia de sabiduría, con su afectada piedad, falsa humildad y severo trato del cuerpo, pero de nada sirven frente a los apetitos de la naturaleza pecaminosa"* (Colosenses 2:22-23)

1036. El cristiano no es un ingenuo idealista, pues tiene su vista puesta en el cielo, pero sus pies firmemente apoyados en la tierra.

*"Concentren su atención en las cosas de arriba, no en las de la tierra"* (Colosenses 3:2)

1037. Cualquier diferencia visible entre los seres humanos no es determinante y pierde importancia en la iglesia gracias al evangelio.

*"En esta nueva naturaleza no hay griego ni judío, circunciso ni incircunciso, culto ni inculto, esclavo ni libre, sino que Cristo es todo y está en todos"* (Colosenses 3:11)

1038. Se dice que "el hábito no hace al monje", pero para ser reconocido como tal, el monje si debe vestirse con el hábito adecuado.

*"Por lo tanto, como escogidos de Dios, santos y amados, revístanse de afecto entrañable y de bondad, humildad, amabilidad y paciencia"* (Colosenses 3:12)

1039. Hombres y mujeres tenemos el mismo valor ante Dios, pero sin que eso signifique que Él nos haya asignado el mismo rol a ambos.

*"Esposas, sométanse a sus esposos, como conviene en el Señor. Esposos, amen a sus esposas y no sean duros con ellas"* (Colosenses 3:18-19)

# #1 TESALONICENSES

1040. Contrario a lo que se dice, la historia demuestra que por lo general la voz del pueblo está muy lejos de ser la voz de Dios.

> *"Al contrario, hablamos como hombres a quienes Dios aprobó y les confió el evangelio: no tratamos de agradar a la gente sino a Dios, que examina nuestro corazón"* (1 Tesalonicenses 2:4)

1041. Todas las bajas que el ejército de Dios pueda experimentar en la guerra cósmica entre el bien y el mal son siempre temporales.

> *"El Señor mismo descenderá del cielo con voz de mando, con voz de arcángel y con trompeta de Dios, y los muertos en Cristo resucitarán primero"* (1 Tesalonicenses 4:16)

1042. La seguridad que se basa en las circunstancias favorables y no en Dios contiene en sí misma el germen de su propia destrucción.

> *"Cuando estén diciendo: «Paz y seguridad», vendrá de improviso sobre ellos la destrucción, como le llegan a la mujer encinta los dolores de parto. De ninguna manera podrán escapar"* (1 Tesalonicenses 5:3)

1043. La oración no es sólo una de las actividades más importantes de la vida del cristiano, sino también una de las más continuas.

> *"oren sin cesar"* (1 Tesalonicenses 5:17)

1044. Aún a los más perdidos inconversos les "suena la flauta" a veces y la iglesia debe estar de acuerdo con ellos cuando aciertan.

1045. La libertad de examen y de conciencia no es tan sólo un derecho que ejercemos los cristianos, sino una orden que obedecemos.

> *"sométanlo todo a prueba, aférrense a lo bueno"* (1 Tesalonicenses 5:21)

1046. La teología, la psicología y las ciencias naturales ven sólo una parte cada una, pero Dios ve las partes dentro del cuadro completo.

> *"Que Dios mismo, el Dios de paz, los santifique por completo, y conserve todo su ser –espíritu, alma y cuerpo– irreprochable para la venida de nuestro Señor Jesucristo"* (1 Tesalonicenses 5:23)

# #2 Tesalonicenses

1047. El origen de la maldad es un misterio vigente que ni la filosofía ni la ciencia lograrán descifrar nunca sin apelar a la Biblia.

> *"Es cierto que el misterio de la maldad ya está ejerciendo su poder; pero falta que sea quitado de en medio el que ahora lo detiene"* (2 Tesalonicenses 2:7)

1048. El milagrerismo mágico y supersticioso en la iglesia ha generado justificada resistencia de los científicos hacia el evangelio.

> *"El malvado vendrá, por obra de Satanás, con toda clase de milagros, señales y prodigios falsos"* (2 Tesalonicenses 2:9)

1049. Cuando nos resistimos a la verdad pronto nos hallaremos bajo el poder y el engaño de la mentira incapaces de distinguirlas.

> *"Con toda perversidad engañará a los que se pierden por haberse negado a amar la verdad y así ser salvos. Por eso Dios permite que, por el poder del engaño, crean en la mentira"* (2 Tesalonicenses 2:10-11)

# #1 TIMOTEO

1050. Las genealogías son historia y no ficción legendaria. Pero discutir sobre ellas trae más perjuicios que beneficios para la fe.

> *"y de prestar atención a leyendas y genealogías interminables. Esas cosas provocan controversias en vez de llevar adelante la obra de Dios que es por la fe"* (1 Timoteo 1:4)

1051. Hay que acertar en conciencia, pero si no es posible es preferible errar de acuerdo a la conciencia que acertar en su contra.

> *"y mantengas la fe y una buena conciencia. Por no hacerle caso a su conciencia, algunos han naufragado en la fe"* (1 Timoteo 1:19)

1052. La Palabra de Dios se manifiesta en la Biblia, en la creación, pero sobre todo en Jesucristo, la Palabra de Dios hecha hombre.

> *"No hay duda de que es grande el misterio de nuestra fe: Él se manifestó como hombre; fue vindicado por el Espíritu, visto por los ángeles, proclamado entre las naciones, creído en el mundo, recibido en la gloria"* (1 Timoteo 3:16)

1053. La Biblia afirma que no todos los que están, son, pues los apóstatas están por un tiempo en la iglesia sin ser parte de ella.

> *"El Espíritu dice claramente que, en los últimos tiempos, algunos abandonarán la fe para seguir a inspiraciones engañosas y doctrinas diabólicas"* (1 Timoteo 4:1)

1054. Todo lo que Dios creó es bueno y útil, lo malo son los abusos y excesos en los que incurrimos a la hora de servirnos de ello.

*"Todo lo que Dios ha creado es bueno, y nada es despreciable si se recibe con acción de gracias, porque la palabra de Dios y la oración lo santifican"* (1 Timoteo 4:4-5)

1055. El cristianismo desenmascara mitos y supersticiones, por lo que debe verse como un aliado de la buena y auténtica ciencia.

1056. Así como el cristianismo se basa en hechos y no en mitos, también hay "ciencia" que se apoya en los mitos y no en los hechos.

*"Rechaza las leyendas profanas y otros mitos semejantes. Más bien, ejercítate en la piedad... Timoteo, ¡cuida bien lo que se te ha confiado! Evita las discusiones profanas e inútiles, y los argumentos de la falsa ciencia"* (1 Timoteo 4:7; 6:20)

1057. Cuando logremos vivir de acuerdo con lo que creemos no solo seremos consecuentes, sino que también seremos convincentes.

*"Sé diligente en estos asuntos; entrégate de lleno a ellos, de modo que todos puedan ver que estás progresando. Ten cuidado de tu conducta y de tu enseñanza. Persevera en todo ello, porque así te salvarás a ti mismo y a los que te escuchen"* (1 Timoteo 4:15-16)

1058. El poder de Cristo es el único que puede resolver nuestros pecados ocultos antes de que nos dejen avergonzados en público.

*"Los pecados de algunos son evidentes aun antes de ser investigados, mientras que los pecados de otros se descubren después. De igual manera son evidentes las buenas obras, y aunque estén ocultas, tarde o temprano se manifestarán"* (1 Timoteo 5:24-25)

1059. El cristiano debe ser valiente, pero no temerario. El valiente sabe huir prudentemente cuando es necesario. El temerario no.

*"Tú, en cambio, hombre de Dios, huye de todo eso, y esmérate en seguir la justicia, la piedad, la fe, el amor, la constancia y la humildad"* (1 Timoteo 6:11)

1060. Dios no sólo provee lo necesario con exactitud, sino con abundancia para que lo disfrutemos y compartamos con los demás.

> "*A los ricos de este mundo, mándales que no sean arrogantes ni pongan su esperanza en las riquezas, que son tan inseguras, sino en Dios, que nos provee de todo en abundancia para que lo disfrutemos. Mándales que hagan el bien, que sean ricos en buenas obras, y generosos, dispuestos a compartir lo que tienen*" (1 Timoteo 6:17-18)

# #2 Timoteo

1061. El dominio propio no consiste en carecer de poder, sino en ejercer sobre éste el control sabio y razonable que Dios nos otorga.

> *"Pues Dios no nos ha dado un espíritu de timidez, sino de poder, de amor y de dominio propio"* (2 Timoteo 1:7)

1062. La salvación se obtiene sin méritos de nuestra parte, pero al mismo tiempo nos capacita para llegar a vivir una vida meritoria.

> *"Pues Dios nos salvó y nos llamó a una vida santa, no por nuestras propias obras, sino por su propia determinación y gracia. Nos concedió este favor en Cristo Jesús antes del comienzo del tiempo"* (2 Timoteo 1:9)

1063. Cristo es el único que ha regresado victorioso de la muerte sacando a luz lo que nos espera cuando también nos llegue la hora.

> *"y ahora lo ha revelado con la venida de nuestro Salvador Cristo Jesús, quien destruyó la muerte y sacó a la luz la vida incorruptible mediante el evangelio"* (2 Timoteo 1:10)

1064. Quienes hemos creído y confiado en Jesucristo hemos creído por tanto en el Dios Trino, si es que sabemos en quién hemos creído.

> *"Por ese motivo padezco estos sufrimientos. Pero no me avergüenzo, porque sé en quién he creído, y estoy seguro de que tiene poder para guardar hasta aquel día lo que le he confiado"* (2 Timoteo 1:12)

1065. El mensaje ya está dado. Lo que Dios requiere ahora es mensajeros dignos de confianza y capacitados que sepan comunicarlo bien.

*"Lo que me has oído decir en presencia de muchos testigos, encomiéndalo a creyentes dignos de confianza, que a su vez estén capacitados para enseñar a otros"* (2 Timoteo 2:2)

1066. El tradicionalismo surge cuando obedecemos las reglas heredadas de la tradición sin reflexionar ya en su motivo o razón de ser.

*"Reflexiona en lo que te digo, y el Señor te dará una mayor comprensión de todo esto"* (2 Timoteo 2:7)

1067. La fidelidad de Dios no es alcahuetería de su parte hacia nuestra infidelidad, sino benéfica disciplina cuando somos infieles.

*"si somos infieles, él sigue siendo fiel, ya que no puede negarse a sí mismo"* (2 Timoteo 2:13)

1068. El fanático es temerario y pendenciero, al contrario del cristiano maduro que se caracteriza por su amabilidad y humildad.

*"Y un siervo del Señor no debe andar peleando; más bien, debe ser amable con todos, capaz de enseñar y no propenso a irritarse. Así, humildemente, debe corregir a los adversarios, con la esperanza de que Dios les conceda el arrepentimiento para conocer la verdad, de modo que se despierten y escapen de la trampa en que el diablo los tiene cautivos, sumisos a su voluntad"* (2 Timoteo 2:24-26)

1069. Marxismo, capitalismo, existencialismo y cristianismo son "ismos" en los que ya nadie cree por estar concentrados en sí mismos.

*"La gente estará llena de egoísmo y avaricia; serán jactanciosos, arrogantes, blasfemos, desobedientes a los padres, ingratos, impíos"* (2 Timoteo 3:2)

1070. Tratando tan sólo de "parecer" no se puede llegar a "ser", pero tampoco hay que conformarse con "ser", sino también "parecer".

*"Aparentarán ser piadosos, pero su conducta desmentirá el poder de la piedad. ¡Con esa gente ni te metas!" (2 Timoteo 3:5)*

1071. Ver también numeral 413

1072. Ver también numeral 373

1073. Únicamente la conversión puede traer la iluminación y convicción del Espíritu de que la Biblia es en verdad lo que dice ser.

> *"Toda la Escritura es inspirada por Dios y útil para enseñar, para reprender, para corregir y para instruir en la justicia, a fin de que el siervo de Dios esté enteramente capacitado para toda buena obra"* (2 Timoteo 3:16-17)

1074. Aunque muchos ya no creen en los dioses de las mitologías antiguas siguen inventándose mitologías modernas en las que creer.

> *"Porque llegará el tiempo en que no van a tolerar la sana doctrina, sino que, llevados de sus propios deseos, se rodearán de maestros que les digan las novelerías que quieren oír. Dejarán de escuchar la verdad y se volverán a los mitos"* (2 Timoteo 4:3-4)

1075. Una de las evidencias más fuertes a favor de la resurrección es que los apóstoles estuvieron dispuestos a morir por proclamarla.

> *"Yo, por mi parte, ya estoy a punto de ser ofrecido como un sacrificio, y el tiempo de mi partida ha llegado"* (2 Timoteo 4:6)

1076. Nuestra responsabilidad no es ganar sino pelear la batalla, mantenernos en la fe y terminar la carrera, pues Cristo ya venció.

> *"He peleado la buena batalla, he terminado la carrera, me he mantenido en la fe. Por lo demás me espera la corona de justicia que el Señor, el juez justo, me otorgará en aquel día; y no sólo a mí, sino también a todos los que con amor hayan esperado su venida"* (2 Timoteo 4:7-8)

1077. Ver también numeral 741

# #Tito

**1078.** A diferencia de las religiones paganas, el cristianismo se basa en hechos y no en leyendas ni cuentos supersticiosos.

> *"y no hagan caso de leyendas judías ni de lo que exigen esos que rechazan la verdad... cuando les dimos a conocer la venida de nuestro Señor Jesucristo en todo su poder, no estábamos siguiendo sutiles cuentos supersticiosos sino dando testimonio de su grandeza, que vimos con nuestros propios ojos"* (Tito 1:14; 2 Pedro 1:16)

**1079.** El pecado adormece e inutiliza la conciencia corrompiéndola al punto que ya no nos acusa de nada aunque seamos culpables de todo.

> *"Para los puros todo es puro, pero para los corruptos e incrédulos no hay nada puro. Al contrario, tienen corrompidas la mente y la conciencia"* (Tito 1:15)

**1080.** Se dice que el amor une y la doctrina divide, pero en nombre del amor no se puede ignorar la sana doctrina para aceptarlo todo.

> *"Tú, en cambio, predica lo que va de acuerdo con la sana doctrina"* (Tito 2:1)

**1081.** Aunque la historia se repita no tiene que suceder igual pues la regeneración y la renovación nos dan la ventaja cuando se repite.

*"él nos salvó, no por nuestras propias obras de justicia sino por su misericordia. Nos salvó mediante el lavamiento de la regeneración y de la renovación por el Espíritu Santo"* (Tito 3:5)

1082. La fe siempre va primero. Las buenas obras después, ya que no es posible llegar a ser "buenos" sin haber creído en Cristo primero.

*"Este mensaje es digno de confianza, y quiero que lo recalques, para que los que han creído en Dios se empeñen en hacer buenas obras. Esto es excelente y provechoso para todos"* (Tito 3:8)

# #Filemón

1083. El hecho de estar en posición para dar órdenes no significa que al hacerlo no se pueda pedir el favor apelando a la cordialidad.

1084. En nombre de la libertad y la franqueza no se puede dejar de lado la cordialidad y las buenas maneras en el trato con los demás.

> *"Por eso, aunque en Cristo tengo la franqueza suficiente para ordenarte lo que debes hacer, prefiero rogártelo en nombre del amor. Yo, Pablo, ya anciano y ahora, además, prisionero de Cristo Jesús"* (Filemón 1:8-9)

1085. La conversión a Cristo transforma a personas anteriormente inútiles en personas útiles y provechosas para todos a su alrededor.

> *"En otro tiempo te era inútil, pero ahora nos es útil tanto a ti como a mí"* (Filemón 1:11)

1086. Hacer un favor es un acto de auténtica generosidad sólo cuando se hace de buena gana, con espontaneidad y de manera voluntaria.

> *"Sin embargo, no he querido hacer nada sin tu consentimiento, para que tu favor no sea por obligación sino espontáneo"* (Filemón 1:14)

1087. Antes de lograr la abolición de la esclavitud el evangelio fue el estímulo para que amos y esclavos se trataran como hermanos.

> *"Tal vez por eso Onésimo se alejó de ti por algún tiempo, para que ahora lo recibas para siempre, ya no como a esclavo,*

*sino como algo mejor: como a un hermano querido, muy*
*especial para mí, pero mucho más para ti, como persona*
*y como hermano en el Señor"* (Filemón 1:15-16)

1088. Dios puede perdonarnos ahora sin trabas debido a que nuestra deuda de pecados quedó saldada al ser cargada a la cuenta de Cristo.

*"Si te ha perjudicado o te debe algo, cárgalo*
*a mi cuenta"* (Filemón 1:18)

# #Hebreos

**1089.** El cristianismo puede dialogar con un evolucionismo que ve a Cristo tras el proceso y le asigna el mérito final de la creación.

> *"en estos días finales nos ha hablado por medio de su Hijo. A éste lo designó heredero de todo, y por medio de él hizo el universo"* (Hebreos 1:2)

**1090.** Lo sobrenatural no son sólo los milagros, pues todo el universo no se explica sin la intervención de un Dios que todo lo sostiene.

> *"El Hijo es el resplandor de la gloria de Dios, la fiel imagen de lo que él es, y el que sostiene todas las cosas con su palabra poderosa. Después de llevar a cabo la purificación de los pecados, se sentó a la derecha de la Majestad en las alturas"* (Hebreos 1:3)

**1091.** Los ángeles han sido designados por Dios para nuestro servicio, pero su poder no está sujeto a nuestra voluntad sino a la de Él.

> *"¿No son todos los ángeles espíritus dedicados al servicio divino, enviados para ayudar a los que han de heredar la salvación?"* (Hebreos 1:14)

**1092.** El cristianismo puede dialogar con un evolucionismo que atribuye al ser humano una dignidad especial sobre los demás seres.

> *"Como alguien ha atestiguado en algún lugar: «¿Qué es el hombre, para que en él pienses? ¿Qué es el ser humano, para que lo tomes en cuenta? Lo hiciste un poco menor que los ángeles, y lo coronaste de gloria y de honra; ¡todo lo sometiste*

*a su dominio!» Si Dios puso bajo él todas las cosas, entonces no hay nada que no le esté sujeto. Ahora bien, es cierto que todavía no vemos que todo le esté sujeto"* (Hebreos 2:6-8)

1093. Ver también numeral 1031

1094. Cristo venció al diablo justo con la misma arma que él ha utilizado para intimidar y esclavizar a la humanidad por milenios.

*"Por tanto, ya que ellos son de carne y hueso, él también compartió esa naturaleza humana para anular, mediante la muerte, al que tiene el dominio de la muerte –es decir, al diablo–, y librar a todos los que por temor a la muerte estaban sometidos a esclavitud durante toda la vida"* (Hebreos 2:14-15)

1095. El mundo piensa que la única manera de librarse de la tentación es cediendo a ella, pero Cristo nos dice que puede ser resistida.

*"Por haber sufrido él mismo la tentación, puede socorrer a los que son tentados"* (Hebreos 2:18)

1096. Hay que confiar primero en Cristo para llegar luego a ser tan confiables para Él que correspondamos su fidelidad con la nuestra.

*"Él fue fiel al que lo nombró, como lo fue también Moisés en toda la casa de Dios"* (Hebreos 3:2)

1097. El pasado nos afecta y el futuro nos inquieta, pero al final sólo podemos contar con el día de hoy y con lo que hagamos en él.

*"Por eso, como dice el Espíritu Santo: «Si ustedes oyen hoy su voz, no endurezcan el corazón como sucedió en la rebelión, en aquel día de prueba en el desierto"* (Hebreos 3:7-8)

1098. El domingo es el día de reposo, pero hay sermones que lo convierten en algo de lo que hay que reposar el resto de la semana.

*"Cuidémonos, por tanto, no sea que, aunque la promesa de entrar en su reposo sigue vigente, alguno de ustedes parezca quedarse atrás... Esforcémonos, pues, por entrar en ese reposo, para que nadie caiga al seguir aquel ejemplo de desobediencia"* (Hebreos 4:1, 11)

1099. El evangelio no es sólo el ofrecimiento de una segunda oportunidad sino el ofrecimiento de una segunda oportunidad todos los días.

> *"Por eso, Dios volvió a fijar un día, que es «hoy»,*
> *cuando mucho después declaró por medio de David*
> *lo que ya se ha mencionado: «Si ustedes oyen hoy su*
> *voz, no endurezcan el corazón.»"* (Hebreos 4:7)

1100. Ver también numeral 723

1101. La impunidad es siempre temporal, pues tarde o temprano todo pecado oculto no confesado y corregido es descubierto y castigado.

> *"Ninguna cosa creada escapa a la vista de Dios. Todo*
> *está al descubierto, expuesto a los ojos de aquel a*
> *quien hemos de rendir cuentas"* (Hebreos 4:13)

1102. Los ídolos son insensibles a nuestras luchas, pero Cristo no porque las vivió en carne propia para comprendernos y ayudarnos.

1103. El pecado no forma parte de la condición humana original. Por eso Cristo pudo ser hombre sin pecar, marcándonos así el camino.

1104. Nuestra negativa a recibir no se debe al temor de que nos cobren el favor, sino al orgullo que nos impide recibir la gracia gratuita.

> *"Por lo tanto, ya que en Jesús, el Hijo de Dios, tenemos un gran*
> *sumo sacerdote que ha atravesado los cielos, aferrémonos a la fe*
> *que profesamos. Porque no tenemos un sumo sacerdote incapaz de*
> *compadecerse de nuestras debilidades, sino uno que ha sido tenta-*
> *do en todo de la misma manera que nosotros, aunque sin pecado.*
> *Así que acerquémonos confiadamente al trono de la gracia para*
> *recibir misericordia y hallar la gracia que nos ayude en el momento*
> *que más la necesitemos"* (Hebreos 4:14-16)

1105. El sufrimiento es revelador porque nos conduce a profundidades que de otro modo nunca hubiéramos conocido ni aprendido de ellas.

> *"Aunque era Hijo, mediante el sufrimiento*
> *aprendió a obedecer"* (Hebreos 5:8)

1106. No lograremos por ahora la inocencia de Adán y Eva antes de la caída, pero podemos alcanzar la madurez que ellos no tuvieron.

*"Por eso, dejando a un lado las enseñanzas elementales acerca de Cristo, avancemos hacia la madurez. No volvamos a poner los fundamentos, tales como el arrepentimiento de las obras que conducen a la muerte, la fe en Dios, la instrucción sobre bautismos, la imposición de manos, la resurrección de los muertos y el juicio eterno. Así procederemos, si Dios lo permite"* (Hebreos 6:1-3)

1107. Un día sabremos las grandes cosas que llegaron a pasar como consecuencia de nuestros pequeños actos de obediencia diaria a Dios.

1108. Ver también numeral 458

*"Porque Dios no es injusto como para olvidarse de las obras y del amor que, para su gloria, ustedes han mostrado sirviendo a los santos, como lo siguen haciendo"* (Hebreos 6:10)

1109. La paciencia tiene que ver con identificar el tiempo de Dios y encajarlo con el nuestro sin apurarlo ni dejarlo pasar de largo.

*"No sean perezosos; más bien, imiten a quienes por su fe y paciencia heredan las promesas"* (Hebreos 6:12)

1110. Las promesas de Dios tienen la fuerza del juramento, pero no se hacen realidad debido a ello sino al carácter del que promete.

*"Cuando Dios hizo su promesa a Abraham, como no tenía a nadie superior por quien jurar, juró por sí mismo"* (Hebreos 6:13)

1111. La esperanza del cristiano no puede ser más firme, pues si no bastara con la promesa está ratificada con el juramento de Dios.

1112. El mundo afirma que "seguro mata a confianza", pero Dios afirma que nuestra confianza en Él es la base de nuestra seguridad.

*"Los seres humanos juran por alguien superior a ellos mismos, y el juramento, al confirmar lo que se ha dicho, pone punto final a toda discusión. Por eso Dios, queriendo demostrar claramente a los herederos de la promesa que su propósito es inmutable, la confirmó con un juramento. Lo hizo así para que, mediante*

*la promesa y el juramento, que son dos realidades inmutables en las cuales es imposible que Dios mienta, tengamos un estímulo poderoso los que, buscando refugio, nos aferramos a la esperanza que está delante de nosotros. Tenemos como firme y segura ancla del alma una esperanza que penetra hasta detrás de la cortina del santuario, hasta donde Jesús, el precursor, entró por nosotros, llegando a ser sumo sacerdote para siempre, según el orden de Melquisedec"* (Hebreos 6:16-20)

1113. La ciencia es provisional, en cambio la obra de Cristo es final y concluyente por lo que la fe en Él es también definitiva.

1114. Dios no pide ya sacrificios con derramamiento de sangre porque Cristo llevó a cabo el único necesario de forma definitiva.

> *"A diferencia de los otros sumos sacerdotes, él no tiene que ofrecer sacrificios día tras día, primero por sus propios pecados y luego por los del pueblo; porque él ofreció el sacrificio una sola vez y para siempre cuando se ofreció a sí mismo... De hecho, la ley exige que casi todo sea purificado con sangre, pues sin derramamiento de sangre no hay perdón... Si así fuera, Cristo habría tenido que sufrir muchas veces desde la creación del mundo. Al contrario, ahora, al final de los tiempos, se ha presentado una sola vez y para siempre a fin de acabar con el pecado mediante el sacrificio de sí mismo"* (Hebreos 7:27; 9:22, 26)

1115. Ver también numeral 1033

1116. La verdad no es un conocimiento al que damos nuestro asentimiento intelectual, sino un encuentro y una relación entre personas.

> *"Ya no tendrá nadie que enseñar a su prójimo, ni dirá nadie a su hermano: '¡Conoce al Señor!', porque todos, desde el más pequeño hasta el más grande, me conocerán"* (Hebreos 8:11)

1117. Cristo hace de todos los creyentes sacerdotes habilitados para acceder a Dios todos los días con la confianza de ser escuchados.

> *"Acerquémonos, pues, a Dios con corazón sincero y con la plena seguridad que da la fe, interiormente purificados de una conciencia culpable y exteriormente lavados con agua pura"* (Hebreos 10:22)

#MENSAJES DE DIOS

1118. La fuerza de la iglesia no radica sólo en la comunión con Cristo sino en la comunión con los hermanos que Cristo hace posible.

> *"No dejemos de congregarnos, como acostumbran hacerlo algunos, sino animémonos unos a otros, y con mayor razón ahora que vemos que aquel día se acerca"* (Hebreos 10:25)

1119. Paciencia no significa esperar sentado a que las cosas pasen, sino esperar que con lo que hacemos obedientes, llegaran a pasar.

> *"Ustedes necesitan perseverar para que, después de haber cumplido la voluntad de Dios, reciban lo que él ha prometido"* (Hebreos 10:36)

1120. Si bien se puede ser evolucionista y creyente al mismo tiempo, lo que no se puede es ser creacionista y ateo al mismo tiempo.

> *"Por la fe entendemos que el universo fue formado por la palabra de Dios, de modo que lo visible no provino de lo que se ve"* (Hebreos 11:3)

1121. Aún la ciencia está teniendo que reconocer que la fe en Dios no es un ejercicio sin beneficio, confirmando lo dicho en la Biblia.

> *"En realidad, sin fe es imposible agradar a Dios, ya que cualquiera que se acerca a Dios tiene que creer que él existe y que recompensa a quienes lo buscan"* (Hebreos 11:6)

1122. Aunque seamos peregrinos y extranjeros en el mundo, debemos amar y trabajar por el bienestar de nuestra patria terrenal.

1123. Es significativo que quienes que más trabajaron por mejorar este mundo hayan sido quienes esperaban y anhelaban el mundo venidero.

> *"Todos ellos vivieron por la fe, y murieron sin haber recibido las cosas prometidas; más bien, las reconocieron a lo lejos, y confesaron que eran extranjeros y peregrinos en la tierra. Al expresarse así, claramente dieron a entender que andaban en busca de una patria. Si hubieran estado pensando en aquella patria de donde habían emigrado, habrían tenido oportunidad de regresar a ella. Antes bien, anhelaban una patria mejor,*

*es decir, la celestial. Por lo tanto, Dios no se avergonzó de ser llamado su Dios, y les preparó una ciudad"* (Hebreos 11:13-16)

1124. La fe falsa cree en Dios únicamente y nada más; la auténtica va más lejos y le cree a Dios actuando de manera consecuente.

> *"Por la fe Abraham, que había recibido las promesas, fue puesto a prueba y ofreció a Isaac, su hijo único, a pesar de que Dios le había dicho: «Tu descendencia se establecerá por medio de Isaac.» Consideraba Abraham que Dios tiene poder hasta para resucitar a los muertos, y así, en sentido figurado, recobró a Isaac de entre los muertos"* (Hebreos 11:17-19)

1125. Ya sea ahora o después, la fe del cristiano fiel triunfará pues al final Dios mismo los reivindicará de su martirio.

> *"¿Qué más voy a decir? Me faltaría tiempo para hablar de Gedeón, Barac, Sansón, Jefté, David, Samuel y los profetas, los cuales por la fe conquistaron reinos, hicieron justicia y alcanzaron lo prometido; cerraron bocas de leones, apagaron la furia de las llamas y escaparon del filo de la espada; sacaron fuerzas de flaqueza; se mostraron valientes en la guerra y pusieron en fuga a ejércitos extranjeros. Hubo mujeres que por la resurrección recobraron a sus muertos. Otros, en cambio, fueron muertos a golpes, pues para alcanzar una mejor resurrección no aceptaron que los pusieran en libertad. Otros sufrieron la prueba de burlas y azotes, e incluso de cadenas y cárceles. Fueron apedreados, aserrados por la mitad, asesinados a filo de espada. Anduvieron fugitivos de aquí para allá, cubiertos de pieles de oveja y de cabra, pasando necesidades, afligidos y maltratados... Entonces vi tronos donde se sentaron los que recibieron autoridad para juzgar. Vi también las almas de los que habían sido decapitados por causa del testimonio de Jesús y por la palabra de Dios. No habían adorado a la bestia ni a su imagen, ni se habían dejado poner su marca en la frente ni en la mano. Volvieron a vivir y reinaron con Cristo mil años"* (Hebreos 11:32-37; Apocalipsis 20:4)

1126. El cristiano íntegro y fiel hasta la muerte es un regalo de Dios para iluminar al mundo que el mundo de ningún modo se merece.

*"¡El mundo no merecía gente así! Anduvieron sin rumbo por desiertos y montañas, por cuevas y cavernas"* (Hebreos 11:38)

1127. Condenar la tradición de forma absoluta es privarnos de la experiencia de los cristianos que nos antecedieron en la fe.

1128. El éxito no depende de alcanzar solitarios nuestras metas sino de hacerlo juntos, contribuyendo a que otros alcancen las suyas.

> *"Aunque todos obtuvieron un testimonio favorable mediante la fe, ninguno de ellos vio el cumplimiento de la promesa. Esto sucedió para que ellos no llegaran a la meta sin nosotros, pues Dios nos había preparado algo mejor. Por tanto, también nosotros, que estamos rodeados de una multitud tan grande de testigos, despojémonos del lastre que nos estorba, en especial del pecado que nos asedia, y corramos con perseverancia la carrera que tenemos por delante"* (Hebreos 11:39-12:1)

1129. Cristo soportó la cruz por el gozo que le esperaba luego, incluyendo la satisfacción que la vida de cada creyente debería darle.

> *"Fijemos la mirada en Jesús, el iniciador y perfeccionador de nuestra fe, quien por el gozo que le esperaba, soportó la cruz, menospreciando la vergüenza que ella significaba, y ahora está sentado a la derecha del trono de Dios"* (Hebreos 12:2)

1130. Si piensas que Dios te está probando cuando en realidad te disciplina, seguirás afligido hasta que reconozcas la diferencia.

> *"Y ya han olvidado por completo las palabras de aliento que como a hijos se les dirige: «Hijo mío, no tomes a la ligera la disciplina del Señor ni te desanimes cuando te reprenda, porque el Señor disciplina a los que ama, y azota a todo el que recibe como hijo.» Lo que soportan es para su disciplina, pues Dios los está tratando como a hijos. ¿Qué hijo hay a quien el padre no disciplina? Si a ustedes se les deja sin la disciplina que todos reciben, entonces son bastardos y no hijos legítimos. Después de todo, aunque nuestros padres humanos nos disciplinaban, los respetábamos. ¿No hemos de someternos, con mayor razón, al Padre de los espíritus, para que vivamos? En efecto, nuestros padres nos disciplinaban por un breve tiempo, como mejor*

*les parecía; pero Dios lo hace para nuestro bien, a fin de que participemos de su santidad. Ciertamente, ninguna disciplina, en el momento de recibirla, parece agradable, sino más bien penosa; sin embargo, después produce una cosecha de justicia y paz para quienes han sido entrenados por ella"* (Hebreos 12:5-11)

1131. Las rodillas fuertes no son las que se mantienen firmes sosteniéndote en pie, sino las que se doblan para postrarse ante Dios.

*"Por tanto, renueven las fuerzas de sus manos cansadas y de sus rodillas debilitadas"* (Hebreos 12:12)

1132. Los conflictos del pasado no resueltos satisfactoriamente pueden generar en el afectado y su entorno una destructiva amargura.

*"Asegúrense de que nadie deje de alcanzar la gracia de Dios; de que ninguna raíz amarga brote y cause dificultades y corrompa a muchos"* (Hebreos 12:15)

1133. La vida humana es sagrada y no debemos convertirla en una feria de rebajas que termina profanando lo sagrado al ponerle precio.

*"y de que nadie sea inmoral ni profano como Esaú, quien por un solo plato de comida vendió sus derechos de hijo mayor"* (Hebreos 12:16)

1134. Si todo se derrumba en nuestra vida puede ser que Dios está removiendo las cosas movibles para establecer las inconmovibles.

*"En aquella ocasión, su voz conmovió la tierra, pero ahora ha prometido: «Una vez más haré que se estremezca no sólo la tierra sino también el cielo.» La frase «una vez más» indica la transformación de las cosas movibles, es decir, las creadas, para que permanezca lo inconmovible"* (Hebreos 12:26-27)

1135. Debemos agradecer a Dios todo lo recibido e inspirados por esta gratitud, adorarlo de manera natural como sólo Él se lo merece.

*"Así que nosotros, que estamos recibiendo un reino inconmovible, seamos agradecidos. Inspirados por esta gratitud, adoremos a Dios como a él le agrada, con temor reverente"* (Hebreos 12:28)

1136. Debemos escoger, pues en la Biblia el fuego nos alcanza ya sea como juicio divino, como prueba de la fe o como pasión por Dios.

> *"porque nuestro «Dios es fuego consumidor»"* (Hebreos 12:29)

1137. La alabanza puede mermar o aumentar al ritmo de las circunstancias cambiantes, pero la adoración no pues Jesucristo nunca cambia.

1138. Es bueno que Dios no cambie de forma caprichosa o arbitraria, pues así siempre podemos saber a qué atenernos con Él.

> *Jesucristo es el mismo ayer y hoy y por los siglos... Toda buena dádiva y todo don perfecto descienden de lo alto, donde está el Padre que creó las lumbreras celestes, y que no cambia como los astros ni se mueve como las sombras"* (Hebreos 13:8; Santiago 1:17)

1139. Hay circunstancias en las cuales alabar a Dios implica un sacrificio de la voluntad, pero es un sacrificio siempre recomendable.

> *"Así que ofrezcamos continuamente a Dios, por medio de Jesucristo, un sacrificio de alabanza, es decir, el fruto de los labios que confiesan su nombre"* (Hebreos 13:15)

1140. Lo único que las quejas logran es alimentar en nosotros un infantil ánimo revanchista hacia las circunstancias y las personas.

> *"Obedezcan a sus dirigentes y sométanse a ellos, pues cuidan de ustedes como quienes tienen que rendir cuentas. Obedézcanlos a fin de que ellos cumplan su tarea con alegría y sin quejarse, pues el quejarse no les trae ningún provecho"* (Hebreos 13:17)

1141. La exhortación que no se apoye en la revelación no es más que moralismo. Es la revelación la que debe conducir a la exhortación.

> *"Hermanos, les ruego que reciban bien estas palabras de exhortación, ya que les he escrito brevemente"* (Hebreos 13:22)

# #SANTIAGO

**1142.** Quienes rechazan las rutinas por aburridas sólo tratan de excusar su inconstancia crónica que al final siempre les cuesta cara.

> *"Quien es así no piense que va a recibir cosa alguna del Señor; es indeciso e inconstante en todo lo que hace"* (Santiago 1:7-8)

**1143.** Ver también numeral 985

**1144.** Ver también numeral 1138

**1145.** Ser tentado no es querer cometer un acto de inmoralidad, sino desear satisfacer necesidades legítimas de manera ilegítima.

> *"Todo lo contrario, cada uno es tentado cuando sus propios malos deseos lo arrastran y seducen. Luego, cuando el deseo ha concebido, engendra el pecado; y el pecado, una vez que ha sido consumado, da a luz la muerte"* (Santiago 1:14-15)

**1146.** Dios nos otorgó dos oídos y una boca para indicarnos de entrada la conveniencia de estar más dispuestos a escuchar que a hablar.

> *"Mis queridos hermanos, tengan presente esto: Todos deben estar listos para escuchar, y ser lentos para hablar y para enojarse"* (Santiago 1:19)

**1147.** Nuestra ira no suele estar motivada por la justicia, sino por la frustración de que nos impidan alcanzar lo que tanto queremos.

> *"pues la ira humana no produce la vida justa que Dios quiere"* (Santiago 1:20)

1148. Hay que arrepentirnos del orgullo que nos impide recibir, puesto que la salvación es un regalo que se recibe con humilde gratitud.

> *"Por esto, despójense de toda inmundicia y de la maldad que tanto abunda, para que puedan recibir con humildad la palabra sembrada en ustedes, la cual tiene poder para salvarles la vida"* (Santiago 1:21)

1149. La persona en el espejo es el primer asunto con el que tenemos que tratar a diario antes de pretender espiar por la ventana.

> *"No se contenten sólo con escuchar la palabra, pues así se engañan ustedes mismos. Llévenla a la práctica. El que escucha la palabra pero no la pone en práctica es como el que se mira el rostro en un espejo y, después de mirarse, se va y se olvida en seguida de cómo es. Pero quien se fija atentamente en la ley perfecta que da libertad, y persevera en ella, no olvidando lo que ha oído sino haciéndolo, recibirá bendición al practicarla"* (Santiago 1:22-25)

1150. Es un engaño pretender ser intachables en privado ante Dios mientras eludimos nuestra responsabilidad pública con el prójimo.

> *"La religión pura y sin mancha delante de Dios nuestro Padre es ésta: atender a los huérfanos y a las viudas en sus aflicciones, y conservarse limpio de la corrupción del mundo"* (Santiago 1:27)

1151. La diferencia entre comunismo y capitalismo es simplemente quien va a explotar a quien, pues en el resto son exactamente iguales.

> *"Escuchen, mis queridos hermanos: ¿No ha escogido Dios a los que son pobres según el mundo para que sean ricos en la fe y hereden el reino que prometió a quienes lo aman? ¡Pero ustedes han menospreciado al pobre! ¿No son los ricos quienes los explotan a ustedes y los arrastran ante los tribunales? ¿No son ellos los que blasfeman el buen nombre de aquel a quien ustedes pertenecen?"* (Santiago 2:5-7)

1152. Es mejor que actuemos con compasión hacia los demás si es que esperamos que Dios nos trate también compasivamente al juzgarnos.

*"porque habrá un juicio sin compasión para el que actúe sin compasión. ¡La compasión triunfa en el juicio!"* (Santiago 2:13)

1153. Las solas obras llevan a la muerte si no están precedidas por la fe, pero la fe también está muerta sin obras que la sigan.

*"Hermanos míos, ¿de qué le sirve a uno alegar que tiene fe, si no tiene obras? ¿Acaso podrá salvarlo esa fe?... Así también la fe por sí sola, si no tiene obras, está muerta"* (Santiago 2:14, 17)

1154. Las buenas obras siguen a la fe y la establecen sin lugar a dudas sin necesidad de mayores argumentos discursivos a su favor.

*"Sin embargo, alguien dirá: «Tú tienes fe, y yo tengo obras.» Pues bien, muéstrame tu fe sin las obras, y yo te mostraré la fe por mis obras"* (Santiago 2:18)

1155. La fe que salva implica conocimiento, asentimiento y sobre todo confianza, pues sin ésta no es más que la fe de los demonios.

*"¿Tú crees que hay un solo Dios? ¡Magnífico! También los demonios lo creen, y tiemblan"* (Santiago 2:19)

1156. Ver también numeral 703

1157. Los beneficios de ser maestros de la Palabra de Dios compensan de sobra el riesgo que conlleva de ser juzgados con mayor severidad.

*"Hermanos míos, no pretendan muchos de ustedes ser maestros, pues, como saben, seremos juzgados con más severidad"* (Santiago 3:1)

1158. La amargura y la envidia van siempre de la mano y pueden llegar a convertir a un potencial sabio en un mero erudito mundano.

1159. Lo que distingue al sabio del erudito no es el mayor o menor conocimiento que ambos poseen sino la actitud que los acompaña.

1160. La sabiduría terrenal no se destaca por su gran conocimiento sino por las envidias amargas y las rivalidades que la acompañan.

*"¿Quién es sabio y entendido entre ustedes? Que lo demuestre
con su buena conducta, mediante obras hechas con la
humildad que le da su sabiduría. Pero si ustedes tienen envidias
amargas y rivalidades en el corazón, dejen de presumir y de
faltar a la verdad. Ésa no es la sabiduría que desciende del
cielo, sino que es terrenal, puramente humana y diabólica.
Porque donde hay envidias y rivalidades, también hay
confusión y toda clase de acciones malvadas. En cambio,
la sabiduría que desciende del cielo es ante todo pura, y
además pacífica, bondadosa, dócil, llena de compasión y
de buenos frutos, imparcial y sincera"* (Santiago 3:13-17)

1161. El caos interno en que el ser humano se halla sumido se debe a que en él se halla unido tanto lo mejor como lo peor del universo.

1162. La libre empresa de la derecha y la repartición de la riqueza de la izquierda suenan ambas bien, pero pueden encubrir malas intenciones.

*"¿De dónde surgen las guerras y los conflictos entre ustedes?
¿No es precisamente de las pasiones que luchan dentro de
ustedes mismos? Desean algo y no lo consiguen. Matan y
sienten envidia, y no pueden obtener lo que quieren. Riñen
y se hacen la guerra. No tienen, porque no piden. Y cuando
piden, no reciben porque piden con malas intenciones,
para satisfacer sus propias pasiones"* (Santiago 4:1-3)

1163. En los casos en que el orgullo no sea la causa de nuestros problemas suele ser entonces la razón de que nos mantengamos en ellos.

*"Pero él nos da mayor ayuda con su gracia. Por eso
dice la Escritura: «Dios se opone a los orgullosos,
pero da gracia a los humildes.»"* (Santiago 4:6)

1164. Si reconocemos la realidad del diablo con mayor razón hay que creer en Dios y confiar en que Él ya lo ha vencido a nuestro favor.

*"Así que sométanse a Dios. Resistan al diablo,
y él huirá de ustedes"* (Santiago 4:7)

1165. Ver también numeral 301

1166. Los murmuradores creen que son los únicos en darse cuenta de las faltas de los demás, creyéndose con el derecho de divulgarlas.

> *"Hermanos, no hablen mal unos de otros. Si alguien habla mal de su hermano, o lo juzga, habla mal de la ley y la juzga. Y si juzgas la ley, ya no eres cumplidor de la ley, sino su juez"* (Santiago 4:11)

1167. Los que se justifican diciendo que no le hacen mal a nadie no suelen hacerle bien a nadie que es la esencia del pecado de omisión.

> *"Así que comete pecado todo el que sabe hacer el bien y no lo hace"* (Santiago 4:17)

1168. La paciencia no es esperar sin hacer nada sino más bien hacer lo que hay que hacer con constancia, perseverancia y sin ansiedad.

> *"Por tanto, hermanos, tengan paciencia hasta la venida del Señor. Miren cómo espera el agricultor a que la tierra dé su precioso fruto y con qué paciencia aguarda las temporadas de lluvia. Así también ustedes, manténganse firmes y aguarden con paciencia la venida del Señor, que ya se acerca"* (Santiago 5:7-8)

1169. Ver también numeral 537

1170. Es inspirador saber que los grandes personajes de la Biblia son elogiados por su fe a pesar de tener nuestras mismas debilidades.

1171. Los científicos suelen hablar como si estuvieran en un pedestal y no fueran gente con pasiones y debilidades como todos nosotros.

> *"Elías era un hombre con debilidades como las nuestras. Con fervor oró que no lloviera, y no llovió sobre la tierra durante tres años y medio"* (Santiago 5:17)

# #1 Pedro

1172. Sólo quien se conoce a sí mismo con todas sus grandezas y miserias podrá ejercer el dominio propio con humildad como Dios manda.

> *"Por eso, dispónganse para actuar con inteligencia; tengan dominio propio; pongan su esperanza completamente en la gracia que se les dará cuando se revele Jesucristo"* (1 Pedro 1:13)

1173. La justicia de Dios es de tal orden que lo único que podía satisfacer sus demandas era la sangre preciosa de Cristo en la cruz.

> *"Como bien saben, ustedes fueron rescatados de la vida absurda que heredaron de sus antepasados. El precio de su rescate no se pagó con cosas perecederas, como el oro o la plata, sino con la preciosa sangre de Cristo, como de un cordero sin mancha y sin defecto"* (1 Pedro 1:18-19)

1174. Dios ya no pide sacrificios cruentos, pero si espera de nosotros sacrificios espirituales en nuestra nueva condición sacerdotal.

1175. Los creyentes hemos entrado a formar parte de una nobleza espiritual que nos obliga a actuar a la altura de nuestra condición.

> *"también ustedes son como piedras vivas, con las cuales se está edificando una casa espiritual. De este modo llegan a ser un sacerdocio santo, para ofrecer sacrificios espirituales que Dios acepta por medio de Jesucristo... Pero ustedes son linaje escogido, real sacerdocio, nación santa, pueblo que pertenece a Dios, para que proclamen las obras maravillosas de aquel que los llamó de las tinieblas a su luz admirable. Ustedes*

*antes ni siquiera eran pueblo, pero ahora son pueblo de Dios;*
*antes no habían recibido misericordia, pero ahora ya la han*
*recibido. Queridos hermanos, les ruego como a extranjeros*
*y peregrinos en este mundo, que se aparten de los deseos*
*pecaminosos que combaten contra la vida. Mantengan entre los*
*incrédulos una conducta tan ejemplar que, aunque los acusen*
*de hacer el mal, ellos observen las buenas obras de ustedes y*
*glorifiquen a Dios en el día de la salvación"* (1 Pedro 2:5, 9-12)

1176. Al igual que los apóstoles, el cristiano debe estar dispuesto a decir la verdad aunque lo perjudique que a negarla a su favor.

> *"Porque es digno de elogio que, por sentido de responsabilidad*
> *delante de Dios, se soporten las penalidades, aun*
> *sufriendo injustamente. Pero ¿cómo pueden ustedes*
> *atribuirse mérito alguno si soportan que los maltraten*
> *por hacer el mal? En cambio, si sufren por hacer el bien,*
> *eso merece elogio delante de Dios"* (1 Pedro 2:19-20)

1177. No siempre el creyente puede influir en otros mediante lo que dice, pero siempre puede hacerlo mediante lo que hace en silencio.

> *"Así mismo, esposas, sométanse a sus esposos, de modo que*
> *si algunos de ellos no creen en la palabra, puedan ser ganados*
> *más por el comportamiento de ustedes que por sus palabras,*
> *al observar su conducta íntegra y respetuosa* (1 Pedro 3:1-2)

1178. Lo importante no es lo que atrae visualmente sino todo aquello que no es evidente en principio, que es al final lo que cuenta.

> *"Que la belleza de ustedes no sea la externa, que consiste*
> *en adornos tales como peinados ostentosos, joyas de*
> *oro y vestidos lujosos. Que su belleza sea más bien la*
> *incorruptible, la que procede de lo íntimo del corazón*
> *y consiste en un espíritu suave y apacible. Ésta sí que*
> *tiene mucho valor delante de Dios"* (1 Pedro 3:3-4)

1179. La fe no es una decisión ciega, pues detrás de ella siempre hay hechos y razones suficientemente convincentes para respaldarla.

*"Más bien, honren en su corazón a Cristo como Señor. Estén siempre preparados para responder a todo el que les pida razón de la esperanza que hay en ustedes"* (1 Pedro 3:15)

1180. Tal vez no siempre podamos convencer a nuestro rival con argumentos, pero siempre podemos avergonzarlo con nuestra buena actitud.

*"Pero háganlo con gentileza y respeto, manteniendo la conciencia limpia, para que los que hablan mal de la buena conducta de ustedes en Cristo, se avergüencen de sus calumnias"* (1 Pedro 3:16)

1181. Cristo no es un personaje del pasado pues Él vive hoy resucitado a la diestra del Padre y por eso podemos conocerlo en persona.

*"quien subió al cielo y tomó su lugar a la derecha de Dios, y a quien están sometidos los ángeles, las autoridades y los poderes"* (1 Pedro 3:22)

1182. Todos tenemos una vocación para servir a la causa de Dios en el mundo y algunos incluso en un ministerio dentro de la iglesia.

*"Cada uno ponga al servicio de los demás el don que haya recibido, administrando fielmente la gracia de Dios en sus diversas formas"* (1 Pedro 4:10)

1183. Ocupar un lugar de autoridad en la iglesia, la familia o la sociedad no autoriza a nadie a ser un tirano con sus subordinados.

*"A los ancianos que están entre ustedes, yo, que soy anciano como ellos, testigo de los sufrimientos de Cristo y partícipe con ellos de la gloria que se ha de revelar, les ruego esto: cuiden como pastores el rebaño de Dios que está a su cargo, no por obligación ni por ambición de dinero, sino con afán de servir, como Dios quiere. No sean tiranos con los que están a su cuidado, sino sean ejemplos para el rebaño"* (1 Pedro 5:1-3)

1184. La integridad por sí sola no nos granjea la gracia, pero acompañada de humildad puede ser indicio de que no estamos lejos de ella.

*"Así mismo, jóvenes, sométanse a los ancianos. Revístanse todos de humildad en su trato mutuo, porque «Dios se opone a los orgullosos, pero da gracia a los humildes»"* (1 Pedro 5:5)

1185. En el campo de la fe, para comprender no se requiere en realidad tanta inteligencia, sino más bien una buena dosis de humildad.

*"Humíllense, pues, bajo la poderosa mano de Dios, para que él los exalte a su debido tiempo"* (1 Pedro 5:6)

1186. El mal llega a ser tan perverso que hace casi necesaria la existencia del diablo pues la maldad humana está lejos de explicarlo.

*"Practiquen el dominio propio y manténganse alerta. Su enemigo el diablo ronda como león rugiente, buscando a quién devorar"* (1 Pedro 5:8)

1187. Nos desentendemos del prójimo cuando ayudamos a alguien sólo para olvidar los problemas de los demás con la conciencia tranquila.

*"Resístanlo, manteniéndose firmes en la fe, sabiendo que sus hermanos en todo el mundo están soportando la misma clase de sufrimientos"* (1 Pedro 5:9)

# #2 Pedro

1188. El perdón de Dios es la puerta de entrada a la maravillosa gama de promesas divinas que incluyen el participar de Su naturaleza.

> *"Así Dios nos ha entregado sus preciosas y magníficas promesas para que ustedes, luego de escapar de la corrupción que hay en el mundo debido a los malos deseos, lleguen a tener parte en la naturaleza divina"* (2 Pedro 1:4)

1189. La fe implica aceptar que hay cosas que no podemos entender al tiempo que nos esforzamos por conocer las que si podemos entender.

> *"Precisamente por eso, esfuércense por añadir a su fe, virtud; a su virtud, entendimiento"* (2 Pedro 1:5)

1190. Una de las características del fanático es que lo único que muestra es mucha devoción a su religión, pero no propiamente a Dios.

> *"al entendimiento, dominio propio; al dominio propio, constancia; a la constancia, devoción a Dios; a la devoción a Dios, afecto fraternal; y al afecto fraternal, amor"* (2 Pedro 1:6-7)

1191. Ver también numeral 1078

1192. Ver también numeral 425

1193. No tenemos que creer que la Biblia es la Palabra de Dios para comenzar a leerla, pero lo creeremos cuando terminemos de hacerlo.

*"Esto ha venido a confirmarnos la palabra de los profetas, a la cual ustedes hacen bien en prestar atención, como a una lámpara que brilla en un lugar oscuro, hasta que despunte el día y salga el lucero de la mañana en sus corazones"* (2 Pedro 1:19)

1194. Los anticristianos que dejan la iglesia lo hacen a veces en protesta contra los anticristos encubiertos que permanecen en ella.

*"En el pueblo judío hubo falsos profetas, y también entre ustedes habrá falsos maestros que encubiertamente introducirán herejías destructivas, al extremo de negar al mismo Señor que los rescató. Esto les traerá una pronta destrucción"* (2 Pedro 2:1)

1195. La fe no es algo de tomar y dejar, pues es preferible no creer que creer para luego dejar de hacerlo, porque no hay más opciones.

*"Más les hubiera valido no conocer el camino de la justicia, que abandonarlo después de haber conocido el santo mandamiento que se les dio"* (2 Pedro 2:21)

1196. Debemos ansiar el regreso de Cristo sin volvernos impacientes, pero no debemos ser tan pacientes como para dejar de anhelarlo.

*"El Señor no tarda en cumplir su promesa, según entienden algunos la tardanza. Más bien, él tiene paciencia con ustedes, porque no quiere que nadie perezca sino que todos se arrepientan... Por eso, queridos hermanos, mientras esperan estos acontecimientos, esfuércense para que Dios los halle sin mancha y sin defecto, y en paz con él"* (2 Pedro 3:9, 14)

1197. La ecología cristiana debe ser comprometida pero no alarmista pues no es el hombre sino Dios quien determina el fin del mundo.

*"Pero el día del Señor vendrá como un ladrón. En aquel día los cielos desaparecerán con un estruendo espantoso, los elementos serán destruidos por el fuego, y la tierra, con todo lo que hay en ella, será quemada. Ya que todo será destruido de esa manera, ¿no deberían vivir ustedes como Dios manda, siguiendo una conducta intachable y esperando ansiosamente la venida del día de Dios? Ese día los cielos serán destruidos por el fuego, y los elementos se derretirán con el calor de las llamas"* (2 Pedro 3:10-12)

1198. El reino de Dios definitivo no estará en las alturas, sino en la tierra renovada más allá de nuestra más excelsa imaginación.

*"Pero, según su promesa, esperamos un cielo nuevo y una tierra nueva, en los que habite la justicia"* (2 Pedro 3:13)

1199. Leer la Biblia de manera inconstante y sin la instrucción adecuada puede terminar tergiversándola para perjuicio del lector.

*"En todas sus cartas se refiere a estos mismos temas. Hay en ellas algunos puntos difíciles de entender, que los ignorantes e inconstantes tergiversan, como lo hacen también con las demás Escrituras, para su propia perdición"* (2 Pedro 3:16)

# #1 Juan

1200. No es que el cristiano crea y el ateo no, sino que la fe del cristiano cuenta con mayor evidencia a su favor que la del ateo.

> *"Lo que ha sido desde el principio, lo que hemos oído, lo que hemos visto con nuestros propios ojos, lo que hemos contemplado, lo que hemos tocado con las manos, esto les anunciamos respecto al Verbo que es vida. Esta vida se manifestó. Nosotros la hemos visto y damos testimonio de ella, y les anunciamos a ustedes la vida eterna que estaba con el Padre y que se nos ha manifestado. Les anunciamos lo que hemos visto y oído, para que también ustedes tengan comunión con nosotros. Y nuestra comunión es con el Padre y con su Hijo Jesucristo"* (1 Juan 1:1-3)

1201. Conversión e iluminación van siempre juntas, brindándonos una más luminosa visión de la realidad que le otorga nuevo significado.

> *"Éste es el mensaje que hemos oído de él y que les anunciamos: Dios es luz y en él no hay ninguna oscuridad"* (1 Juan 1:5)

1202. Intentar eliminar el sentimiento de culpa sin arrepentimiento y confesión de pecado es tratar el síntoma sin sanar la enfermedad.

> *"Si confesamos nuestros pecados, Dios, que es fiel y justo, nos los perdonará y nos limpiará de toda maldad"* (1 Juan 1:9)

1203. El mundo ofrece pobres sustitutos de Dios que plagian de forma barata y fugaz Su obra de satisfacción de nuestros deseos.

#MENSAJES DE DIOS

1204. El deleite del pecado es intenso pero fugaz y engañoso, el de la fe y la virtud es dosificado pero permanente, veraz y eterno

> *"No amen al mundo ni nada de lo que hay en él. Si alguien ama al mundo, no tiene el amor del Padre. Porque nada de lo que hay en el mundo –los malos deseos del cuerpo, la codicia de los ojos y la arrogancia de la vida– proviene del Padre sino del mundo. El mundo se acaba con sus malos deseos, pero el que hace la voluntad de Dios permanece para siempre"* (1 Juan 2:15-17)

1205. No todos los anticristos lo son realmente. Algunos son tan sólo anticristianos por el mal testimonio que la iglesia ofrece.

> *"Queridos hijos, ésta es la hora final, y así como ustedes oyeron que el anticristo vendría, muchos son los anticristos que han surgido ya. Por eso nos damos cuenta de que ésta es la hora final. Aunque salieron de entre nosotros, en realidad no eran de los nuestros; si lo hubieran sido, se habrían quedado con nosotros. Su salida sirvió para comprobar que ninguno de ellos era de los nuestros* (1 Juan 2:18-19)

1206. Sólo entendiendo lo que somos podremos entender también lo que debemos hacer en el momento histórico que nos ha tocado vivir.

1207. Quien tiene una equivocada identidad no sabe ni conoce nada, pues para poder saber y conocer bien hay que ser antes hijo de Dios.

> *"¡Fíjense qué gran amor nos ha dado el Padre, que se nos llame hijos de Dios! ¡Y lo somos! El mundo no nos conoce, precisamente porque no lo conoció a él. Queridos hermanos, ahora somos hijos de Dios, pero todavía no se ha manifestado lo que habremos de ser. Sabemos, sin embargo, que cuando Cristo venga seremos semejantes a él, porque lo veremos tal como él es"* (1 Juan 3:1-2)

1208. Quienes realmente han sido salvos nunca hacen de la seguridad de la salvación un pretexto para poder seguir pecando impunemente.

> *"Todo el que tiene esta esperanza en Cristo, se purifica a sí mismo, así como él es puro"* (1 Juan 3:3)

1209. La fe no depende de lo que sentimos sino de lo que sabemos. Por eso para poder sentir hay primero que saber y no lo contrario.

> *"En esto sabremos que somos de la verdad, y nos sentiremos seguros delante de él"* (1 Juan 3:19)

1210. Es una suerte que el veredicto de Dios al perdonarnos sea superior al veredicto condenatorio y veraz de nuestro propio corazón.

> *"que aunque nuestro corazón nos condene, Dios es más grande que nuestro corazón y lo sabe todo"* (1 Juan 3:20)

1211. El cristiano que tiene el Espíritu de Dios no sólo cree que Jesucristo es Dios, sino que también reconoce su plena humanidad.

> *"En esto pueden discernir quién tiene el Espíritu de Dios: todo profeta que reconoce que Jesucristo ha venido en cuerpo humano, es de Dios"* (1 Juan 4:2)

1212. El creyente ignorante e inseguro se vuelve paranoico, supersticioso y alarmista y termina viendo al diablo detrás de cada esquina.

> *"Ustedes, queridos hijos, son de Dios y han vencido a esos falsos profetas, porque el que está en ustedes es más poderoso que el que está en el mundo"* (1 Juan 4:4)

1213. La verdad y el amor son las dos caras de Dios de donde no se puede conocer a Cristo, la Verdad, sin llegar a amarlo o viceversa.

> *"Queridos hermanos, amémonos los unos a los otros, porque el amor viene de Dios, y todo el que ama ha nacido de él y lo conoce. El que no ama no conoce a Dios, porque Dios es amor"* (1 Juan 4:7-8)

1214. Todos los temores compulsivos con los que a diario vivíamos pierden fuerza cuando nos rendimos arrepentidos al amor de Dios.

> *"Ese amor se manifiesta plenamente entre nosotros para que en el día del juicio comparezcamos con toda confianza, porque en este mundo hemos vivido como vivió Jesús. En el amor no hay temor, sino que el amor perfecto echa*

*fuera el temor. El que teme espera el castigo, así que no*
*ha sido perfeccionado en el amor"* (1 Juan 4:17-18)

1215. Nuestra caída en pecado brindó a Dios la mejor ocasión para demostrar de forma indiscutible el alcance de su amor por nosotros.

*"Nosotros amamos a Dios porque él nos*
*amó primero"* (1 Juan 4:19)

1216. La vida es difícil. Y la vida cristiana no es la excepción. La única vida más difícil que la cristiana es la vida no cristiana.

*"En esto consiste el amor a Dios: en que obedezcamos sus*
*mandamientos. Y éstos no son difíciles de cumplir"* (1 Juan 5:3)

1217. Se engañan quienes creen que la vida se define por criterios biológicos, pues quien no tiene a Cristo no vive la vida verdadera.

*"El que tiene al Hijo, tiene la vida; el que no tiene al*
*Hijo de Dios, no tiene la vida"* (1 Juan 5:12)

1218. La petición es el medio por el que acudimos a Dios para que supla lo que nos falta, pero en sus términos, no en los nuestros.

*"Ésta es la confianza que tenemos al acercarnos a Dios: que si*
*pedimos conforme a su voluntad, él nos oye. Y si sabemos que*
*Dios oye todas nuestras oraciones, podemos estar seguros de*
*que ya tenemos lo que le hemos pedido"* (1 Juan 5:14-15)

1219. Los ídolos toman hoy ingeniosas y sutiles formas nuevas pero en el fondo son los mismos justificando la advertencia al respecto.

*"Queridos hijos, apártense de los ídolos"* (1 Juan 5:21)

# #2 Juan

1220. Si la gracia es en verdad gracia, la iglesia siempre debe ostentar la condición de haber sido elegida por Dios sin condiciones.

> *"El anciano, a la iglesia elegida y a sus miembros, a quienes amo en la verdad –y no sólo yo sino todos los que han conocido la verdad –"* (2 Juan 1:1)

1221. Nuestro anhelo y esperanza no es sólo que la verdad al final prevalezca, sino que permanezca y esté con nosotros para siempre.

> *"a causa de esa verdad que permanece en nosotros y que estará con nosotros para siempre"* (2 Juan 1:2)

1222. La obediencia a sus mandamientos no siempre demuestra que amamos a Dios. Con todo quienes lo amamos de todos modos lo obedecemos.

> *"En esto consiste el amor: en que pongamos en práctica sus mandamientos. Y éste es el mandamiento: que vivan en este amor, tal como ustedes lo han escuchado desde el principio"* (2 Juan 1:6)

1223. A veces los cristianos son inadvertidos anticristos al no predicar a Cristo correctamente ni vivir de manera acorde con su fe.

> *"Es que han salido por el mundo muchos engañadores que no reconocen que Jesucristo ha venido en cuerpo humano. El que así actúa es el engañador y el anticristo. Cuídense de no echar a perder el fruto de nuestro trabajo; procuren más bien recibir la recompensa completa. Todo el que se descarría y no permanece en la enseñanza de Cristo, no tiene a Dios; el que permanece en la enseñanza sí tiene al Padre y al Hijo"* (2 Juan 1:7-9)

# #3 Juan

1224. La salud es resultado de la prosperidad espiritual que anticipa la sanidad integral y absoluta que un día disfrutaremos.

> *"Querido hermano, oro para que te vaya bien en todos tus asuntos y goces de buena salud, así como prosperas espiritualmente... y corría por el centro de la calle principal de la ciudad. A cada lado del río estaba el árbol de la vida, que produce doce cosechas al año, una por mes; y las hojas del árbol son para la salud de las naciones"* (3 Juan 1:2; Apocalipsis 22:2)

1225. En la iglesia hay Demetrios de quienes la misma verdad da buen testimonio, pero también lamentables y censurables Diótrefes.

> *"Le escribí algunas líneas a la iglesia, pero Diótrefes, a quien le encanta ser el primero entre ellos, no nos recibe. Por eso, si voy no dejaré de reprocharle su comportamiento, ya que, con palabras malintencionadas, habla contra nosotros sólo por hablar. Como si fuera poco, ni siquiera recibe a los hermanos, y a quienes quieren hacerlo, no los deja y los expulsa de la iglesia. Querido hermano, no imites lo malo sino lo bueno. El que hace lo bueno es de Dios; el que hace lo malo no ha visto a Dios. En cuanto a Demetrio, todos dan buen testimonio de él, incluso la verdad misma. También nosotros lo recomendamos, y bien sabes que nuestro testimonio es verdadero"* (3 Juan 1:9-12)

1226. Ver también numeral 198

# #Judas

**1227.** La unidad siempre será un propósito deseable para la iglesia, pero no cuando para lograrla se sacrifica la verdad en el proceso.

**1228.** El rasgo distintivo de un infiltrado en la iglesia es que transforma en libertinaje la auténtica y responsable libertad cristiana.

> *"Queridos hermanos, he deseado intensamente escribirles acerca de la salvación que tenemos en común, y ahora siento la necesidad de hacerlo para rogarles que sigan luchando vigorosamente por la fe encomendada una vez por todas a los santos. El problema es que se han infiltrado entre ustedes ciertos individuos que desde hace mucho tiempo han estado señalados para condenación. Son impíos que cambian en libertinaje la gracia de nuestro Dios y niegan a Jesucristo, nuestro único Soberano y Señor"* (Judas 1:3-4)

**1229.** Caín, Balaam y Coré son en la Biblia ejemplos muy gráficos de lo que no se debe hacer y de las consecuencias que acarrea hacerlo.

> *"¡Ay de los que siguieron el camino de Caín! Por ganar dinero se entregaron al error de Balám y perecieron en la rebelión de Coré"* (Judas 1:11)

**1230.** Al anunciar el evangelio debemos tener en cuenta la clase de persona a la que nos dirigimos para hacerlo sabia y eficazmente.

> *"Tengan compasión de los que dudan; a otros, sálvenlos arrebatándolos del fuego. Compadézcanse de los demás, pero tengan cuidado; aborrezcan hasta la ropa que haya sido contaminada por su cuerpo"* (Judas 1:22-23)

# #APOCALIPSIS

**1231.** Gracias a que en Cristo todos somos sacerdotes, los laicos son tan útiles en la iglesia como lo son los pastores o ministros

> *"al que ha hecho de nosotros un reino, sacerdotes al servicio de Dios su Padre, ¡a él sea la gloria y el poder por los siglos de los siglos! Amén"* (Apocalipsis 1:6)

**1232.** Ver también numeral 946

**1233.** Dios es nuestro primer amor no propiamente porque fue el primero en el tiempo, sino porque debe ser siempre el más importante.

> *"Sin embargo, tengo en tu contra que has abandonado tu primer amor. ¡Recuerda de dónde has caído! Arrepiéntete y vuelve a practicar las obras que hacías al principio. Si no te arrepientes, iré y quitaré de su lugar tu candelabro"* (Apocalipsis 2:4-5)

**1234.** Aunque por lo pronto el acceso al árbol de la vida nos esté vedado; los redimidos tenemos la garantía de que no será para siempre.

> *"El que tenga oídos, que oiga lo que el Espíritu dice a las iglesias. Al que salga vencedor le daré derecho a comer del árbol de la vida, que está en el paraíso de Dios"* (Apocalipsis 2:7)

**1235.** Los mártires no son más que testigos que mantienen su testimonio hasta la muerte convencidos de su veracidad y confiabilidad.

> *"No tengas miedo de lo que estás por sufrir. Te advierto que a algunos de ustedes el diablo los meterá en la cárcel para ponerlos*

*a prueba, y sufrirán persecución durante diez días. Sé fiel hasta la muerte, y yo te daré la corona de la vida"* (Apocalipsis 2:10)

1236. Aunque no lo parezca, estamos en realidad desnudos exponiendo sin vergüenza nuestras culpas hasta que nos volvamos a Cristo.

> *"Dices: 'Soy rico; me he enriquecido y no me hace falta nada';*
> *pero no te das cuenta de que el infeliz y miserable, el pobre, ciego*
> *y desnudo eres tú. Por eso te aconsejo que de mí compres oro*
> *refinado por el fuego, para que te hagas rico; ropas blancas para*
> *que te vistas y cubras tu vergonzosa desnudez; y colirio para que*
> *te lo pongas en los ojos y recobres la vista"* (Apocalipsis 3:17-18)

1237. La gracia de Dios es siempre gratuita pero no barata, pues su precio se pagó con la sangre preciosa de nuestro Señor Jesucristo.

1238. El cristianismo tiene su raíz en el judaísmo pero ya no está limitado a los judíos sino que incluye a todas las culturas del orbe.

1239. Todos los creyentes somos sacerdotes, por lo que las jerarquías artificiales creadas en la iglesia ya no tienen razón de ser.

> *"Y entonaban este nuevo cántico: «Digno eres de recibir el rollo*
> *escrito y de romper sus sellos, porque fuiste sacrificado, y con tu*
> *sangre compraste para Dios gente de toda raza, lengua, pueblo y*
> *nación. De ellos hiciste un reino; los hiciste sacerdotes al servicio*
> *de nuestro Dios, y reinarán sobre la tierra.»"* (Apocalipsis 5:9-10)

1240. Ver también numeral 817

1241. Ver también numeral 450

1242. Si el fruto del Espíritu Santo fuera como los ladrillos que construyen el carácter cristiano, la perseverancia sería el cemento.

> *"¡En esto consiste la perseverancia de los santos,*
> *los cuales obedecen los mandamientos de Dios y se*
> *mantienen fieles a Jesús!"* (Apocalipsis 14:12)

1243. Sin la ira de Dios su amor quedaría reducido a ser una simple caricatura cómplice, sensiblera y encubridora del pecado humano.

*"Vi en el cielo otra señal grande y maravillosa: siete ángeles con las siete plagas, que son las últimas, pues con ellas se consumará la ira de Dios"* (Apocalipsis 15:1)

1244. Dios no puede ser el foco de nuestra vida sin serlo también de nuestra teología, pero teología sin adoración tampoco logra más.

*"¿Quién no te temerá, oh Señor? ¿Quién no glorificará tu nombre? Sólo tú eres santo. Todas las naciones vendrán y te adorarán, porque han salido a la luz las obras de tu justicia.»"* (Apocalipsis 15:4)

1245. Por indeseable que sea sentirnos avergonzados, la vergüenza indica que aún existe la esperanza del arrepentimiento y el perdón.

*"«¡Cuidado! ¡Vengo como un ladrón! Dichoso el que se mantenga despierto, con su ropa a la mano, no sea que ande desnudo y sufra vergüenza por su desnudez.»"* (Apocalipsis 16:15)

1246. La fiesta y la celebración sanas son propias del evangelio, como preparación y anticipo de la fiesta de bodas que nos espera.

*"¡Alegrémonos y regocijémonos y démosle gloria! Ya ha llegado el día de las bodas del Cordero. Su novia se ha preparado, y se le ha concedido vestirse de lino fino, limpio y resplandeciente.» (El lino fino representa las acciones justas de los santos.) El ángel me dijo: «Escribe: "¡Dichosos los que han sido convidados a la cena de las bodas del Cordero!" » Y añadió: «Estas son las palabras verdaderas de Dios.»"* (Apocalipsis 19:7-9)

1247. Jesucristo es el único rey de la historia humana que justifica con creces nuestra sujeción y reverencia a la figura del rey.

*"Le harán la guerra al Cordero, pero el Cordero los vencerá, porque es Señor de señores y Rey de reyes, y los que están con él son sus llamados, sus escogidos y sus fieles.»"* (Apocalipsis 17:14)

1248. El humanismo secular es bien intencionado pero iluso y contradictorio al querer establecer el Reino negando entretanto al Rey.

*"En su manto y sobre el muslo lleva escrito este nombre: REY DE REYES Y SEÑOR DE SEÑORES"* (Apocalipsis 19:16)

1249. Ver también numeral 1125

1250. El nuevo nacimiento que experimentamos en Cristo nos libra de padecer la segunda muerte, que es la más temible y definitiva.

> *"La muerte y el infierno fueron arrojados al lago de fuego. Este lago de fuego es la muerte segunda. Aquel cuyo nombre no estaba escrito en el libro de la vida era arrojado al lago de fuego"* (Apocalipsis 20:14-15)

1251. Ver también numeral 686

1252. Ver también numeral 606

1253. Ver también numeral 1224

1254. La señal de que un ángel viene realmente de Dios es que ni por error acepta la adoración de los hombres que sólo se debe a Dios.

> *"Pero él me dijo: «¡No, cuidado! Soy un siervo como tú, como tus hermanos los profetas y como todos los que cumplen las palabras de este libro. ¡Adora sólo a Dios!»"* (Apocalipsis 22:9)

1255. Dios no sólo tiene la última palabra en nuestra vida, sino también la primera y nosotros únicamente nos movemos entre ambas.

> *"Yo soy el Alfa y la Omega, el Primero y el Último, el Principio y el Fin"* (Apocalipsis 22:13)

1256. Hay quienes se especializan tanto en un tema bíblico que se creen con autoridad para complementar a la revelación en este punto.

> *"A todo el que escuche las palabras del mensaje profético de este libro le advierto esto: Si alguno le añade algo, Dios le añadirá a él las plagas descritas en este libro"* (Apocalipsis 22:18)

1257. Hay quienes sólo se ocupan de sus temas preferidos en la Biblia y así terminan omitiendo y quitándole partes de manera sutil.

*"Y si alguno quita palabras de este libro de profecía, Dios le quitará su parte del árbol de la vida y de la ciudad santa, descritos en este libro"* (Apocalipsis 22:19)

# ÍNDICE TEMÁTICO

| | |
|---|---|
| Bendición | 24, 72, 73, 183, 295, 401, 449, 457, 474 |
| Bestias | 58, 190 |
| Búsqueda | 57, 341, 346, 355, 376, 429, 750, 822 |
| Callar | 118, 132, 251, 269, 270, 297, 387, 426, 633, 740, 784, 997, 1146, 1177 |
| Carácter | 285, 362, 437, 469, 919, 984, 1110, 1138, 1242 |
| Carne | 407, 650, 803, 806, 816, 865 |
| Castigo | 52, 213, 221, 298, 354, 437, 438, 440, 969, 1101 |
| Ceguera | 288, 680, 958, 994, 1179 |
| Cielo | 45, 196, 480, 572, 635, 823, 936, 949, 1036, 1123, 1198 |
| Ciencia | 1, 7, 171, 252, 254, 318, 495, 524, 592, 630, 751, 755, 845, 1020, 1046, 1047, 1048, 1055, 1056, 1113, 1121, 1171 |
| Cobardía | 132, 606 |
| Combate | 69, 100, 259, 468, 594, 617, 711, 738, 943, 1041, 1076 |
| Comprensión | 26, 217; 247, 250, 313, 436, 495, 566, 600, 669, 670, 863, 1102, 1185, 1189 |
| Compromiso | 96, 101, 303, 460, 464, 589, 614, 702, 835, 955, 965, 972, 1012, 1197 |
| Comunión | 238, 424, 726, 749, 942, 971, 977, 1087, 1118, 1128 |
| Conciencia | 76, 235, 450, 558, 602, 655, 660, 761, 832, 955, 966, 1045, 1051, 1079, 1187 |
| Condenación | 45, 501, 543, 548, 610, 805, 951, 1210 |
| Condición | 401, 1220 |
| Confesión | 188, 202, 461, 492, 691, 722, 755, 1101, 1202 |
| Confianza | 36, 53, 85, 94, 193, 227, 341, 357, 485, 531, 559, 643, 759, 790, 922, 929, 1025, 1064, 1065, 1096, 1112, 1117, 1155, 1164, 1235 |
| Confusión | 26, 187, 573, 579 |
| Conmoción | 137, 187, 1134 |
| Conocimiento | 17, 205, 414, 425, 489, 638, 651, 669, 859, 861, 887, 932, 1105, 1116, 1155, 1159, 1160, 1172, 1181, 1189, 1207, 1209 |
| Consejo | 127, 256, 938 |
| Conspiración | 165, 860 |

| | |
|---|---|
| Extravío | 63, 142, 346, 363, 367, 394, 622, 682, 693, 894, 954, 1044 |
| Falsedad | 49, 487, 512, 523, 534, 535, 541, 757, 781, 852, 947, 995, 1124 |
| Fanatismo | 729, 731, 756, 957, 1003, 1068, 1190 |
| Fidelidad | 290, 496, 509, 661, 728, 747, 758, 780, 1067, 1096, 1107, 1125, 1126 |
| Fiesta | 307, 311 |
| Firmeza | 90, 151 |
| Fracaso | 195, 519, 584, 619, 620, 794, 806 |
| Fruto | 417, 448, 487, 504, 547, 701, 763, 966, 969, 1242 |
| Generación | 41, 67, 99, 522, 542, 730 |
| Generalización | 482, 601, 675 |
| Generosidad | 81, 815, 905, 942, 1024, 1060, 1086 |
| Gloria divina | 3, 10, 186, 648, 697, 924, 927, 985 |
| Gobierno | 102, 125, 166, 287, 339, 453, 455, 488, 510, 522, 529, 713, 847 |
| Gracia | 88, 385, 598, 649, 795, 872, 912, 917, 925, 978, 1062, 1104, 1148, 1184, 1220, 1237 |
| Grandeza | 62, 269, 394, 435, 451, 472, 498, 521, 593, 653, 1015 |
| Gratitud | 56, 72, 343, 404, 978, 1030, 1135, 1148 |
| Guía | 198, 707, 735, 855 |
| Hijos | 106, 647, 730 |
| Hipocresía | 535, 541, 606, 821, 948, 1035 |
| Historia | 267, 363, 425, 504, 553, 891, 932, 1010, 1040, 1050, 1056, 1078, 1081, 1179 |
| Hoy | 228, 481, 937, 1000, 1097, 1181 |
| Humildad | 156, 159, 413, 420, 454, 472, 483, 485, 521, 626, 648, 665, 680, 886, 924, 945, 983, 1009, 1068, 1131, 1172, 1184, 1185 |
| Idealismo | 94, 1036 |
| Identidad | 454, 673, 674, 679, 834, 1038, 1070, 1206, 1207 |
| Idolatría | 8, 32, 39, 44, 73, 74, 216, 217, 225, 325, 337, 356, 888, 940, 947, 1034, 1102, 1219 |
| Iglesia | 87, 373, 440, 455, 467, 483, 510, 512, 523, 527, 528, 536, 624, 633, 696, 704, 711, 712, 720, 725, 735, 765, 777, 778, 826, 827, |

#MENSAJES DE DIOS

| | |
|---|---|
| Maldición | 72, 73 |
| Malicia | 569, 853, 1021 |
| Materialismo | 94, 611 |
| Matrimonio | 12, 295, 296, 635, 883, 1001, 1002 |
| Mediocridad | 277, 294 |
| Milagro | 2, 334, 515, 516, 517, 551, 582, 623, 662, 685, 716, 717, 724, 737, 775, 978, 1048, 1090 |
| Minoría | 27, 528, 954 |
| Misericordia | 19, 21, 46, 148, 176, 197, 214, 221, 382, 454, 474, 502 |
| Misterio | 436, 1027, 1047 |
| Moral | 229, 490, 541, 557, 558, 775, 776, 821, 832, 960, 1019, 1141, 1145 |
| Motivación | 134, 364, 395, 669, 697, 905, 1006, 1066 |
| Muerte | 11, 56, 83, 133, 182, 210, 219, 299, 300, 408, 462, 550, 598, 609, 667, 796, 797, 831, 844, 913, 980, 1033, 1063, 1153, 1235, 1250 |
| Mundo | 65, 97, 121, 131, 165, 260, 277, 353, 407, 468, 480, 509, 596, 597, 617, 650, 699, 710, 803, 816, 827, 859, 869, 877, 878, 885, 1095, 1122, 1123, 1126, 1203 |
| Murmuración | 499, 1166 |
| Naturaleza | 79, 223, 340, 479, 770, 811, 858, 1027, 1046, 1188 |
| Necesidad | 192, 194, 201, 238, 271, 428, 462, 479, 986, 996, 1025, 1060, 1145 |
| Niñez | 569, 907, 910 |
| Nombre | 13, 14, 32, 400, 489, 601, 825 |
| Nostalgia | 303, 343 |
| Novedad | 289, 290, 746, 747, 1219 |
| Ocultismo | 82, 118 |
| Omisión | 106 |
| Oportunidad | 291, 308, 547, 578, 688, 1099 |
| Oración | 48, 55, 64, 170, 189, 232, 243, 366, 406, 464, 476, 485, 525, 580, 635, 735, 812, 819, 899, 983, 1004, 1043, 1131, 1218 |

| | |
|---|---|
| *Orgullo* | *25, 72, 120, 159, 237, 329, 402, 485, 543, 834, 869, 886, 893, 1009, 1104, 1148, 1163* |
| *Paciencia* | *423, 774, 929, 1109, 1119, 1168, 1196* |
| *Patriotismo* | *139, 1122* |
| *Paz* | *213, 261, 263, 330, 452, 699, 789, 911* |
| *Pecado* | *11, 16, 22, 23, 40, 83, 102, 109, 111, 112, 122, 123, 129, 180, 181, 204, 206, 256, 276, 282, 286, 335, 354, 356, 359, 365, 423, 441, 444, 456, 492, 513, 555, 637, 676, 691, 773, 783, 785, 793, 795, 797, 802, 804, 874, 876, 891, 962, 969, 998, 1027, 1058, 1079, 1101, 1103, 1161, 1167, 1204, 1208, 1215, 1243* |
| *Pequeñez* | *316, 435, 538, 539, 540, 593, 874, 965* |
| *Perdón* | *124, 188, 421, 433, 437, 461, 465, 477, 492, 575, 669, 798, 804, 934, 962, 1088, 1188, 1210, 1245* |
| *Perfección* | *475, 577, 657, 1016* |
| *Perseverancia* | *406, 544, 684, 849, 1018, 1168, 1242* |
| *Pobreza* | *81, 255, 257, 275, 419, 726* |
| *Poder* | *70, 218, 239, 306, 341, 354, 379, 505, 554, 556, 670, 700, 718, 767, 801, 807, 976, 979, 1013, 1014, 1023, 1028, 1049, 1058, 1061, 1062, 1091* |
| *Pragmatismo* | *68, 78* |
| *Pregunta* | *160, 162, 168, 333* |
| *Prejuicio* | *113, 114, 675, 745, 931* |
| *Preparación* | *320, 381, 545, 889, 1065, 1199, 1246* |
| *Prioridad* | *532, 538, 539, 540, 566, 576, 578, 580, 612, 643, 681, 687, 688, 761, 766, 767, 1082, 1233* |
| *Problema* | *95, 181, 372, 481, 602, 616, 659, 762, 1014, 1163, 1187* |
| *Profecía* | *425, 545, 742* |
| *Prójimo* | *558, 601, 602, 971, 1008, 1128, 1150, 1152, 1187* |
| *Promesas* | *59, 60, 183, 196, 212, 471, 814, 917, 922, 1110, 1111, 1188* |
| *Prosperidad* | *71, 103, 164, 373, 409, 410, 428, 1224* |
| *Protección* | *198, 233, 457, 544, 814* |
| *Providencia* | *75, 176, 224, 268, 273, 274, 375, 813, 826, 861, 895, 925, 951, 952, 955, 1005, 1026, 1090, 1218* |

| | |
|---|---|
| Prudencia | 132, 1059 |
| Prueba | 143, 215, 432, 466, 614, 1130, 1136 |
| Público | 607, 608, 1058, 1150 |
| Queja | 56, 248, 385, 818, 1140 |
| Razonar | 179, 230, 557, 725, 769, 944, 1061, 1066, 1179 |
| Rebeldía | 125, 152 |
| Rechazo | 184, 377, 533, 548, 621, 639, 1142 |
| Reconciliación | 117, 156, 312, 934 |
| Redención | 42, 253, 344, 377, 412, 572, 645, 884, 900, 929, 1234 |
| Reflexión | 76, 91, 299, 300, 404, 447, 476, 619, 832, 896, 1066 |
| Religión | 74, 558, 624, 776, 779 |
| Rendición | 27, 79, 147, 241, 278, 369, 377, 420, 468, 583, 649, 690, 1214 |
| Renovación | 383, 446, 746, 832, 850, 926, 994, 1022, 1081, 1198 |
| Resolución | 96, 420 |
| Respeto | 259, 281, 484, 840, 988 |
| Responsabilidad | 22, 28, 29, 30, 61, 141, 315, 347, 374, 525, 549, 599, 724, 871, 967, 970, 1150, 1175 |
| Resurrección | 408, 551, 715, 719, 844, 913, 916, 976, 980, 1075, 1181 |
| Riqueza | 255, 257, 275, 309, 478 |
| Risa | 260, 301 |
| Sabiduría | 231, 249, 251, 256, 297, 305, 470, 500, 621, 772, 856, 869, 886, 1061, 1158, 1159, 1160, 1230 |
| Sacrificio | 493, 565, 570, 571, 612, 618, 654, 703, 731, 791, 904, 996, 1024, 1114, 1139, 1174 |
| Salud | 253, 345, 405, 492, 627, 628, 1224 |
| Santidad | 199, 218, 554, 555, 880, 1133 |
| Satanás | 325, 395, 407, 450, 464, 518, 594, 650, 677, 684, 803, 816, 854, 947, 948, 1021, 1094, 1164, 1186, 1212 |
| Satisfacción | 208, 258, 347, 626, 658, 659, 833, 906, 909, 1129, 1132, 1203 |
| Sectarismo | 536, 567, 568 |
| Seguridad | 103, 200, 203, 331, 403, 640, 707, 870, 1042, 1112, 1208, 1212 |

| | |
|---|---|
| Sencillez | 685, 829, 842, 920 |
| Sentimiento | 230, 378, 508, 546, 579, 725, 824, 841, 1202, 1209 |
| Servicio | 201, 329, 458, 459, 521, 522, 585, 589, 626, 676, 905, 924, 967, 1008, 1024, 1091, 1128, 1182 |
| Simpatizantes | 35, 342 |
| Soberanía | 29, 30, 46, 61, 224, 239, 264, 272, 273, 274, 326, 400, 403, 421, 663, 665, 724, 733, 866, 867, 951, 952, 984, 1005, 1218, 1255 |
| Solidaridad | 424, 486, 634, 686, 726, 793, 903, 970, 971 |
| Suficiencia | 27, 505, 717 |
| Sufrimiento | 106, 371, 686, 810, 927, 983, 1105 |
| Superstición | 107, 118, 259, 727, 738, 742, 754, 825, 888, 1048, 1055, 1056, 1074, 1078, 1212 |
| Temor | 167, 226, 314, 390, 1104, 1214 |
| Tentación | 291, 464, 693, 895, 1095, 1145 |
| Teología | 126, 843, 845, 921, 1020, 1046, 1244 |
| Testimonio | 336, 473, 484, 632, 718, 731, 739, 758, 919, 920, 935, 936, 1029, 1057, 1083, 1084, 1205, 1223, 1235 |
| Tiempo | 21, 154, 228, 266, 514, 552, 678, 1041, 1101, 1109, 1233 |
| Tierra | 2, 196, 823, 936, 973, 1036, 1198 |
| Tolerancia | 65, 144, 259, 281, 483, 752, 988 |
| Tradición | 511, 562, 563, 1066, 1127 |
| Trinidad | 60, 694, 1064 |
| Tristeza | 260, 301, 634, 686 |
| Triunfalismo | 120, 597 |
| Unidad | 696, 712, 882, 959, 989, 1227 |
| Universo | 1, 2, 4, 172, 186, 333, 340, 764, 770, 973 |
| Valentía | 90, 244, 606, 760, 809, 1059 |
| Venganza | 51, 280, 836, 837 |
| Verdad | 198, 213, 261, 289, 415, 452, 460, 491, 494, 496, 524, 560, 633, 656, 672, 685, 692, 738, 747, 781, 845, 871, 951, 952, 959, 989, 1049, 1073, 1080, 1116, 1176, 1213, 1221, 1225, 1227, 1235 |
| Vergüenza | 120, 129, 357, 444, 447, 999, 1058, 1180, 1236, 1245 |

www.ingramcontent.com/pod-product-compliance
Lightning Source LLC
Chambersburg PA
CBHW062149080426
42734CB00010B/1623